Allegria

Die Autorin

BRANDON BAYS arbeitete mehr als zehn Jahre lang mit Anthony Robbins und leitete weltweit Seminare in den Bereichen ganzheitlicher Gesundheit und Bewusstseinsentwicklung, bevor sie den Journey Prozess entwickelte. Heute lebt sie in England und reist durch die ganze Welt, um The Journey allen Menschen nahezubringen. Weitere Informationen:
www.thejourney.com

Von Brandon Bays sind in unserem Hause erschienen:

Bewusstsein als neue Währung (mit Kevin Billett)
In Freiheit leben
The Journey® – Der Highway zur Seele
The Journey® – Living the Journey
The Journey® Für Kids

The Journey® Karten (Allegria)

The Journey® – Der Highway zur Seele (CD)

Brandon Bays
mit
Kevin Billett

The Journey™
Bewusstsein als neue Währung

Wohlstand und nachhaltige Fülle manifestieren in der Zeit des globalen Umbruchs

Aus dem Amerikanischen
von Angelika Hansen

Ullstein

Besuchen Sie uns im Internet:
www.ullstein-taschenbuch.de

Allegria im Ullstein Taschenbuch
Herausgegeben von Michael Görden

Aus dem Amerikanischen übersetzt von Angelika Hansen

Die Originalausgabe
CONSCIOUSNESS – THE NEW CURRENCY
erschien 2009 im Verlag Journey Publications Ltd, UK

FSC
www.fsc.org
MIX
Papier aus verantwortungsvollen Quellen
FSC® C014496

Neuausgabe im Ullstein Taschenbuch
1. Auflage November 2010
2. Auflage 2012

Lektorat: Marita Böhm
Umschlaggestaltung: FranklDesign, München
Titelabbildung: Gil Dekel
Gesetzt aus der Baskerville
Satz: Keller & Keller GbR
Papier: Pamo Super von Arctic Paper Mochenwangen GmbH
Druck und Bindearbeiten: GGP Media GmbH, Pößneck
Printed in Germany
ISBN 978-3-548-74512-1

Mögen unsere Leben als ständige Dankgebete
gelebt werden für die unbegrenzte Gnade der Fülle,
die unser ganzes Leben durchdringt.

Einführung

Wenn die Menschheit überleben will, ist dies nur durch einen globalen Bewusstseinswandel möglich. Das vorliegende Buch zelebriert diesen Wandel und zeigt, wie er zu erreichen ist.

Wir leben in einer Zeit des Aufruhrs, in der die Menschen von einem Bewusstsein der Angst ergriffen und in einem Zustand des Nichthandelns und der Verleugnung erstarrt sind, in der das Fundament unseres Lebens auf bedrohlich unsicherem Boden steht.

Wir werden von einem der lautesten Weckrufe in der Geschichte der Menschheit aufgeschreckt. Unser Planet befindet sich in einer Krise, und zwar auf vielen Ebenen: Klimawandel, Umweltverschmutzung, Massenaussterben vieler Arten, erbitterte Kriege, gravierende Rassen- und Religionskonflikte, endemische Armut sowie Hungersnot und Krankheit, politische und unternehmerische Gier, Korruption und finanzieller Zusammenbruch.

Der kontinuierliche Fokus unserer Medien auf das Drama des Negativen schürt das Angstbewusstsein und hält uns alle in einem Dauerzustand erhöhter Furcht. Mit jeder neuen Krise, jeder Bedrohung unserer persönlichen Verhältnisse, jeder neuen Weltkatastrophe zuckt ein Teil von uns vor Panik zusammen. Instinktiv reagieren wir darauf, indem wir uns verschließen in einem vergeblichen Versuch, die Ahnung einer drohenden Katastrophe in Schach zu halten. Wir klappen den Deckel über uns zu. Unsere Welt wird kleiner und weniger von unserer uns angeborenen Größe ist verfügbar und als Folge dessen entmachten wir uns selbst. Wir haben dann keinen Zugang mehr zu der inneren Schöpferkraft und dem inspirierten Handeln, der für uns alle, wenn wir offen und gesund sind, erreichbar ist.

Doch trotz unserer ungesunden, konditionierten Reaktionen auf die elementare Unsicherheit unseres Lebens weiß ein wahrhaftigerer Aspekt unseres Selbst, dass es einen anderen Weg nach vorne gibt, eine gesündere Existenz, eine größere Möglichkeit. Irgendwo in uns existiert ein tiefes Wissen darum, dass ein Leben in Freiheit, Fülle, Gesundheit und Reichtum ein Schicksal ist, das uns allen zusteht. Dieses Schicksal ruft uns. Es ist ein stiller und zugleich unwiderstehlicher Ruf, der uns in eine frische, neue erweiterte Realität zieht und nicht ignoriert werden kann.

Die Tatsache, dass Sie dieses Buch gewählt haben und diese Worte lesen, ist ein Zeichen, eine Bestätigung, dass Sie auf diesen Ruf reagieren. Auf einer tiefen Ebene erkennt Ihr Wesen dies. Vielleicht sind Sie sich dessen sogar schon bewusst. Etwas drängt Sie, diese größere Möglichkeit zu überprüfen, zu erforschen, zu erschließen und kennenzulernen.

Ihre Essenz ist ein umfassendes Potenzial, das dort, wo alles möglich ist, vollkommen frei und bereits ganz ist. Es fordert Sie auf, sich über die Ängste angesichts Ihrer gegenwärtigen Umstände und Konditionierung hinaus zu öffnen; es lädt Sie ein, sich von den negativen Paradigmen unseres Zeitalters loszureißen. Es beharrt darauf, dass Sie die Fesseln des Angstbewusstseins ablegen, das Sie niederdrückt und lähmt. Es ruft Sie in ein unendliches Feld aller Möglichkeiten, wo originelle Antworten und kreative Lösungen mühelos zugänglich sind – auch wenn das Leben darauf zu bestehen scheint, dass solche Antworten und Lösungen nicht existieren.

Dieses unendliche Feld sehnt sich danach, Sie in sich aufzunehmen, Sie als Vehikel für eine neue Art von Fülle zu benutzen: eine Fülle, die unmittelbar aus offener, ehrlicher Bewusstheit hervorgeht, die mühelos das *ganze* Leben annimmt, eine Fülle, die das ganze Leben, jeden einzelnen Aspekt und jedes Element, als integralen Bestandteil ihrer selbst erfährt; eine Fülle, die über die Gesundheit und das Wohlbefinden *all* ihrer Teile wacht und zum größeren Wohl des Ganzen handelt. Eine Fülle, die vergibt, teilt, heilt und unsere tiefsten Wünsche widerspiegelt, in einer umfassend zum Ausdruck gebrachten Liebe zu leben und unseren Planeten zu bereichern, statt ihn seiner Ressourcen zu berauben.

Der marktorientierte Materialismus der alten Schule mit seiner *Ich-zuerst*-Kurzsichtigkeit und seinen mutwilligen Exzessen ist schon lange überholt. Als System ist er zerrüttet, veraltet und hat schlichtweg versagt. Der verpflichtende Konsum, die zwanghafte Konkurrenz und Abwehrhaltung, das süchtige Anhäufen von immer kostspieligeren Besitztümern, die egoistische und unbewusste

Verneinung der von ihm verursachten Zerstörung – all das, was mit diesem Materialismus verbunden war – war von Angst angetrieben. In der Tat *wird das ganze Modell von Angst angetrieben* – Angst vor Mangel, Angst vor Versagen, Angst vor dem Verlust der Sicherheit. Selbst auf dem Höhepunkt des Materialismus, als er gewaltige finanzielle überschüssige Gewinne für die wenigen produzierte, war er nie ein Beispiel für bewusste Fülle. Er war ein Rezept für Trennung, Leiden und die Entwürdigung des Lebens. Eklatanter Konsum ist die Ursache für einen riesigen Riss in der Menschheit. Er ist nicht mehr »hip« oder »cool«, entspricht nicht mehr dem Zeitgeist. Er ist keine realistische Alternative mehr. Wenn die Menschheit überleben will, kommt er tatsächlich nicht mehr infrage. Als Ideal ist er unbrauchbar.

Stattdessen sind wir aufgefordert, ein neues Modell der Fülle zu entdecken und anzunehmen, eines, das ganz bewusst auf das größere Wohl abgestimmt ist und alles einschließt – eine Fülle, die tiefe Dankbarkeit und Großzügigkeit umfasst und den Segen des Lebens wertschätzt. Wir müssen in eine neue Ära des Bewusstseins der Fülle aufbrechen; ein Bewusstsein, das akzeptiert und ermutigt; ein Bewusstsein, das zutiefst erfüllend ist und das ganze Leben einbezieht.

Unser Planet, unsere Heimat, fordert jetzt eine umfassendere Größe des Seins. Er verlangt einen vollkommenen Wandel unseres Bewusstseins, in der Art, wie wir denken, wie wir handeln, wie wir *sind*. Letztendlich fordert er einen grundlegenden Wandel des Bewusstseins selbst. Dieser wird sich in der Art und Weise zeigen, wie wir Geschäfte machen, in unserer intelligenten Nutzung der natürlichen Ressourcen, in unserem Verständnis für die Wechselbeziehung aller Lebenssysteme, in unserer Toleranz gegenüber dem Anderen und in der Großzügigkeit unseres Herzens. Das werden die natürlichen Äußerungen einer grundlegenden Veränderung in der Art und Weise sein, wie wir uns kennen.

Bewusstsein ist die neue Währung

Bewusstsein ist eine kraftvolle, zwingende Kraft für Wandel. Zu jeder Zeit hat es inspirierte Individuen gegeben, die gegen den Strom konventioneller restriktiver Normen und Überzeugungen geschwommen sind; Menschen, die unerschütterlich der Wahrheit treu geblieben sind, selbst angesichts äußerster Not, erbarmungsloser Verfolgung oder schwerer Schicksalsschläge. Bei diesen Menschen war die starke Übertragung ihres Bewusstseins, ihre simple, doch entscheidende Fähigkeit, offen und in dem unendlichen Feld aller Möglichkeiten versunken zu bleiben, in ein umfassenderes, mehr einschließendes Gewahrsein ein derart entscheidender Katalysator für Transformation, dass dies in vielen Fällen den Lauf der Menschheitsgeschichte für immer änderte.

Im vorigen Jahrhundert wurden wir mit einigen sehr einflussreichen Beispielen gesegnet. Mahatma Gandhi war kompromisslos in der Überzeugung, dass die Macht des Mitgefühls und der Gewaltlosigkeit sein Land befreien würde. Durch die Kraft dieses Bewusstseins spielte er die entscheidende Rolle bei Indiens Befreiung von britischer Herrschaft. Dieses Bewusstsein führte nicht nur die indische Unabhängigkeit herbei, sondern öffnete einem Wandel in Welteinstellungen und der Weltpolitik die Tür, der schließlich Dutzenden von kolonisierten Ländern die politische Freiheit brachte und selbst heute zu gewaltlosen Bewegungen weltweit inspiriert. Gandhi war eine lebendige Übertragung seiner eigenen Worte: »*Sei die Veränderung, die du in der Welt sehen willst.*«

Nelson Mandela, eine bewusste Verkörperung von Mitgefühl und Vergebung, erreichte das scheinbar Unmögliche, als er das gewaltlose Ende der Apartheid in Südafrika herbeiführte und der erste schwarze Präsident seines Landes wurde. Während seiner siebenundzwanzigjährigen Haft als politischer Gefangener ließ er sich nicht von der Wahrheit abbringen und letzten Endes befreite die ungeheure Kraft seiner bewussten Präsenz fast im Alleingang sein Volk. Noch heute inspiriert er, inzwischen Anfang neunzig, nach wie vor Menschen überall auf der Welt als ein Beispiel für die Macht, die ein Mensch zu erreichen vermag, wenn er seinen Idealen treu bleibt.

Martin Luther King Jr. war ein Mann mit einem Traum. Ein Traum, so unwiderstehlich; eine Vision, so kraftvoll, dass sie bis auf den heutigen Tag unsere Denkweise prägt. Er war eine bewusste Verkörperung seiner Botschaft der Freiheit, und sein Traum von Freiheit und Gleichheit brachte einen Prozess in Gang, der die Wurzeln des Vorurteils und der Intoleranz in Amerika unterhöhlte. Seine Resonanz setzte einen Bewusstseinswandel in Bewegung, der letzten Endes die Wahl des ersten afroamerikanischen US-Präsidenten, Barack Obama, möglich machte.

Allen diesen großen Seelen gemein ist die Tatsache, dass ihr individueller Ausdruck des Bewusstseins die Geschichte prägte und die Menschen veränderte. Auch wenn allgemein davon ausgegangen wurde, dass ihre Träume ein Ding der Unmöglichkeit waren, so haben sie allein durch die Kraft ihres Bewusstseins das *Un*mögliche möglich gemacht. Nicht das, was sie *taten*, sondern wer sie *waren*, war von entscheidender Bedeutung. Sie waren nicht einfach nur Teil der Lösung, ihr *Bewusstsein war die Lösung*. Die Kraft des Bewusstseins selbst hat Wunder vollbracht.

Und natürlich sprechen wir nicht nur über die Größe, das Bewusstsein dieser bestimmten Beispiele. Alles Bewusstsein ist bereits hier. Alle Größe, die *je* existiert hat, ist in *diesem* Moment verfügbar.

Die Größe dieser Menschen ist auch Ihre Größe – es ist dieselbe Größe. Sie wohnt Ihnen inne. Es ist Ihre wahre Essenz. Das Bewusstsein dieser Menschen ist Ihr Bewusstsein – es ist dasselbe Bewusstsein. Es ist das, was Sie sind.

***

Es besteht eine eindringliche Forderung, ja im Grunde eine globale Notwendigkeit, nach radikaler Veränderung, die nicht länger ignoriert werden kann. Jeder Mensch, der ehrlich mit sich ist, weiß es: **Etwas *muss* sich ändern.**

***

Wir befinden uns in einem Zeitabschnitt in unserer Evolution, in dem die Welt in einer derart schweren Krise steckt, dass wir uns nicht länger auf die Überzeugung und Stärke einiger weniger Personen verlassen können. Wir können nicht länger tatenlos bleiben und darauf hoffen, dass *irgendjemand anderer* diese Veränderung für uns durchführt – weder einige begnadete Genies, Visionäre oder Heilige noch unsere Politiker, religiösen Führer oder Topmanager oder gar zukünftige Generationen. Alles hängt jetzt von *uns* ab. Die Zeit ist gekommen, uns Zugang zu unserer potenziellen Größe zu verschaffen und uns von dieser Größe in vollem Umfang benutzen zu lassen. Die Zeit ist gekommen, *die Entscheidung zu treffen*, Teil der Woge des Erwachens und der Heilung zu sein, die unser Planet so bitter nötig hat. Damit sich echte Veränderung einstellt, damit *echte* Transformation stattfindet, *müssen wir uns entscheiden*, dass sie bei uns anfängt, bei Ihnen und bei mir. Das ist eine Forderung nach einer Bewusstseinsänderung, die sich nur von innen nach außen vollziehen kann. Die Tatsache, dass Sie dieses Buch lesen, zeigt, dass Sie den Aufruf bereits vernehmen. In der Tat wurde dieses Buch als Reaktion auf diesen Aufruf geschrieben.

Es ist Zeit zum Aufwachen. Nicht als neue interessante Abwechslung oder zwangloses Experiment, sondern als absolute Notwendigkeit. Wenn unsere Welt heilen soll, wenn die Menschheit überleben soll, wenn wir als Spezies und als Individuen wachsen und gedeihen sollen, *müssen* wir eine neue Art zu leben finden, eine neue Art der Interaktion und Zusammenarbeit – nicht als Wiederkäuen alter Ideen, Konzepte oder Glaubenssätze; nicht einfach mit zusätzlichen Regelungen oder anderen Regierungsformen – sondern indem wir *innehalten* und *uns öffnen*, indem wir uns von unserer ungesunden Vergangenheit lösen und uns von ihr heilen und indem wir uns unserem reinen Potenzial öffnen und uns mit einem frischen und neuen Bewusstsein vorwärts bewegen.

Es ist Zeit zum Innehalten. Es ist Zeit, dass wir uns über unsere Ausflüchte und angeblichen Einschränkungen hinaus öffnen. Es ist Zeit, dass wir unsere auf Angst beruhenden Wertvorstellungen und Grundsätze aufgeben. Es ist Zeit, dass wir genauer hinhören, als wir es je zuvor getan haben; Zeit, dass wir eine echte, tiefere Wahrheit kundtun. Es ist Zeit, dass wir nicht einfach ein Paradigma aufgeben, sondern dass wir mit dem *Paradigma des Bekannten* brechen. Es ist Zeit, dass wir uns frisch und unbefangen der Weite des *Unbekannten* öffnen und seine Macht, Wunder zu vollziehen, erkunden.

»Wenn die Menschen beginnen,
ihre prekäre Lage klar zu erkennen –
dass unser aller Schicksale untrennbar
miteinander verbunden sind,
dass das Leben ein Netz
von Wechselbeziehungen ist –,
dann wird universale Verantwortlichkeit
die einzig gesunde Wahl
für vernünftig Denkende.«

– Dalai Lama

Manche Bücher und Strategien fordern uns auf, großartigere Visionen zu entwickeln und ambitionierter in unserer Zielsetzung zu werden. Doch uns geht es nicht einfach um die Macht des positiven Denkens und der Wiederholung zusätzlicher positiver Affirmationen. Auch geht es nicht darum, eine leidenschaftlichere persönliche Überzeugung anzufachen oder einen stärkeren eigenen Willen zu erwecken, um unsere Umstände zu überwinden. Es geht nicht darum, Selbstverleugnung zu üben oder opferbereite Märtyrer zu werden und somit ein falsches Gefühl spiritueller Größe zu bestärken. Ebenso wenig geht es darum, uns selbst noch mehr Geschichten *über* unsere Ängste zu erzählen. Es geht nicht darum, sie wegzuschieben, vorzugeben, dass sie nicht existieren, oder über sie hinauszugehen. Es geht nicht darum, sie in etwas umzuwandeln, mit dem wir besser umgehen können. Dies sind allesamt auf dem Ego beruhende Strategien, die uns genau dahin gebracht haben, wo wir jetzt stehen. Es sind provisorische Hilfsmittel, die letzten Endes nicht funktionieren. Sie haben noch *nie* wirklich funktioniert.

Die Forderung geht weit darüber hinaus. Es ist eine Forderung an uns, *authentisch* zu werden. Die wahre Forderung besteht darin, dass wir lange genug innehalten, um unsere tiefsten Ängste und Unsicherheiten aufzudecken, ihnen gegenüberzutreten und sie *kennenzulernen* und uns aus ihrem Griff zu befreien, sodass sie nicht länger unbewusst unsere destruktiven Verhaltensweisen steuern. Es ist ein Aufruf, die stillen Saboteure zu entlarven, die unser Leben einschränken, und sie ein für alle Mal zu beseitigen. Es ist unabdingbar, dass wir uns über alle Begrenzungen hinaus unser tiefstes Potenzial erschließen, das ganz und frei ist und vor kreativen Eingebungen und Lösungen platzt. Es ist ein Aufruf zu echter Befreiung und eine Aufforderung, aus dieser Freiheit heraus bewusst zu handeln.

In unseren Herzen wünschen wir uns alle diese Dinge; unsere Seelen sehnen sich danach. Wir spüren ein Licht, das uns tief in unserem Inneren auffordert, den Lampenschirm zu entfernen, um eine natürliche Pracht freizusetzen, die bis jetzt verborgen geblieben ist. Wir sehnen uns danach, als Individuen zu wachsen und zu gedeihen. Wir sehnen uns danach, eine proaktive Kraft für Veränderung zu sein und in Übereinstimmung mit einem höheren Zweck zu handeln, zu spüren, dass unser kurzer Aufenthalt auf diesem Planeten dem Leben einen greifbaren und bleibenden Nutzen bringt. Wir sehnen uns danach, wirklich von Bedeutung zu sein, für uns, für unsere Lieben und unsere Gemeinden. Wir sehnen uns danach, bewusst zu leben und unser *ganzes* wahres Potenzial zu erkennen und einzusetzen. Wir dürsten danach, als Instrument der Gnade zu dienen.

Doch niemand hat uns gesagt, wie das geht. Niemand hat uns eine Anleitung gegeben.

Dieses Buch wurde geschrieben, um Ihnen zu zeigen, wie es geht. Sie können es als Ihr Handbuch benutzen. Es gibt Ihnen die Mittel an die Hand, damit Sie Zugang zu der natürlichen Schöpferkraft in Ihrem Inneren finden und befähigt werden, aus dieser Größe heraus zu leben. Es bietet Ihnen einfache, aber wirksame Werkzeuge und mächtige Prozesse an, um die Einschränkungen, negativen Konstrukte und emotionalen Blockaden zu beseitigen, die Ihr Leben beeinträchtigen und Sie sich klein fühlen lassen. Es zeigt Ihnen Möglichkeiten auf, wie Sie sich Ihren alten Ängsten stellen und sie loswerden können, damit Sie Ihr wahres Selbst in höherem Maße unbeschränkt, kraftvoll und lebendig zum Ausdruck bringen können. Dieses Buch wird es Ihnen ermöglichen, sich dem unendlichen Potenzial zu öffnen, das Ihre Seele ist, und Ihnen die praktischen Mittel zur Verfügung stellen, um ein authentisches Leben in Freiheit, Ganzheit und Fülle zu leben.

Dies ist ein auf Erfahrung beruhendes Buch. Die hier beschriebene Arbeit ist ein Resultat direkter Erfahrung. Es ist weder eine Theorie noch eine Formel, sondern ein Ausdruck gelebter Wahrheit, der bei vielen Tausenden von Menschen überall in der Welt zu tief greifenden und dauerhaften Resultaten geführt hat.

Mit diesem Buch werden auch Sie sich die Fähigkeit aneignen, sich inspirierten und kreativen Lösungen zu öffnen und eine gesunde Fülle in alle Bereiche Ihres Lebens zu bringen. Wenn Sie die hier beschriebene Arbeit anwenden und gemäß der Wahrheit Ihres eigenen Potenzials leben, werden Sie die Resultate erhalten, nach denen Sie Ihr ganzes Leben gesucht haben. Und indem Sie ein Leben in der Fülle Ihres eigenen Potenzials führen, werden Sie zu der lebendigen Übermittlung eines *Bewusstseins der Möglichkeiten*. Allein Ihre Gegenwart wird die Menschen in Ihrer Umgebung aufwecken, und Sie werden zu einer Kraft für bewusste positive Veränderung. Ihre Handlungen werden ein Spiegel jener Inspiration sein und anderen als Katalysator dienen, um ihrerseits bewusste Schritte zu unternehmen. Und, so wie es bei den außergewöhnlichen Seelen, die uns vorausgegangen sind, der Fall ist, werden die kleinen Wellen Ihres erwachten Bewusstseins im Laufe der Zeit weiterhin nachhallen.

Dies ist Ihre Chance, ein lebendiger Ausdruck zu werden, der ihr Schicksal ist – schon immer war.

1. Kapitel

Wir leben in einer Zeit, in der wir uns auf nichts verlassen können, in der wir auf nichts bauen können, in der nichts wirklich sicher ist. Es gibt keinen Ort, wo wir hingehen und absolut sicher sein können. Überall herrscht Unsicherheit. Niemand ist dagegen gefeit. Keine Kultur ist davon ausgenommen. Kein Land ist davon unberührt.

Der Planet selbst ist in Gefahr eines ökologischen Zusammenbruchs. Unsere Wirtschaftssysteme sind in Auflösung begriffen, und unsere Regierungen sind überstrapaziert und befinden sich in einem Zwiespalt, wie sie darauf reagieren sollen. Großkonzerne, die wir seit Generationen als grundsolide betrachtet haben, fallen wie Kartenhäuser in sich zusammen. Bedeutende Geldinstitute, denen wir unser Erspartes anvertraut haben, sind zugrunde gegangen oder stehen vor dem Bankrott. Selbst Amerika, das als sicherstes Land der Welt galt und jahrzehntelang von der Illusion der Unbesiegbarkeit umgeben war, hat sich als ebenso angreifbar und verletzlich erwiesen wie beinahe jedes andere Land auf dem Planeten. Und in jüngster Zeit wurden viele Häuser von Banken beschlagnahmt, haben viele Menschen ihre Jobs verloren oder befürchten, sie demnächst zu verlieren. Auch in wohlhabenden Kreisen ist niemand gegen die Auswirkungen der Wirtschaftskrise gefeit. Und absolut niemand ist gegen die Auswirkungen von Krankheit und Naturkatastrophen geschützt. Willkürliche, drogenbedingte und häusliche Gewalt ist weit verbreitet. Immer mehr Ehen enden in Scheidung, als dass sie sich bewähren, und eine ständig steigende Zahl von Kindern wächst in einem gestörten Elternhaus oder in zerrütteten Familienverhältnissen heran. Das Leben, wie wir es bisher kannten, ist bedroht. Tatsächlich ist jeder Aspekt unseres persönlichen Lebens – von unserer Umwelt, unserer Karriere und unserer finanziellen Sicherheit bis hin zu unseren Beziehungen, unserem Lebensstil und unserer Familie – gefährdet.

Doch die Wahrheit ist: Das war schon *immer* so. Unsicherheit hat es von jeher gegeben. Im Laufe der Geschichte sind immer wieder Kriege ausgebrochen, kam es zu Konflikten, Hungersnöten, Seuchen und Naturkatastrophen. Es hat immer Zeiten des gesellschaftlichen Aufruhrs und des wirtschaftlichen Zusammenbruchs gegeben. Das menschliche Leben hängt bestenfalls an einem seidenen Faden; es hat nie irgendwelche Garantien gegeben.

Doch wie in einer untereinander abgestimmten Massenhypnose haben viele von uns in den letzten fünf oder sechs Jahrzehnten ein oberflächliches Spiel der Selbsttäuschung gespielt und in der *Illusion* gelebt, *dass uns nichts passieren kann*. Wir haben in einer Blase falscher Sicherheit existiert, eingehüllt in die unrealistische, idealisierte Täuschung, das Leben würde im Großen und Ganzen immer so bleiben, wie es ist. Wir haben uns eingeredet, dass Kriege nur in anderen Ländern stattfinden, dass von menschlichen Entbehrungen nur Ausländer betroffen sind, dass sich Katastrophen nur in den Städten anderer ereignen. Wir machten uns vor, dass wir mit diesen Gefahren »da draußen« eigentlich nichts zu tun hatten. Katastrophen waren etwas, was in den Nachrichten passierte, *anderen* Menschen widerfuhr. Die im Fernsehen gezeigten Krisen schienen von unserer täglichen Existenz entfernt zu sein. Sie berührten weder *unser* persönliches Leben noch das *unserer* Familien.

Wir alle haben schon so viele Katastrophenfilme gesehen, dass echte Katastrophen eine irreale oder sogar surreale Qualität angenommen haben. Wir haben uns so an Bilder der Verwüstung im Fernsehen gewöhnt, dass wir unempfindlich gegen reale Verwüstung geworden sind. Für diejenigen von uns, die in westlichen Gesellschaften leben, waren der Schock und der Eindruck, die der katastrophale Tsunami, der im Dezember 2005 Südostasien heimsuchte und Hunderttausenden das Leben kostete, bei uns auslösten, nur von kurzer Dauer, und schon bald richteten wir unsere Aufmerksamkeit auf dringlichere, aktuellere Nachrichten.

Die meisten von uns sind gegenüber dem Schmerz der Realität abgestumpft, von ihm losgelöst und ungebunden. Bis vor Kurzem haben wir unsere kollektiven Köpfe tief in den Sand gesteckt und in einem Zustand der Verdrängung, der Illusion von Sicherheit gelebt. Sicherheit gibt es nicht, hat es *nie* gegeben.

Doch in den letzten Jahren lässt die Welt uns einen markerschütternden Weckruf zukommen, der nicht zu ignorieren ist. Die Welt fordert, dass wir die behaglichen falschen Kokons ablegen, die wir um unser Leben errichtet haben, und uns der Wahrheit, was wirklich vor sich geht, bewusst werden. Sie rüttelt uns aus unserer verschlossenen, bornierten Existenz und konfrontiert uns knallhart mit der Wirklichkeit.

Katastrophen, die früher einmal irgendwo außerhalb unseres Lebensbereiches Menschen widerfuhren, zu denen wir keine wirkliche Verbindung hatten, kommen gefährlich nahe an unser eigenes Leben heran. In vielen Fällen wirken sich diese Ereignisse in einer sehr realen Weise auf uns oder auf das Leben von Menschen aus, die wir lieben. Diese Krisen tragen sich nicht länger »irgendwo da draußen« zu, sondern genau hier und jetzt. Sie sind zu etwas Persönlichem geworden.

Das Leben unternimmt alles in seiner Macht Stehende, um uns aus unserer Selbstgefälligkeit aufzurütteln und unsere Muster der Schläfrigkeit und Verdrängung zu durchdringen. Es fordert von uns eine neue, ehrlichere und authentischere Seinsweise. Doch da wir leider seit so vielen Jahren im Fantasiereich eines Verdrängungsbewusstseins leben, erstarren die meisten von uns als Reaktion darauf, wenn das reale Leben uns konfrontiert und unser Privatleben bedroht. Wir sind so wenig darauf vorbereitet, dass die Blase unserer imaginierten Sicherheit platzen könnte, dass wir von Angst überwältigt werden, wenn es dann wirklich passiert.

Niemand von uns hat die Gebrauchsanweisung *Wie reagiert man am besten auf Krisen* erhalten, sodass es nur natürlich ist, wenn unsere erste instinktive Reaktion darin besteht, zu erstarren. Wir errichten automatisch Barrikaden und suchen in unserem Vorrat an vertrauten Ideen nach etwas Bekanntem, nur um festzustellen, dass wir nichts finden, was uns Sicherheit geben könnte. Wir versuchen, das Geschehen zu verdrängen, ziehen uns davor zurück; oder wir stürzen uns in dem Versuch, der Situation zu entrinnen, in verzweifelte, sinnlose Aktivität; unser Bewusstsein verschließt sich, unser Wesen verschließt sich, und unsere Fähigkeit, auf kreative ermächtigende Reaktionen zuzugreifen, nimmt ab und schwindet allmählich ganz.

Schließlich sind wir vor Angst, Taubheit, Passivität und Schuldgefühlen wie gelähmt. Wir sind nicht mehr imstande, positive proaktive Schritte zu unternehmen. Unsere Welt wird unausweichlich immer kleiner. Unsere Fähigkeit, kreative Lösungen wahrzunehmen, wird zusehends geringer, bis wir am Ende hilflos, verloren und erfolglos dastehen. Statt Teil der Lösung zu sein, werden wir zu dem Problem. Unser ohnmächtiges, besiegtes Bewusstsein verstärkt noch unsere Handlungsunfähigkeit. Es untergräbt unsere Fähigkeit, Zugang zu innovativen Lösungen und inspirierten Antworten zu finden.

***

Bei einem Manifest Abundance Retreat, das ich vor Kurzem hielt, musste ich wieder einmal feststellen, wie zerstörerisch und dominant dieses Angstbewusstsein sein kann.

Am ersten Abend erforschten wir die *heimlichen Komfortzonen*, die jeder von uns in allen seinen Lebensbereichen hat. Wir beschäftigten uns damit, dass wir das Leben nur bis zu einer bestimmten, überschaubaren Intensität leben, in einem falschen Gefühl von Sicherheit, geborgen innerhalb einer behaglichen Hülle des Vertrauten, aus der wir uns nicht hinauswagen. Dass wir selten, wenn überhaupt das Risiko eingehen, uns jenseits dieser bequemen Ebene des *Bekannten* zu begeben.

Wir untersuchten, wie es sich anfühlen würde, diese Komfortzonen zu verlassen und uns über unsere Welt des Bekannten hinauszubewegen. Ich hielt es für angebracht, unser gegenwärtiges Weltbewusstsein bezüglich der Finanzkrise zum Thema zu machen, um das Ganze realistischer zu gestalten, da viele von uns noch nie direkt eine große Katastrophe oder Krise erlebt haben und tatsächlich nicht wissen, wie sie darauf reagieren würden. Also forderte ich alle auf, die Übung so real und authentisch wie möglich durchzuführen.

Ich sagte: »Stellen Sie sich vor, Sie befinden sich in einer Zeit finanzieller Turbulenzen und der Unsicherheit und Sie sind für ein Unternehmen tätig, das in akuten finanziellen Schwierigkeiten steckt. Diese sind so gravierend, dass für einige Mitarbeiter die Gefahr besteht, ihren Job zu verlieren. Alle Angestellten sind sich bewusst, dass grundlegende Veränderungen und neue

Arbeitsmethoden gefunden werden müssen, wenn das Unternehmen überleben soll.«

Ich bat die Teilnehmer, sich wirklich vorzustellen, *in* diesem Szenario zu sein. Dann forderte ich sie auf, sich darauf einzulassen, wie es sich anfühlen würde, zu wissen, dass ihnen aufregende, innovative und inspirierte Ideen dazu einfallen, wie man das Unternehmen rationalisieren, expandieren und weiterentwickeln kann. Ich warnte sie außerdem davor, dass mit jeder neuen, noch ungeprüften Idee ein Risiko einhergehen würde. Vielleicht würden ihre Ideen die Firma retten oder sie würden nur dazu führen, dass die Firma zugrundegeht und die Mitarbeiter ihre Jobs verlieren. Innovation ist stets mit Unsicherheit verbunden. Eine Erfolgsgarantie kann es nicht geben, doch besteht die Möglichkeit, dass eine neue Arbeitsweise genau das Richtige ist, um das Unternehmen zu retten und Fülle in das Leben aller Beteiligten zu bringen.

Als Nächstes sollten sich die Teilnehmer vorstellen, wie sie dem Firmenvorstand ihre neuen Ideen präsentieren, und spüren, wie es ihnen dabei ergehen würde. Sie sollten während dieser Vorstellung genau darauf achten, wie sie dabei vorgingen, was sie dachten und wie sie gefühlsmäßig reagierten; sie sollten so intensiv wie möglich und in allen Einzelheiten erleben, wie es ablaufen würde, der Geschäftsleitung ihre kreativen Lösungen vorzustellen, in dem Wissen, dass diese nicht unbedingt zu einem Erfolg führen würden.

Die Teilnehmer stürzten sich alle mit Begeisterung auf das Spiel. Anschließend bat ich sie, sich auszutauschen.

Einige sagten, dass sie ihre Ideen der Unternehmensleitung nicht hatten präsentieren können, weil sie befürchteten, als Narren dazustehen, und dieses Risiko nicht eingehen wollten. Andere berichteten, dass sie so schüchtern waren, als sie versuchten, ihre Ideen vorzutragen, dass ihr Bemühen erfolglos war und niemand zuhörte. Doch eine beachtliche Anzahl der Teilnehmer im Raum hatte eine ganz andere Erfahrung gemacht. Mehrere erfolgreiche Unternehmer waren begeistert gewesen von dem Gedanken, einer anderen Firma radikale, innovative Ideen anzubieten, und meinten, dass sie, da ihnen die Firma nicht gehörte und für sie nichts auf dem Spiel stand, sie auch nichts zu verlieren hatten. Sie waren mit Feuereifer bei der Sache, inspiriert und begeistert von den frischen Ideen und Optionen, die ihnen einfielen, und spürten, dass sie ein wichtiger Katalysator für positive Veränderung in einem fremden Unternehmen sein konnten. Sie zogen nicht einmal die Möglichkeit eines Misserfolgs in Betracht, sondern waren der festen Überzeugung, dass ihre Ideen konstruktiv und wohlfundiert waren und dem anderen Unternehmen letztlich großen Erfolg bringen würden.

As Nächstes bat ich, jeder möge sich ein leicht verändertes Szenario vorstellen; dass wir uns wieder in einer Finanzkrise befänden, dieses Mal jedoch würde ihre eigene Firma vor dem Bankrott stehen und ihnen wäre klar, dass für das Überleben ihres Unternehmens innovative und radikale Änderungen erforderlich wären. Zündende Ideen und kreative Lösungen wären nötig, um das Unternehmen zu straffen, neu auszurichten und

Wachstum zu ermöglichen, wenn sie ihre Firma vor dem Bankrott retten wollten, und dass es ihre Aufgabe wäre, diese Innovationen zu entwickeln und zu implementieren. Es würde von ihnen verlangen, in die eigene Firma zu investieren, und doch wäre die Situation letzten Endes dieselbe. Innovation geht mit Risiko einher, und es gibt keine Sicherheit. Ich forderte sie auf, sich vorzustellen, wie sie sich dabei fühlen würden, und ihre wahre innere Reaktion zu teilen.

Der Unterschied in ihren Reaktionen auf das zweite Szenario war bestürzend. Mehrere erfolgreiche Unternehmer sprachen offen darüber, wie sie bei dem Gedanken an dieses Risiko innerlich erstarrten und dass ihre Angst zu scheitern so übermächtig war, dass ihnen nicht eine einzige inspirierte Lösung, nicht eine einzige konstruktive Idee einfiel, die ihre Firma hätte retten können. Eine Frau sagte, dass sie es gar nicht erst versucht hatte. Sie war sich ihres Versagens so sicher, dass sie sich schon geschlagen gab, bevor sie überhaupt einen Versuch unternommen hatte, neue Lösungen zu finden. Ein anderer Mann berichtete, er wäre in Panik geraten und dann derart erstarrt, dass er nicht einen klaren Gedanken fassen konnte.

Er erzählte: »Ich war so blockiert und habe mich in meiner Angst derart eingeschlossen gefühlt, dass ich mich in keine Richtung mehr bewegen konnte. Und, Brandon, *genau* das passiert gerade in meinem Leben. Die Wahrheit ist, dass mein erfolgreiches Unternehmen ins Wanken geraten ist, die Lebensgrundlage meiner Angestellten ist gefährdet, und obwohl ich mir Tausende kreativer

Lösungen für ein anderes Unternehmen einfallen lassen könnte, bin ich total blockiert, wenn es um meine eigene Firma geht. Ich habe Angst, eine Katastrophe heraufzubeschwören, wenn ich mich in irgendeine neue Richtung bewege, und daher bin ich wie gelähmt und so stark verunsichert, dass ich fürchte, alles zu verlieren, sollte ich mein persönliches Geld in die Firma stecken, um sie retten zu wollen. Wenn ich auch keinen Zweifel an meiner Fähigkeit habe, das Unternehmen eines anderen wieder in Schwung zu bringen – ich weiß mit absoluter Sicherheit, dass ich sowohl das Talent als auch das Potenzial dazu habe –, fühle ich mich angesichts des Risikos, bei meinem eigenen Unternehmen zu versagen, wie gelähmt und handlungsunfähig, und das gerade zu einer Zeit, wo es dringend erforderlich ist, dass ich effektive Schritte unternehme.

Wenn ich ehrlich bin, ist die Wahrheit die, dass ich in meinem tiefsten Inneren nicht glaube, die Fähigkeit zu besitzen, angesichts einer echten Krise überleben zu können. Ich habe solche Angst, dass irgendjemand oder irgendetwas mich aufhalten wird und dass, wenn ich mich nicht aus dieser Falle befreie, weder mein Unternehmen, meine Familie noch ich überleben werden.« In ein paar wenigen Sätzen hatte dieser Mann genau das zusammengefasst, was zurzeit in unserer Welt vor sich geht.

In unserer täglichen Existenz fühlen wir uns alle relativ sicher in dem Glauben, dass alles immer so weitergehen wird wie bisher, und selbst wenn es schwierig oder ein Kampf gewesen ist, so ist es dennoch ein Kampf, den wir verstehen, ein Kampf, den wir *kennen*.

Doch infolge der dramatischen Umstände, mit denen die Welt uns aufrüttelt, und der ständig zunehmenden Weltkrisen haben wir in letzter Zeit einen Schlag nach dem anderen hinnehmen müssen, und nichts scheint mehr sicher zu sein. Und eine Angst, die lange in uns geschlummert hat, ist von dem Tumult aufgeschreckt worden. Diese Angst ist die älteste Angst, die der Menschheit bekannt ist. Sie ist unsere ursächlichste, instinktive Angst, die Angst um unser Leben – die Angst, wir könnten nicht die Fähigkeit besitzen, in einer Krise zu überleben.

Diese Angst ist so heftig, dass wir erstarren und dichtmachen, sobald sie sich auch nur leise in uns regt. Wir haben unser ganzes Leben damit zugebracht, sie zu unterdrücken, uns vor ihr zu schützen, uns vor ihr zu verstecken und vergeblich versucht, ihr zu entkommen. Doch solange wir uns nicht umdrehen und dem Tiger in die Augen blicken, solange wir dieser Angst nicht offen begegnen, ihre wahren Wurzeln finden und beseitigen, wird sie weiterhin unser Leben bestimmen und uns genau dann in Panik erstarren lassen, wenn wir gefordert sind, uns unser größtes Potenzial zunutze zu machen. Solange wir uns dieser Angst nicht stellen und sie loslassen, beherrscht sie uns. Sie macht uns genau in dem Moment handlungsunfähig, in dem wir am beweglichsten sein müssen! Sie lähmt uns, wenn wir uns am dringlichsten unserem vollen Potenzial öffnen und Zugang zu unendlichen Möglichkeiten und zündenden, frischen kreativen Ideen finden müssen.

Die gute Nachricht ist, dass es echte Hoffnung gibt. Mit unserer Prozessarbeit The Journey, die wir seit fünfzehn Jahren anbieten, haben wir kraftvolle, wirksame Wege entdeckt und entwickelt, diese Blockaden zu durchbrechen, diese solide scheinenden Strukturen zum Einsturz zu bringen, die stillen Saboteure zu entlarven und sie voll und ganz zu beseitigen, sodass wir uns danach in einem unendlichen Feld aller Möglichkeiten wiederfinden – einem Feld, das so frei, so klar, so erfüllt ist mit frischem Potenzial, dass Antworten und Lösungen uns sofort und völlig mühelos zur Verfügung stehen. Diese Großartigkeit in Ihnen ist nicht nur verfügbar, sie ist Ihre eigene Essenz, und jeder, absolut *jeder* von uns, ist in der Lage, zu den Ursachen seiner eigenen Blockaden und stillen Saboteure vorzudringen und sie vollständig zu entfernen. Jeder hat die Fähigkeit, sich der grenzenlosen Präsenz seiner eigenen Seele zu öffnen – dort, wo echte Schöpferkraft, Größe, Kreativität, Innovation, Liebe und Freiheit vorhanden und jederzeit voll und ganz verfügbar sind.

Ich selbst habe das Phänomen der lähmenden Wirkung von Angst vor einiger Zeit kennengelernt, als mehrere Jahre lang das Damoklesschwert über meinem Haupt schwebte. Ich wurde von einer Katastrophe nach der anderen heimgesucht – genau die Art von Krisen, die zurzeit vielen von uns widerfahren –, bis ich mich schließlich meiner Todesangst stellen musste.

Das Ganze fing 1992 an. Ich war neununddreißig Jahre alt, wie es schien, in der vollen Blüte meines Lebens, als die Ärzte einen Tumor von der Größe eines Basketballs bei mir diagnostizierten. Diese schwerwiegende Diagnose katapultierte mich in eine tiefgründige und emotional befreiende spirituelle Reise, in deren Verlauf ich eine Methode entdeckte, Probleme, die auf zellulärer Ebene gespeichert sind, so gründlich aufzulösen, dass ich in nur sechseinhalb Wochen auf natürliche Weise von meinem Tumor geheilt wurde.

Doch dieser Tumor sollte lediglich der Anfang einer ganzen Reihe von Krisen sein, die mich eine nach der anderen heimsuchten. Ein Jahr nach der Tumorheilung brach in Malibu, Kalifornien, ein verheerendes Feuer aus, das Hunderte von Meilen Land mitsamt der Pflanzen- und Tierwelt zerstörte. Der Brand wurde als nationale Katastrophe deklariert. 280 Häuser brannten bis auf den Grund nieder, und eines davon war meines gewesen. Dieser Verlust ruinierte uns finanziell.

Ein Jahr später kämpften wir immer noch darum, unser Leben wieder in den Griff zu bekommen. Wir hatten uns südlich der Brandstelle neu eingerichtet und beim Finanzamt einen Antrag auf Ratenzahlung für die überfälligen Steuern gestellt; dieser Ratenplan war allen angeboten worden, die bei dem Feuer ihre Häuser verloren hatten. Stattdessen kontaktierten die Behörden unsere Arbeitgeber, zogen unsere Gehälter ein und froren unsere Konten ein. Drei Tage später gestand mein Mann, dass er sich in eine andere Frau verliebt habe, und im Laufe des folgenden Jahres wurde unsere zwanzigjährige Ehe auseinandergerissen und geschieden. In diesem Jahr wurde meine Arbeitszeit verkürzt und damit auch mein Gehalt, bis mir schließlich ganz gekündigt wurde und ich ohne Einkommen dastand.

Im Alter von neununddreißig Jahren war ich mit einer lebensbedrohenden Krankheit konfrontiert worden. Mit vierzig waren mein nicht versichertes Haus und meine persönlichen Besitztümer bei einem Brand völlig vernichtet worden. Mit einundvierzig wurde mein Gehalt beschlagnahmt und meine geschätzte Ehe zerbrach. Und mit zweiundvierzig wurde meine Arbeitszeit reduziert und mir schließlich gekündigt. Ich blieb allein zurück und hatte alles verloren, was mir wichtig gewesen war; jeden Menschen, der mir am Herzen lag; sogar den Beruf und den Lebensstil, mit dem ich mich identifiziert und von dem ich das Gefühl hatte, dass er mich definierte.

Das Universum hatte mir mein perfektes, ideales Leben genommen und mich gelehrt, dass *nichts* sicher ist. Ich hatte auf meinen jugendlichen, strahlenden, gesunden Körper vertraut, und er hatte mich mit einer lebensgefährlichen Krankheit verraten. Ich hatte auf die Geborgenheit und Sicherheit unseres schönen Hauses am Meer vertraut, und es war bis auf den Grund niedergebrannt und hatte mich obdachlos gemacht. Ich hatte auf unsere Regierung vertraut, und sie hatte mir nicht geholfen, sondern mir den letzten Cent genommen. Ich hatte darauf vertraut, dass ich meinen Job, den ich liebte und dem ich mit Begeisterung nachging, ein Leben lang behalten würde, doch mir wurde gekündigt. Ich hatte auf eine zwanzig Jahre währende grundsolide Ehe vertraut, geprägt von Liebe, Hingabe und Wahrheit, und wurde verlassen.

Erfahrung hatte mich gelehrt, dass ich mich auf *nichts* verlassen konnte. Tatsächlich war das Einzige, worauf ich wirklich zählen konnte, das Wissen, dass irgendwann etwas *Unerwartetes* aus dem Nichts auftauchen und mein schönes, erfülltes und gesegnetes Leben auf den Kopf stellen würde, dass das Leben nicht nur einmal, sondern wieder und wieder alle meine Erwartungen zunichtemachen würde.

Mitte August 1996 saß ich eines Tages auf dem Sofa in meinem Wohnzimmer. Meine Scheidung war im April rechtskräftig geworden und hatte das Ende meines Lebens, wie ich es kannte, eingeläutet. Es gab niemanden mehr, der mir ein Spiegel sein konnte; niemandem, mit dem ich mein Leben teilen, nichts, durch das ich mich definieren konnte. Meinen Job hatte ich verloren, und monatelang hatte ich innerlich darum kämpfen müssen, meine gefährdete Existenz irgendwie aufrecht zu halten und nicht vollends in Depression zu versinken. Noch war mir die Richtung nicht klar, in die ich mich bewegen sollte, und finanziell stand ich ständig am Rande des Abgrunds. In den Tagen zuvor war ich sporadisch von Panikattacken heimgesucht worden, die aus dem Nichts zu kommen schienen. Von Zeit zu Zeit konnte ich mein Herz klopfen hören und hatte Schwierigkeiten, richtig durchzuatmen, und das Gefühl der Panik war so akut und desorientierend, dass es mich in Angst und Schrecken versetzte. Ich versuchte, alles zu tun, um diese Panikgefühle zu vermeiden, und ich reagierte wie viele Menschen angesichts wachsender panischer Angst: Ich lenkte mich durch sinnlose Aktivitäten ab. Ich stürzte mich in das vertraute Einerlei des täglichen Lebens, in gewohnte Verrichtungen, die mir ein wenig das Gefühl von Normalität, von Sicherheit – von geistiger Gesundheit – gaben. Ich flüchtete mich in Aufgaben, von denen ich wusste, dass ich sie beherrschte: Staubsaugen, Saubermachen, Kochen, Rechnungen bezahlen und Einzeltherapie anbieten. Zuweilen rief ich eine Freundin zum Plaudern an, aber dennoch fühlte ich mich unendlich allein. Ständig war mir kalt, und egal was ich tat, es gelang mir nie, körperlich warm zu werden. So versuchte ich verzweifelt, mir irgendetwas zusammenzuflicken, das meiner früheren Existenz ähnelte, ein Leben, das mir wieder ein Gefühl der Verbundenheit, Wärme und Sicherheit geben würde.

Ich hatte es mit all meinen alten, treuen Hilfsmitteln versucht: Ich ging in der Natur spazieren. Ich meditierte, chantete und las beruhigende Worte der Weisheit in Büchern erleuchteter Meister, doch die Angst ließ sich nicht beschwichtigen. Ich war auf der Flucht und wurde von etwas gejagt, nicht von etwas außerhalb von mir, sondern von etwas viel Direkterem, viel Beängstigenderem, von etwas fast Fremdartigem, das aus meinem Inneren aufstieg. Ich wollte aus meinem eigenen Körper springen, um diesem Etwas zu entkommen, doch eine Flucht war unmöglich. Wie die meisten von uns hatte ich Angst vor der Angst.

Meine üblichen Vermeidungsstrategien und Aktivitäten wurden zunehmend wirkungsloser in dem Versuch, die Angst von mir fernzuhalten. *Nichts* funktionierte, und ich hatte keine Ahnung, was ich als Nächstes tun sollte. Ich stellte fest, dass ich zum zweiten Mal innerhalb von zwei Tagen den Teppich im Wohnzimmer saugte, und plötzlich wurde es mir klar: Ich erkannte, dass ich nicht länger weglaufen konnte.

Ich setzte mich hin und schloss die Augen. Wenn mir auch das Herz in den Ohren dröhnte, mein Gesicht heiß und mein Atem schwach war, wandte ich mich durch eine Art Willenskraft der Angst zu. Ich lud sie ein, »zu kommen und mich zu schnappen«; dann saß ich still da und wartete. Alles schien außer Kontrolle zu geraten und durcheinanderzuwirbeln. Ich hatte das Gefühl, als würde mich diese Wucht auseinanderreißen. In meinem Kopf rief ich: *»Woher kommt diese Angst? Wovor fürchte ich mich wirklich?«* Und ich zwang sie durch Willenskraft, sich mir zu zeigen.

Das wirbelnde Chaos begann sich zu legen. Die Zeit schien langsamer zu laufen, und dann stand sie still. Schließlich stieg aus meinem Inneren eine Antwort auf: »Du hast Angst, dass du nächsten Monat keinen Unterhalt bekommst. Du fürchtest, dass das bisschen Sicherheit, das dir geblieben ist, verloren geht. Du hast panische Angst, dass du, wenn du *jetzt* nicht irgendetwas unternimmst, deine Wohnung verlierst und völlig allein und heruntergekommen in der Gosse enden wirst.«

Ich öffnete die Augen: »Mist! Das ist es also, wovor ich Angst habe?«

Irgendetwas in mir wusste, dass genau dies passieren würde – meine Unterhaltszahlung würde ausbleiben – und wie ein guter Freund hatte die Angst seit Tagen versucht, meine Aufmerksamkeit auf sich zu ziehen, mich aufzuwecken und zu veranlassen, etwas zu unternehmen. Doch ich hatte mich so gefürchtet, mich der Angst zu stellen, dass ich mich seit ihrem ersten Aufflackern auf der Flucht befunden hatte, und je mehr ich sie ignorierte, desto beharrlicher wurde sie.

Die Angst versuchte, mich vor dem zu warnen, was sie als ein drohendes Desaster verstand – das auch tatsächlich eintrat, als der Scheck am Ende des Monats nicht kam und mein Exmann seine Unterhaltszahlungen schließlich ganz einstellte.

Das Problem war, dass selbst die *unbewusste* Möglichkeit, diese geringe finanzielle Unterstützung nicht mehr zu bekommen, so erschreckend und unerträglich war, dass mein gesunder Menschenverstand sich zurückzog und sich verschloss. Es war wie ein physischer Schraubstock, der meine Fähigkeit, auf irgendwelche positiven Schritte, Antworten, Lösungen oder Unterstützung zuzugreifen, abgeklemmt hatte. Ich war völlig erstarrt und gelähmt.

Dann sagte etwas in meinem Inneren: »*Stopp! Ich lasse nicht zu, dass diese Angst mich auf diese Weise kontrolliert!*«

Dann tat ich etwas ganz Drastisches. Ich beschloss, dass es an der Zeit war, mich nicht nur dieser einen Angst vor einem ausbleibenden Scheck zu stellen, sondern jeder Angst, die je in mir existiert hat, jeder Angst, die heimlich in meinem Körper darauf lauerte, ihre Schmutzarbeit zu verrichten.

Ich nahm mir einen Schreibblock und einen Stift und schrieb oben auf die erste Seite in fetten Buchstaben: »Was ist das Schlimmste, das passieren könnte?«, so als würde ich jede Angst heraufbeschwören, die sich in meinem Inneren versteckt hielt. Ich war fest entschlossen, meine Ängste auftauchen und herauskommen zu lassen, um sie dann gänzlich bloßzulegen. Ich nahm meinen ganzen Mut zusammen und öffnete mich ganz weit, so als wollte ich diese lauernden Ängste mit ihrer ganzen Macht zwingen, an die Oberfläche zu kommen, und fragte mich aufrichtig: »Was ist das Schlimmste, das passieren könnte?«, in dem ehrlichen Wunsch, die Antwort zu erfahren. Bald stellte ich fest, dass ich einen Dialog mit mir selbst führte.

»Okay. Nehmen wir also an, der Scheck kommt nicht. Was dann?«

Als ich diese Frage stellte, meldete sich erneut die Panik und hämmerte auf mich ein, doch ich zwang mich, weit offen zu bleiben, die Angst zuzulassen und mich der nackten Wahrheit des Schlimmsten zu stellen, was passieren könnte.

Die Angst wurde noch stärker, und in dem Moment, in dem ich mich ihr ganz hingab, stieg aus meiner Seele die nächste Antwort auf: »Nun, wenn der Scheck nicht kommt, würde das bedeuten, dass ich meine Rechnungen nicht bezahlen und mir nichts zu essen kaufen kann.«

Der Gedanke an diese Möglichkeit verursachte mir Übelkeit. Erneut wurde ich von Angstgefühlen überwältigt, als ich noch einmal fragte: »Okay. Wenn das passiert, was hätte das dann zur Folge? Was ist das absolut Schlimmste, das daraufhin passieren könnte?«

Wieder war ich von entsetzlicher Panik erfüllt, als die Antwort kam und ich die ganze Wahrheit erkannte: »Ich würde meine Wohnung verlieren und irgendwo Unterschlupf finden müssen, bei einer Freundin oder, noch schlimmer, bei meiner Mutter.«

An diesem Punkt überkam mich ein heftiger Stolz, und ich sagte: »Auf keinen Fall! Es ist völlig ausgeschlossen, dass ich im Alter von 43 Jahren mit dem Hut in der Hand an die Tür meiner Mutter klopfe, um wie ein Parasit auf ihre Kosten zu leben!« Das bedeutete, dass mir nur noch die Möglichkeit blieb, von der Großzügigkeit und Hilfsbereitschaft meiner Freunde zu leben, etwas, von dem ich mir geschworen hatte, es *nie und nimmer* so weit kommen zu lassen!

Plötzlich verschwand die Angst, und ich wurde von einer Woge der Scham ergriffen. Als ich mich öffnete und dieser Scham erlaubte aufzusteigen, überflutete sie mich vollends. Ich fühlte mich zurückgewiesen und beraubt, als ich erkannte, dass selbst meine tolerantesten und liebevollsten Freunde mich irgendwann nicht mehr um sich haben wollten und ich gehen müsste.

Ich öffnete mich noch weiter. Und als ich dieses Mal fragte: »Okay. Und wenn es passiert, dass deine besten Freunde dich rauswerfen, was ist *dann* das Schlimmste, das passieren könnte?«, sah ich mich vor meinem geistigen Auge in New York City, meiner Heimatstadt, auf der Straße liegen. Ich war völlig mittellos, in Lumpen gehüllt, mit Ausschlag im Gesicht und weit und breit niemand, der mir seine Hand entgegenstreckte. Ich hatte das Gefühl, als würde ich in einem Meer der Hilflosigkeit und Hoffnungslosigkeit ertrinken. Meine akademischen Grade und Zertifikate sinnlos geworden wie eine Ansammlung unnützen Mülls, fühlte ich mich wie ein elender Versager, ohne die geringste Hoffnung, dass sich das jemals ändern könnte.

Ein Teil von mir wusste, dass so etwas Groteskes nie passieren würde, doch blieb ich fest entschlossen, mich meinen verborgensten Ängsten zu stellen, egal wie lächerlich oder unmöglich sie sein mochten. Wenn diese Ängste in mir gespeichert waren, dann blieb mir nichts anderes übrig, als ihnen zu begegnen. Sie würden nicht länger den Laden schmeißen.

Also öffnete ich mich voll und ganz der Wahrheit dessen, wie entsetzlich mich diese Vorstellung fühlen ließ. An diesem Punkt war ich in hoffnungslosem Versagen verloren, fühlte mich wertlos, nutzlos und war gezwungen, meinen tiefsten Ängsten direkt zu begegnen: dass ich nicht glaubte, die Fähigkeit zum Überleben zu haben; dass ich so wertlos, so unfähig war, dass ich nicht imstande war, mein Leben in die eigenen Hände zu nehmen. Ich fühlte mich rettungslos verloren und war von Selbstekel erfüllt. Tiefer konnte ich nicht mehr sinken.

Also fragte ich weiter: »Und wenn es passieren würde, dass ich ohne einen Cent, hungernd und sterbend in New York in der Gosse liegen würde, was könnte *dann* als Schlimmstes passieren?«

Etwas in meinem Inneren kannte die Antwort bereits – dass nämlich der Tod kommen und ich sterben würde. Dies war im Grunde die eigentliche Angst, der Kern von allem: dass ich sterben würde, weil ich nicht die nötigen Fähigkeiten zum Überleben hatte.

Wieder fragte ich: »Und wenn du sterben würdest, was wäre *dann* das Schlimmste, das passieren könnte?«

Etwas in meinem Inneren öffnete sich der Möglichkeit des Todes. Einen Moment lang fühlte es sich an, als würde ich von einer unsichtbaren Kraft auseinandergerissen; Wellen der Panik überfluteten mich, und ich glaubte in einem Chaos der Zerstörung zu ertrinken, während ich um mein Leben kämpfte. Schließlich vernahm ich den stillen Ruf einer inneren Präsenz, die mich bat, nicht mehr gegen diesen Prozess anzukämpfen, wenn ich den Grund dafür auch nicht verstehen konnte. Dieselbe Präsenz forderte mich sanft und wortlos auf, loszulassen, mich vollkommen dem verwirrenden Chaos des Ganzen zu ergeben.

Und irgendetwas in mir ließ los. Zunächst fühlte es sich an, als würde sich alles in einem unermesslichen schwarzen Feld auflösen. Meine physische Form schien ihre Substanz zu verlieren und ins Nichts zu verschwinden, in reines Bewusstsein.

Alles wurde zeitlos, unendlich. Irgendwann begann das Bewusstsein, sich in Lichtpartikel zu verwandeln – ein unendliches, glitzerndes, funkelndes Feld von Licht, eine Präsenz, die *überall* war und *alles* durchdrang. Dieses Feld war endlos, gestaltlos, und alles Leben entsprang ihm, war von ihm umschlossen.

Ich erlebte das ganze Universum als ein Bewusstsein, ein alles einschließendes Potenzial, das darauf wartet, sich als Form, als das Leben schlechthin zu manifestieren und auszudrücken. Und ich erkannte, dass dieses reine Potenzial meine eigene Seele ist, mein eigenes Selbst. Ich erkannte, dass *das, was ich bin*, alles durchdringt und das ganze Leben in mir stattfindet, als Ich. Nichts ist getrennt von mir, noch bin ich getrennt von irgendetwas im Leben.

Dann kam die Erkenntnis, dass in diesem Potenzial *alles* vorhanden ist: alle Schöpferkraft, alle Weisheit, alle Liebe, alle Kreativität, alle Antworten. Tatsächlich entsteht *alles Leben* in diesem unermesslichen Feld ungeborenen Potenzials, wird von ihm erhalten und vergeht wieder. In dieser Präsenz existieren alle Möglichkeiten.

Ich saß staunend da und musste über den grotesken kosmischen Witz dabei lachen. Indem ich mich meiner größten Angst gestellt hatte – der Angst, nicht für mich selbst sorgen und allein überleben zu können, dass ich einsam und völlig verarmt sterben würde –, war ich in meine eigene Seele gefallen. In dem einfachen Akt, mich der erschreckendsten aller Möglichkeiten zu öffnen, meinem Tod, hatte ich Befreiung gefunden.

Haben Sie schon einmal vor einem offenen Sarg gestanden und daran gedacht, dass die Leiche wie ein Lehmklumpen aussah, ohne irgendetwas, was ihre wirkliche Essenz ausgemacht hatte, ohne eine Präsenz, was für eine es auch sein mag, die den Körper zu Lebzeiten beseelt hatte, ohne das, was sie zu einer *Person* gemacht hatte? So ähnlich erging es mir: Indem ich mich der Angst vor dem Tod öffnete und mich ihr hingab, erlebte ich, dass mein Körper sich auflöste und wie ein altes Kleidungsstück von mir abfiel.

Doch das, was zurückblieb, war lebendig, ewig und völlig frei. Es war unermesslich, vor Geist sprühend und umfasste alle Möglichkeiten. Und alle Antworten waren genau hier.

Durch den Journey-Prozess hatte ich bereits herausgefunden, dass, wenn wir uns der Quelle unserer schwächendsten, schlimmsten und schmerzhaftesten Emotionen vollkommen hingeben, wir in den Kern unseres Selbst geführt werden, in die erleuchtete, erweckte Präsenz unserer Essenz.

Doch wie die meisten von uns erstarrte ich, als meine tiefste, allem zugrunde liegende Urangst aufgedeckt war. Ich verschloss mich. Ich flüchtete. Und erst als ich innehielt und mich der Angst voll und ganz öffnete, als ich zuließ, dass sie mich »auslöschte«, war ich in der Lage, frisch in die reine, grenzenlose Präsenz meiner eigenen Seele zu versinken.

Wovor hatte ich solche Angst gehabt – dass ich ein paar alte Kleidungsstücke ablegen würde?

Ich saß mit geschlossenen Augen da, in dieser reinen, strahlenden Präsenz ruhend, in einem Ozean sicheren Wissens, dass diese Präsenz geduldig darauf wartete, mich als Teil der kreativen Lösung zu der drohenden Krise in meinem Leben zu benutzen. Ich erkannte, dass sie darauf wartete, dass ich die Antworten hervorrief, die in mir bereitlagen. Also schlug ich die Augen auf und nahm erneut mein Notizheft zur Hand, wissend, dass jene alten Ängste keine Macht mehr über mich hatten. Ich versank in dieses Feld reinen Potenzials. Selbst mit geöffneten Augen war es immer noch stark fühlbar, immer noch unendlich, allgegenwärtig. Und ich fragte: »Wenn diese unendliche Präsenz das Höchste und Beste in meinem Leben erschaffen könnte, was wäre das *Beste*, das jetzt passieren könnte?«

Ich schrieb diese Worte oben auf eine neue Seite, und die Antworten ergossen sich auf das Papier. Ich hatte das Gefühl, als würde meine Hand von der Gnade geführt und meine einzige Aufgabe darin bestehen, immer wieder zu fragen: »Was ist das Beste, das passieren könnte?«, während dieses Feld der Präsenz den Rest erledigte. Ich kam kaum mit dem Schreiben mit, als der neue Dialog begann.

»Was ist das Beste, das passieren könnte?«

»Ich könnte akzeptieren, dass der Scheck wahrscheinlich nicht kommt und ich klare, eindeutige Schritte unternehmen muss. Also muss ich als Erstes meine Rechnungen halbieren, indem ich einen Mitbewohner finde, der in das zweite Schlafzimmer zieht. Dann können wir uns die Miete und die Nebenkosten teilen.«

»Okay, angenommen, ich gehe morgen ins Meditationszentrum und finde dort eine geeignete Person, die meine Wohnung mit mir teilen möchte; was wäre dann das Beste, das passieren könnte?«

»Ich würde mir ein realistisches Bild von meiner Finanzlage machen und ein entsprechendes Budget aufstellen. Wenn meine monatlichen Kosten halbiert sind, könnte ich mir etwas einfallen lassen, wie ich mein Einkommen erhöhen kann.«

»Und wenn das passiert, wenn ich proaktiv vorgehe, um ein höheres Einkommen zu erzielen, was wäre dann? Was ist das Beste, das passieren könnte?«

Die Antworten flogen mir nur so zu.

»Als Erstes würde ich alle meine Freunde anrufen und ihnen erzählen, was ich wirklich am allerliebsten tun möchte. Ich würde ihnen berichten, was geschehen ist: dass seit der Tumorheilung eine bahnbrechende, zutiefst wirkungsvolle Arbeit entstanden ist, dass ich diese Arbeit in den letzten drei Jahren entwickelt und verfeinert und ein paar kleine Seminare durchgeführt habe, um die Arbeit zu lehren. Dass diese Arbeit, aus meiner eigenen direkten Erfahrung hervorgegangen, anderen außergewöhnliche Resultate hinsichtlich zellularer Heilung und emotionaler Transformation gebracht hat und dass Leute sich ihrer eigenen Großartigkeit bewusst geworden sind. Ich würde meinen Freunden, Kollegen und Bekannten sagen, dass ich glaube, dass diese neue Arbeit, die ich als *The Journey* bezeichne, zu einem ganz neuen Paradigma für natürliche Heilung führen würde. Und ich würde sie fragen, ob sie diesen Prozess einmal selbst erleben und erlernen möchten und ob sie vielleicht sogar bereit wären, ein Wochenendseminar bei sich zu Hause oder in Gemeindezentren abzuhalten, damit auch andere davon profitieren könnten. Und schließlich würde ich die Katze aus dem Sack lassen: dass ich einen neuen, aufregenden und wirksamen Prozess entwickelt habe und überzeugt sei, es sei meine Lebensaufgabe, meine Bestimmung, diese Arbeit in der Welt zu verbreiten.«

Dann fragte ich: »Wenn das geschehen ist und ich schließlich anderen von meiner Leidenschaft für diese Arbeit erzählt habe und einige Leute sich entschieden haben, solche Seminare zu veranstalten – was wäre dann das Beste, das passieren könnte?«

»Endlich würden die Menschen Zugang zu diesen neuen Werkzeugen der Transformation und die Möglichkeit haben, echte Ganzheit, Freiheit und Heilung in ihrem Leben zu erfahren.«

»Und wenn das geschehen ist, was würde als Nächstes kommen? Was wäre das Beste, das als Folge dessen passieren könnte?«

»Dass diese Menschen so dankbar für die Werkzeuge und die Prozessarbeit sind, die es ihnen ermöglicht haben, zellulare Heilung so mühelos, so leicht zu erfahren, dass sie diese Heilungsarbeit mit ihren Lieben teilen wollen, um ihnen zu helfen, das Licht in ihrem eigenen Leben aufzudecken.«

»Und wenn das geschehen ist, was wäre das Beste, das sich daraus ergeben könnte?«

»Dann würden die Wogen des Erwachens und der Heilung nach und nach die ganze Menschheit erfassen. Viele Seminare, größere Seminare, würden stattfinden, und immer mehr Menschen, Familien, Schulen, Krankenhäuser und Unternehmen in immer mehr Ländern würden Zugang zu diesen Werkzeugen haben, und der Prozess würde von Leuten aus allen Bevölkerungsschichten angewendet werden.«

»Wenn das geschieht, was käme danach?«

»Bücher würden geschrieben werden, um diese Arbeit den Menschen zugänglich zu machen, selbst wenn sie nicht an einem Seminar teilnehmen können, und Menschen überall auf der Welt würden diese Arbeit benutzen, um Ganzheit, Frieden und Fülle in ihrem Leben zu finden.«

»Wenn das eintritt, was würde als Nächstes passieren? Was ist das Beste, das daraus entstehen könnte?«

»Die Medien würden die Arbeit als eine lebendige, praktische Lehre aufnehmen, eine Lehre, die zu spürbaren, messbaren Ergebnissen führt. Sie würde ein vorherrschendes Paradigma für natürliche Heilung werden. Die Arbeit würde sich weiter ausbreiten, entwickeln und vertiefen und in vielfältiger Weise verfügbar sein; weitere Bücher, CDs und DVDs würden in Dutzende von Sprachen übersetzt und in den verschiedensten Kulturkreisen überall auf der Welt eingesetzt werden.«

»Wenn das eintreten würde, was wäre dann das Beste, das passieren könnte?«

»Auf allen Kontinenten würden Journey-Niederlassungen eröffnet werden, um den Prozess allen Menschen verfügbar zu machen und sie auf ihren fortlaufenden Reisen zu unterstützen. Das damit verbundene Erwachen und die Heilung würden den Menschen zu echter Ganzheit, Freude und Fülle verhelfen, die dazu beitragen würden, den Bewusstseinswandel herbeizuführen, den unser Planet braucht. Wir würden uns zu einer Woge des Erwachens zusammenschließen, die unseren Planeten überflutet und die Menschen veranlasst, sich der Großartigkeit ihrer Seele *bewusst zu werden* und ein Leben in göttlicher Gnade zu führen.«

Die Liste wurde immer länger, als mir mehr und mehr Antworten, proaktive Ideen und die umfassendere Vision ins Bewusstsein strömten. Als ich mir die Liste anschaute und die starke Kraft dessen spürte, was möglich war, verglich ich sie mit meiner Liste der alten Ängste. Letztere war viel kürzer. Ich fragte mich: »Verleiht mir diese Vision der Möglichkeiten und Maßnahmen genügend Kraft, die erforderlich ist, um selbst einen vollständigen Journey-Prozess zu durchlaufen, in dem ich mich meiner größten Angst stelle und sie für immer auflöse – der Angst, nicht in der Lage zu sein, zu überleben und für mich selbst zu sorgen?«

Die Antwort war ein lautes »JA!«.

Und genau das tat ich. Ich setzte mich ein paar Stunden mit einem Freund hin und unterzog mich einem kompletten Journey-Prozess, um das alte Angstbewusstsein ein für alle Mal aufzulösen. Und indem ich das tat, öffnete ich die Tür, damit all jene Möglichkeiten wahr werden konnten. Und sie wurden wirklich wahr!

Aber nicht auf die Weise, die ich zu der Zeit erwartet oder mir vorgestellt hatte. Einen solchen eleganten, alles umfassenden, holistischen Plan hätte ich mir niemals ausdenken können.

Statt dass sich die Entwicklung als eine lineare, schrittweise erfolgende zweidimensionale Abfolge von Ereignissen vollzog, ging die Expansion auf konzentrische, multidimensionale Weise in einem Umfeld der Fülle vonstatten. Einem Hologramm gleich, spielte es keine Rolle, aus welchem Blickwinkel man die Manifestation betrachtete – immer war sie vollständig, dreidimensional, ganz.

Es war, als würde durch die Hingabe an das Unendliche und dadurch, dass ich mein Handeln von einer in höherem Maße erleuchteten, göttlichen Inspiration bestimmen ließ, das Leben auf jedem Schritt des Weges für sich selbst sorgen. Und dabei entwickelte sich nach und nach ein neues Paradigma zur Gründung eines bewusst geführten Unternehmens, eines sogenannten Conscious Business.

Ich konnte nur ehrfürchtig staunen, wie perfekt, synchronistisch, mühelos und praktisch *das Unendliche die Erfüllung seines eigenen Plans realisierte*. Inspiration war immer vorhanden, und ich fühlte mich geführt, ohne eine Wahl treffen zu müssen. Die Resultate waren in jeder Phase des Spiels erfüllend, da ich auf bewusste Schritte verwiesen wurde, die effektive und oft erstaunliche Ergebnisse brachten.

Es begann mit dem Mikrokosmos, indem die einfachen Bedürfnisse meines Lebens befriedigt wurden, expandierte dann und umfasste allmählich ein größeres Ganzes, die ganze Menschheit, das ganze Leben.

Am Tag nach meinem Angst-Prozess wurde ich zum Handeln angetrieben. Ich ging zu meinem Meditationszentrum und fand einen bewussten Mitbewohner, der noch am gleichen Tag einzog. Am nächsten Tag begann ich, meine Freunde anzurufen und ihnen von Journeywork zu erzählen. Einen Monat später hatte ich in den USA, Kanada, Australien und Großbritannien so viele Seminarbuchungen, dass mein Terminkalender für ein Jahr voll war. Kurz danach zog ich einen Geschäftspartner an, der die Erfahrung und den Scharfsinn besaß, um mir zu helfen, The Journey zu einem gewinnbringenden Unternehmen zu entwickeln und ihm eine Struktur zu geben, damit es international expandieren und sich in ein Geschäft verwandeln konnte, das jeden Menschen, der in seinen Einflussbereich kam, bewusst ernähren und wachsen lassen würde.

Ein Jahr später zog ich nach England, wo das Bedürfnis nach The Journey besonders ausgeprägt war. Organisch, exponentiell expandierte das Projekt immer mehr. Die Medien erfuhren davon, fanden heraus, dass die Arbeit den Menschen die Resultate brachte, nach denen sie gesucht hatten, und berichteten darüber. In London veröffentlichte *The Sunday Times*, eine einflussreiche Zeitung, einen außerordentlich positiven zweiseitigen Artikel, und unsere kleine Organisation entwickelte sich entsprechend, um der zunehmenden Nachfrage gerecht zu werden. Zwei Jahre später kam das Buch *The Journey* heraus, zuerst in Großbritannien, dann in Australien und Südafrika – mit ausgezeichneten Kritiken in allen drei Ländern. Es wurde ein Bestseller in der Kategorie der Selbsthilfebücher, zählte jahrelang zu den Top Ten und wird in mehreren Ländern noch immer als einer der ersten zehn Titel aufgeführt.

Büros mit Mitarbeitern und ausgebildeten Helfern, die die Seminarteilnehmer durch den Prozess führen und sie unterstützen konnten, schossen in diesen drei Kontinenten, Europa, Australien und Afrika, aus dem Boden.

Die Arbeit vertiefte sich enorm und erweiterte sich mit einem umfassenden, ganzheitlichen Kurslehrplan. Im Gesundheitswesen Tätige, Ärzte, Lehrer, Geschäftsleute, Psychologen, Programmierer, Büroangestellte begannen mit dem einjährigen, aus sieben Kursen bestehenden Journey Practitioner Program und führten im Anschluss jeweils 45 Fallstudien durch, bevor sie sich qualifizieren konnten. Therapeuten überall auf der Welt fingen an, die Arbeit in ihre Praxis zu integrieren. Menschen aus allen Bevölkerungsschichten begannen, sie als einen natürlichen Bestandteil ihres täglichen Lebens einzusetzen, und viele Tausende genasen von lebensbedrohlichen Krankheiten, Zehntausende erwachten und begannen, ein Leben in Fülle und Ganzheit zu führen.

The Journey erregte die Aufmerksamkeit der internationalen Medien, und im Laufe der Jahre erschienen mehr als 200 Artikel über die Arbeit in Tageszeitungen, Zeitschriften und Magazinen. Mehr als 250 Radioberichte und 65 Nachrichten- und Fernsehbeiträge wurden ausgestrahlt, einschließlich diverser Dokumentationen. Das Buch wurde in 20 Sprachen übersetzt und hat sich bis heute weltweit mehr als eine Million Mal verkauft. Regelmäßig werden Seminare in mehr als 30 Ländern durchgeführt, und es werden jedes Jahr mehr.

1998 wurde mein Geschäftspartner, Kevin Billett, mit dem ich die Leidenschaft für die Wahrheit, die Liebe zur Journey-Arbeit und den engagierten Dienst an der Menschheit teile, Geschäftsführer unserer diversen internationalen Firmen. Außerdem wurde er mein Lebensgefährte, und im Januar desselben Jahres heirateten wir auf Maui, Hawaii.

Im Laufe der folgenden zwei Jahre wurden immer mehr Journey-Seminare in vielen verschiedenen Ländern durchgeführt. Auf jedem Abschnitt des Weges, in jedem Land, wuchs das Bewusstsein und blühte in jeder Person als Teil des Ganzen. Wann immer wir ein Journey-Intensive-Seminar anboten, wurden die Teilnehmer von den Trainern liebevoll unterstützt. Diese wiederum erhielten kostenloses Training von mir und wurden umsorgt und angeleitet von scharfsinnigen und erfahrenen Journey Practitioners. Die Practitioners wiederum wurden von unserem internationalen Team von Mitarbeitern darin unterstützt, ihre spirituelle Reise zu vertiefen. Und die Mitarbeiter wurden von unserem Unternehmen und seinen Direktoren in ihrer persönlichen Entwicklung unterstützt und gefördert. Und Kevin und ich wiederum, die Hüter dieser Vision, wurden geführt und inspiriert, gehalten und genährt, während das Bewusstsein der Organisation immer weiter expandierte, um zu einem noch tieferen Verständnis für die Menschheit zu gelangen.

Dabei machten wir viele Fehler, als wir mit innovativen Geschäftsmethoden experimentierten, doch das unendlich kreative Feld ließ in seiner Großzügigkeit diese Fehler sich in klare, treffende Lektionen verwandeln und machte uns so zu effektiveren Vehikeln, um die Arbeit bekannt zu machen.

Am 10. September 2001 kam das *Journey*-Buch endlich auch in den USA auf den Markt. Am 11. September kam es zu dem Terroranschlag auf das World Trade Center, und mein Buch verschwand in der Versenkung – wie fast alle Bücher, die in jenem Monat in den USA veröffentlicht wurden.

Dennoch bildete sich eine kleine Basisgruppe, angeführt von Leuten, die irgendwie an das Buch gekommen waren und positive Resultate erzielt hatten. Die Gruppe gewann an Boden und um die stetig wachsende Nachfrage nach der Journey-Arbeit zu befriedigen, bat ich unsere lieben Freunde und Journey Practitioners Skip und Kristine Lackey, Büros in Nordamerika zu eröffnen und die verschiedenen Einführungsseminare anzubieten, während ich mich auf die Länder konzentrierte, in denen The Journey bereits weithin bekannt und angewandt wurde und die Nachfrage größer war. Langsam bekamen die Menschen in Amerika mit, was es mit der Arbeit auf sich hat, und seit einigen Jahren bieten wir auch in den USA das vollständige Journey Practitioner Program sowie Kevins bahnbrechendes Visionary Leadership Program an, das Therapeuten und Unternehmer in die Lage versetzt, ihr authentisches, bewusstes Führungspotenzial freizusetzen und darin zu leben und dieses neue Bewusstsein in ihre Firmen und Organisationen einzubringen. Mittlerweile nimmt die Zahl der Journey Practitioners und Visionary Leadership Coaches in den USA und Kanada immer weiter zu, sodass in diesen Ländern eine intensivere Unterstützung auf den fortgeschrittenen Ebenen der Arbeit verfügbar ist.

Im Jahre 2002 wurde unsere internationale Wohltätigkeitsorganisation *Journey Outreach* ins Leben gerufen. Dahinter steckte die Absicht, die Arbeit den Menschen zur Verfügung zu stellen, die sich diese Art von Unterweisung sonst niemals leisten könnten. Heute wird The Journey in vielen Ländern in Ghettos, in unterprivilegierten Schichten sowie in Stammes- und Eingeborenengemeinden kostenlos angeboten. Die Journey-Arbeit wird in Waisenhäusern, Kindereinrichtungen, Schulen, Krankenhäusern, verschiedenen religiösen Einrichtungen, Suchtzentren und Gefängnissen eingesetzt. Mehr als 100 einzelne Projekte haben die Journey-Arbeit in das Leben von Menschen gebracht, die sie dringend nötig hatten, aber andernfalls keinen Zugang zu ihr gefunden hätten. Gegenwärtig haben wir Projekte in Indien, Südafrika, Botswana, Namibia, Kenia, Australien, Neuseeland, Kanada, in den USA und im Nahen Osten laufen. Journey Outreach geht bereitwillig dorthin, wo auch immer Hilfe am meisten gebraucht wird.

Schließlich wurden zwei weitere Bücher geschrieben: *The Journey für Kids*, basierend auf den inspirierenden und berührenden Erlebnissen von Kindern, die zu Gesundheit und Ganzheit fanden und ihr volles Potenzial erkannten; und *In Freiheit leben,* ein Buch, das Erwachsenen die Werkzeuge in die Hand gibt, um ihre wahre Größe freizusetzen und ein Leben in Freiheit und Gnade zu führen.

Die Arbeit expandierte und entwickelte sich immer weiter und weiter, und zurzeit umfasst unser ständig wachsender Lehrplan 15 verschiedene Kurse. Um der zunehmenden Nachfrage gerecht zu werden, sind Kevin und ich 44 Wochen im Jahr unterwegs, geben Seminare und Retreats in sämtlichen europäischen Ländern, in Nordamerika, Australien, Neuseeland, Südostasien, Japan, Afrika, Indien und im Nahen Osten. Und doch gibt es noch so viel mehr Länder, in denen Bedarf nach der Journey-Arbeit besteht, als es uns möglich ist, aufzusuchen. Als Antwort auf diesen Ruf bilden wir Journey Presenters aus, die die Grundlagen der Prozessarbeit in zahlreichen Ländern und in vielen verschiedenen Sprachen vermitteln sollen.

Heute haben wir vier Niederlassungen auf vier Kontinenten, mit Dutzenden von Mitarbeitern, Mitgliedern sowie Partnern. Zehntausende haben im Laufe der Jahre an unseren Seminaren teilgenommen, und viele von ihnen haben in Retreats auf fortgeschrittenem Level weitergemacht und sich ausbilden lassen, um andere in den Seminaren zu unterstützen. Tausende haben das ganze Practitioner Program durchlaufen, und über Tausend von ihnen haben die erforderlichen 45 Fallstudien durchgeführt und sich somit als Journey Practitioners qualifiziert.

Und das ist nur die Spitze des Eisbergs. Dies alles hat sich manifestiert, weil ich eines Tages die Entscheidung traf, mich meinen tiefsten, dunkelsten Ängsten zu stellen und sie aufzulösen. Und alles, was sich dann ereignete, geschah wie von Selbst. Ich war eine willige Dienerin, die, ohne eine Wahl getroffen zu haben, an den göttlichen Willen gebunden war und von der Macht einer geheimnisvollen Gnade geführt wurde.

Alles, was auf jener Liste »Das Beste, das passieren könnte« stand, *ist eingetreten*. Von dem Augenblick an, in dem ich beschloss, meine Kosten zu halbieren, indem ich mir einen Mitbewohner suchte, benutzte die Gnade mich als ein Vehikel, um ihren eigenen Wunsch nach dieser Arbeit zu verwirklichen, damit diese im Dienst an der Menschheit eingesetzt werden könnte. Und die Vision wurde um ein Vielfaches größer, als ich mir je hätte vorstellen können.

Ich stellte mich jenen Ängsten und befreite mich von ihnen, und ich öffnete mich einem Potenzial, so tiefgründig, dass es mich mühelos in Bewegung versetzte, zu bewusstem, wirkungsvollem Handeln antrieb. Und immer noch werde ich von der Gnade benutzt, wofür sie mich auch immer benutzen möchte, entwickle die Arbeit weiter, wie auch immer sie es sich wünscht, und mache sie der Menschheit zugänglich.

Sie lesen dieses Buch, weil ich eines Tages so von Angst gelähmt war, dass ich spontan in einen Prozess geriet, der mich von meinen schlimmsten Ängsten befreite. Dieser Prozess ist jetzt niedergeschrieben und wird – zum ersten Mal – am Ende dieses Buches veröffentlicht, damit Sie ihn anwenden können. Er wurde verfeinert, erweitert und eleganter und benutzerfreundlicher gestaltet, damit Sie ihn selbst Schritt für Schritt durchlaufen und anfangen können, Ihr Leben von dem unendlichen Feld aller Möglichkeiten aus zu führen. Dieses Feld wartet auf Sie, klopft an Ihre Tür, winkt Ihnen zu, damit Sie zu Ihrem wahren Potenzial heimkommen. Es gibt Milliarden von Partikeln der Gnade, auf denen Ihr Name steht und die darauf warten, dass Sie diese Türen öffnen, ganz weit öffnen, um als Vehikel für die bewusste Manifestation in Ihrem Leben benutzt zu werden.

Die Zeit ist gekommen, aufzuwachen und Ihre eigene schlimmste Angst freizusetzen. Die Zeit ist gekommen, sich ihr und über sie hinausgehend sich dem unermesslichen Potenzial Ihrer eigenen Seele zu öffnen. Die Zeit ist gekommen, Ihre alten Muster des Sichverschließens aufzulösen, Ihren Geschichten von Einschränkung ein Ende zu setzen. Die Zeit ist gekommen, die stillen Saboteure zu vertreiben, die bisher Ihr Leben bestimmt haben, und sich Ihr wahres Potenzial zu erschließen. Die Zeit ist gekommen, sich dem mitschöpferischen Tanz der Manifestation anzuschließen und in all Ihren Lebensbereichen in bewusster Fülle zu leben.

Ich kann Ihnen Folgendes nur wärmstens empfehlen: Denken Sie nicht einfach darüber nach, verrichten Sie die Arbeit. Lesen Sie das Buch von Anfang bis Ende und führen Sie sich dann selbst durch die Prozesse. Lassen Sie dieses Buch ein lebendiges Handbuch sein, um Freiheit und Fülle in Ihr Leben zu bringen. Öffnen Sie sich einfach und tauchen Sie hinein. Unser Planet braucht Ihre Hilfe.

2. Kapitel

Während der letzten Jahrzehnte gab es mehrere Bestseller über die Manifestation von Fülle, von denen einige fast so etwas wie Kultstatus erlangten. Sie alle basierten mehr oder weniger auf dem »Vater aller Manifestationsbücher«, Napoleon Hills *Think and Grow Rich*, das erstmals im Jahre 1937 veröffentlicht wurde, wenn das Material in der Zwischenzeit auch sprachlich moderner Ausdrucksweise angepasst und in einen mehr mystischen oder esoterischen Kontext gebettet und künstlich erweitert wurde, um einige neuere wissenschaftliche Erkenntnisse unterzubringen.

Die grundlegende Aussage dieser Bücher ist die gleiche: Wenn Sie entsprechend dem universalen »Gesetz der Anziehung« fokussierte, positive Intentionen zum Ausdruck bringen – positive Affirmationen wiederholen, sich aktiv Ziele setzen und sie als bereits eingetreten visualisieren –, können sich Ihre Träume allein durch die Macht Ihrer Intention manifestieren. Tatsächlich gibt es Forschungen, die dieses Prinzip bestätigen. Die moderne Physik beweist, dass die klare Vorstellung von dem, was Sie sich wünschen, und eine starke positive Intention messbare Auswirkungen auf das haben, was Sie in Ihrem

Leben manifestieren. Der alte Bibelspruch »So wie du denkst, so wird es sein« hat sich als wissenschaftlich fundiert erwiesen.

Doch die bedauernswerte Wahrheit über die meisten dieser Bücher ist die Tatsache, dass sie uns nur einen kleinen Ausschnitt des ganzen Bildes vermitteln. Sie enthalten uns etwas Wichtiges vor, indem sie lediglich die Oberfläche ein wenig ankratzen. *Sie sprechen nicht die schwierigeren Fragen an, die wirklichen zugrunde liegenden Probleme, die uns daran* ***hindern****, unser ideales Leben zu manifestieren.* Sie berücksichtigen nicht die *stillen Saboteure*, die positive Manifestationen vereiteln, selbst wenn wir starke Intentionen zum Ausdruck gebracht haben.

Diese Bücher halten den Mythos aufrecht, dass wir unsere Träume wahr machen können, indem wir sie uns einfach *vorstellen* – eine Aussicht, die vielen von uns sehr gefällt. Als Kinder haben wir alle gerne Rollen gespielt und wir möchten – wie Peter Pan – so gerne glauben, dass dann, wenn wir sehen können, wie unsere Träume *»wirklich, wirklich«* wahr werden, wenn wir sie uns *»wirklich, wirklich«* von ganzem Herzen vorstellen, allein die Kraft unserer Absicht ausreichen wird, um fliegen zu können. Natürlich ist es völlig verständlich, dass wir uns ein derart magisch wundervolles Leben wünschen, doch irgendwann muss unser gesunder Menschenverstand die Unmöglichkeit eines solch naiven Glaubens durchschauen. Die Prämisse ist so offensichtlich *unwahr*. Wenn sie wahr wäre, dann wären alle unsere Fantasien und Sehnsüchte im Kindesalter erfüllt worden, und als

Erwachsene wären wir alle erfolgreich und wahnsinnig reich!

Mit wachsender Reife gelangen wir an einen Punkt, wo wir bereit sein müssen, auf dem Boden der Tatsachen zu landen. Dann kommt eine Zeit, in der wir pragmatisch sein müssen, und wenn wir ein Leben in Hülle und Fülle führen wollen, müssen wir uns dem stellen, was uns *zurückhält*, es beseitigen, damit wir bewusst und effektiv am Prozess *echter* Manifestation teilnehmen können.

Damit soll nicht gesagt werden, dass unsere zum Ausdruck gebrachten Intentionen wirkungslos sind. Es kann enorm wirksam sein, wenn diese Intentionen von einem *authentisch* positiven Ort herrühren. Es ist nur so, dass sie nicht einer überdrehten, angstbesetzten, falschen Positivität entspringen dürfen, sondern einem authentischen, freien, gesunden Bewusstsein, wenn sie förderliche und *beständige* Resultate zeitigen sollen. Um hundertprozentig positive Resultate zu erzielen, müssen *alle Ebenen unseres Seins* in Harmonie sein.

Haben Sie schon mal am Silvesterabend erhebende Vorsätze fürs neue Jahr gefasst, nur um drei Monate später festzustellen, dass von Ihrer Entschlossenheit nicht viel übrig geblieben ist und Ihr Leben sich kaum verändert hat? Oder haben Sie sich jemals bestimmte Ziele gesetzt und Ihre anregenden Absichten niedergeschrieben, Ihre Notizen dann in eine Schublade verstaut, nur um ein Jahr später festzustellen, dass sich lediglich ein paar Ihrer Ziele verwirklicht haben, aber die meisten nicht? Wenn allein starke Absichten und die Visualisierung unserer Ziele, als seien sie bereits Wirklichkeit, ausreichen würden, hätten die meisten von uns alle ihre Träume bereits manifestiert. Doch das ist nicht der Fall. Haben Sie sich je gefragt, *warum* Sie in einigen Bereichen Ihres Lebens widersprüchliche Resultate erzielt haben und in anderen überhaupt keine?

Der Grund dafür ist, dass die meisten von uns stille Saboteure beherbergen, hinterhältige Killer von Manifestationen, die ihr zerstörerisches Werk verrichten, indem sie dafür sorgen, dass wir just dann dichtmachen, wenn unser volles Potenzial zu erblühen beginnt. Es ist, als würden wir dem Leben gegenüber zwei gleich starke Absichten gleichzeitig zum Ausdruck bringen: Einerseits sagen wir: »Ich werde meinen Traumjob manifestieren, ich habe das Talent dazu. Ich weiß, dass ich es kann!«, während wir andererseits unbewusst den ebenso starken – oder manchmal sogar stärkeren – negativen Impuls ausdrücken: »Ich besitze die erforderlichen Fähigkeiten nicht. Ich habe es nicht wirklich verdient. Ich werde immer ein Versager bleiben.« Während also Ihr Verstand eine künstliche Begeisterung hervorruft und verstärkt, indem er positive Affirmationen wiederholt und schöne Bilder des Erfolges visualisiert, und während Sie versuchen, sich zu zwingen, an diese Bilder zu glauben, und sie mit Gewalt ins Leben zu rufen, bleiben Sie auf unbewusster Ebene im Zweifel, und die gegenteiligen negativen Impulse verschaffen sich ungeprüft Ausdruck: »Ich bin nicht gut genug. Das ist nicht real. Es wird nie eintreten.«

Das hat zur Folge, dass diese polarisierten Absichten sich gegenseitig aufheben. Es ist nicht so, dass etwas Schreckliches passiert; in der Regel geschieht einfach gar *nichts*. Die Macht Ihrer positiven Intentionen wird negiert. Und das ist der Grund, warum Sie am Ende des Jahres, wenn Sie sich erneut die Liste Ihrer Ziele anschauen, feststellen, dass nur *einige* davon wahr geworden sind und die meisten nicht.

Solange Sie uneingestanden von Ängsten, negativen Glaubenssätzen oder ungesunden Konditionierungen beherrscht werden, werden diese Sie sabotieren und Ihre förderlichen Ziele unerreichbar machen.

Um bewusst und kontinuierlich Fülle zu manifestieren, müssen wir bereit sein, voll und ganz auf den Boden zurückzukommen und aktiv unsere Rolle zu spielen. Wir müssen willens sein, die Ärmel hochzukrempeln und uns der schädlichen Konditionierung zu stellen, den entmachtenden Glaubenssätzen, Schwüren, Einschränkungen, negativen Selbstkonzepten, die uns heimtückisch davon abhalten, die gewünschten Resultate in unserem Leben zu erzielen. Dann müssen wir die Lüge dieser Negativitäten offenlegen, sie durchschauen und beseitigen.

Als Nächstes müssen wir noch tiefer gehen, um die *Antriebskräfte* dieser negativen Glaubenssätze und Versprechen aufzudecken – die lähmenden, traumatischen Erinnerungen, die auf zellularer Ebene gespeichert sind – und sie vollständig aufzulösen. Dann, und erst dann – aus einer inneren Freiheit, Ganzheit und reinem Potenzial heraus – können wir uns auf eine gesunde Weise dem mitschöpferischen Tanz der Manifestation anschließen.

***

Haben Sie sich schon einmal auf ein neues Gesundheitsprogramm eingelassen, das sie wirklich begeistert und mit Leidenschaft erfüllt hat? Mit den allerbesten Absichten fassten Sie den festen Vorsatz: »Von jetzt an werde ich mich nur noch gesund ernähren, regelmäßig dreimal die Woche ins Fitnessstudio gehen und in drei Monaten 20 Pfund abnehmen. Ich bin fest entschlossen, gesund und fit zu werden.«

Und ist Ihnen dann jemals aufgefallen, dass im Laufe der Zeit Ihre Entschlossenheit nachließ, Sie mit Ihrer Diät inkonsequent wurden und Ihre Besuche im Fitnessstudio unregelmäßig wurden und dann ganz aufhörten, obwohl es Ihr fester Entschluss war, obwohl Sie sich stark und in Übereinstimmung mit Ihrer Überzeugung fühlten, dass Sie dieses Programm bis zum Ende durchstehen würden? Dass Sie irgendwie »an Ihre Grenzen gestoßen sind« und sich Ihre Leidenschaft verlor, obwohl Sie Ihr neues Gesundheitsprogramm mit Begeisterung angefangen und sich dabei fantastisch gefühlt haben? Ohne ersichtlichen Grund haben Sie genau das aufgegeben, was Ihnen ein neues Gefühl von Selbstvertrauen verlieh und Sie dazu brachte, sich lebendiger und erfolgreich zu fühlen. Haben Sie sich je gefragt, *warum* das so war? Der Grund ist, dass irgendwelche verborgene Komfortzonen in Ihrem Inneren Sie sabotiert haben.

Auch wenn dieses Beispiel nicht auf Sie persönlich zutrifft, glaube ich, dass wir alle schon dieses Dichtmachen erlebt haben, das sich einstellt, wenn wir an die Grenzen unserer bekannten, vertrauten Welt stoßen. Wenn wir beginnen, uns über unsere Komfortzonen hinauszubewegen, lässt uns etwas in den Beschränkungsmodus zurückschnellen.

Athleten und Sportler protestieren genau gegen dieses Phänomen. Sie sprechen leidenschaftlich davon, in »der Zone« zu spielen, wenn es schien, dass sie nichts falsch machen konnten, wenn jeder Schuss oder Schlag aus einem mühelosen und inspirierten Potenzial zu kommen schien und sie sich als Teil eines größeren grenzenlosen Ganzen empfanden. Für kurze Zeit war alles möglich und sie zeigten Spitzenleistungen, und plötzlich, aus irgendeinem unbekannten Grund, ging ihr Schuss oder Schlag vorbei oder sie verkrampften sich, und dann ging alles bergab. Sie stießen an die Grenzen ihrer heimlichen Komfortzonen und von diesem Augenblick an machte ein unbewusster destruktiver Impuls sie unfähig.

Auch Maler klagen bitter über dieses Phänomen. Monatelang können sie von Kreativität beflügelt und äußerst produktiv sein, mit jedem neuen Gemälde inspirierter als beim letzten; und dann kommt der Tag, an dem ihnen ein Pinselstrich irgendwie misslingt, fehl am Platz zu sein scheint. Und im Bruchteil einer Sekunde hat es den Anschein, als ob ihr ganzes Talent sie verlassen hätte. Danach stellt jede neue Leinwand sie vor eine einzige Katastrophe. Manchmal kommen diese begabten Künstler monatelang nicht aus ihrer Krise heraus; einigen gelingt es nie.

Im Endeffekt verhält es sich so: Sie sind an die Grenzen ihrer Komfortzonen gestoßen, und etwas in ihnen bekam es mit der Angst zu tun und legte ihr wahres Potenzial, ihre künstlerische Schöpferkraft, lahm.

Autoren beklagen sich über »Schreibblockaden«, die gerade dann eintreten, wenn ihre Worte besonders inspiriert zu fließen scheinen und sich spontan auf das Papier ergießen, oder wenn sie einen Buchvertrag bekommen oder eine andere Art von Auftragsarbeit zu erledigen haben und den verstärkten Druck spüren, innerhalb einer bestimmten Frist Qualitätsarbeit abliefern zu müssen. Sie können kein Wort mehr schreiben, ihr Verstand setzt aus, ihre Kreativität verfliegt, sie sitzen da und starren auf eine leere Seite.

In der Anfangszeit von The Journey führte ich ein wenig Prozessarbeit mit einem Drehbuchautor durch, der infolge einer Schreibblockade an schweren Depressionen litt. Er sollte ein Drehbuch für ein großes Hollywoodstudio schreiben. Monatelang hatte er auf seinen Computermonitor gestarrt und versucht, einen guten Anfang und einen überzeugenden Handlungsfaden zu finden, war jedoch vollkommen blockiert. Während seines Abundance-Journey-Prozesses fand er die Ursache für seine stillen Saboteure und veränderte die Zellerinnerung, die sein Muster des Verschließens bestimmt hatte, derart, dass es von dem Tag an so war, als wäre ein Damm gebrochen; sein schöpferisches Potenzial stand ihm jetzt voll und ganz zur Verfügung, und alles, was er schrieb, war einfach genial. Er beendete sein Drehbuch in Rekordzeit – er konnte nicht schnell genug tippen, um seinen Gedankenflügen zu folgen. Der Film, eine romantische Komödie mit hochkarätiger Starbesetzung, wurde Mitte der 90er-Jahre ein Blockbuster. Acht Jahre später schaute er bei einem Journey-Intensive-Seminar in Los

Angeles vorbei, das ich leitete, um mir persönlich zu danken. Er führte seinen großen Erfolg mit dem Film auf jenen einen Prozess zurück, den wir damals durchgeführt hatten.

Wissenschaftler sprechen von dem Phänomen, dass sich ihr Geist weit geöffnet in einem unendlichen Feld der Intelligenz bewegt. Einstein nannte es »den stillen, dunklen Ort, an dem Gott ist«, und seiner Erfahrung nach war es das Unendliche, das zur Entstehung der *Relativitätstheorie* führte. Doch häufig klagen Wissenschaftler über das gleiche Problem, das Maler beeinträchtigt: In einem Moment arbeiten sie mit einer spielerischen Leichtigkeit in einem zeitlosen »Eureka! – Ich hab's!«-Bewusstsein – und im nächsten Moment schnappt ein Tellereisen zu, schaltet ihr Gehirn ab, blockiert den Zugang zu ihrer Schöpferkraft und lässt sie im unkreativen, linearen Denken wühlen.

Einige von uns scheinen bei der Arbeit nie aus diesem Zustand herauszukommen. Wir stecken fest in der Zufriedenheit mit Routinearbeiten und erledigen die Dinge so, wie sie schon immer erledigt wurden. Oder wir übernehmen uns und stellen dann fest, dass unser starkes Bedürfnis nach Innovation und Veränderung keinen Erfolg bringt oder sogar kontraproduktiv ist. Schließlich versinken wir derart in Negativität, dass wir uns nicht mehr daraus befreien können und mit ansehen müssen, wie weniger erfahrene, weniger fähige Kollegen, die aber offensichtlich voller Enthusiasmus, Inspiration und neuer Ideen stecken, über unsere Köpfe hinweg karrieremäßig immer höher aufsteigen.

Solche Blockaden können ebenfalls in unserem spirituellen Leben auftreten. Menschen, die regelmäßig meditieren, erwähnen oft, dass sie eine Phase erreichen, in der sie nicht mehr die Beglücktheit und den Frieden finden, wie es anfangs der Fall gewesen war. Sie haben das Gefühl, festzustecken, sind ihrem unaufhörlichen Gedankenstrom hilflos ausgesetzt, oder fühlen sich erschöpft, so als würden sie nur noch automatisch die einzelnen Schritte ausführen.

Und selbst in unseren Beziehungen können diese stillen Saboteure eine zersetzende Wirkung haben. Hatten Sie schon einmal eine neue Liebesbeziehung, in der Sie sich eine Zeit lang offen, präsent, zugänglich gefühlt haben – vielleicht lebendiger und verliebter als je zuvor – vor Glück schwebend in etwas, das sich wie eine göttliche Verbindung anfühlte, die heil und vollkommen war? Und haben Sie dann erlebt, dass Sie nach einiger Zeit ohne ersichtlichen Grund anfingen, sich getrennt zu fühlen, plötzlich Ihr Herz vor Ihrem Partner verschlossen und sich in Ihren Panzer zurückzogen oder hinter Ihrem Schutzwall versteckten und von diesem Verteidigungsposten aus in tiefe Isolation oder Einsamkeit stürzten, während Sie die ganze Zeit eine brennende Sehnsucht danach verspürten, die Dinge wieder so zu haben, wie sie waren, erneut diese Verbundenheit zu fühlen, die grenzenlose Intimität, die keine Worte braucht und die Beziehung so großartig und erfüllend gemacht hatte? Einige stille Saboteure hatten sich gemeldet und ihr zerstörerisches Werk verrichtet, und Sie waren diesen Auswirkungen hilflos ausgeliefert.

Komikern passiert es, dass ihr Talent plötzlich versiegt. Sie sind auf einmal nicht mehr lustig und können in tiefe Depression fallen. Filmstars, Pop- und Rockstars – gefeierte, reiche Menschen, die es im Leben wirklich geschafft zu haben scheinen – sabotieren sich oft selbst durch Alkohol, Drogen oder antisoziales und selbstzerstörerisches Verhalten. Lotteriegewinner oder sogenannte Trust-Fund-Kids vergeuden oft nicht nur ihren Reichtum, sondern enden mit sehr hohen Schulden. Egal wohin Sie schauen, es ist nicht schwierig, Beispiele von Personen zu finden, denen im Leben alles offen zu stehen scheint, die sich jedoch selbst Steine in den Weg legen, sich geschlagen geben und in tiefe Depression verfallen.

Wir alle haben stille Saboteure in verschiedenen Bereichen unseres Lebens, und sie beeinträchtigen jeden von uns auf unterschiedliche Weise zu unterschiedlichen Zeiten. Solange uns nicht bewusst ist, was sie *antreibt*, werden sie uns weiterhin gerade dann lahmlegen, wenn es in unserem Leben endlich aufwärts zu gehen scheint. Sie stutzen uns die Flügel und halten uns am Boden, sodass wir nicht imstande sind, aufzusteigen, wie es letztendlich unsere Bestimmung ist.

Das Frustrierende an diesen Saboteuren ist, dass das, was sie antreibt, unserem bewussten Gewahrsein gänzlich verborgen ist. Es ist, als hätten wir einen »toten Winkel« und wüssten nicht, was in den Tiefen unseres Seins tatsächlich vor sich geht. Und wenn auch einige der Glaubenssätze und Versprechen, die mit unseren Mustern der Selbstsabotage verbunden sind, gelegentlich an die Oberfläche kommen, bleiben die eigentlichen Ursachen, die Zellerinnerungen, die jene negativen Glaubenssätze und Versprechen hervorgerufen haben, unserem Blick komplett verborgen.

Vielleicht ist es für Ihr Verständnis hilfreich, sich die Sache so vorzustellen: Wir sind ein Teich des Gewahrseins, auf dem Seerosenblätter schwimmen, die das oberflächliche Verhalten von Schutz und Dichtmachen repräsentieren, das wir klar erkennen können. Unsere Überzeugungen, Versprechen und negativen Selbstkonzepte sind die Stängel, die von den Seerosenblättern verdeckt werden. Und die Stängel wiederum sind mit den tieferen, weit verzweigten Wurzelgeflechten verbunden, die in dem schlammigen Urgrund unseres Unbewussten liegen, in einem tieferen Teil unseres Wesens. Die Wurzeln sind unsere eigenen traumatischen Zellerinnerungen – entmächtigende und lähmende Lebenserfahrungen, die sich in unserem Körper festgesetzt haben und deren Negativitätsbewusstsein in unseren Zellen weiterlebt. Sie sind die wahren Anstifter unserer heimlichen Komfortzonen und der Ursprung unserer Selbstsabotage. Diese Wurzeln rufen unsere negativen Überzeugungen und inneren einschränkenden Versprechen hervor, und diese wiederum treiben unsere negativen Verhaltensweisen an, das schädliche Tun, das an der Oberfläche so deutlich sichtbar ist.

Und um unseren Teich des Gewahrseins zu säubern, müssen wir hinuntertauchen, um zu unseren verborgenen Glaubenssätzen, Versprechen und Konzepten vorzudringen, und dann müssen wir noch tiefer tauchen, bis wir an ihren Grund gelangt sind. Wir müssen unsere alten Zellerinnerungen und alles, was mit ihnen verbunden ist, ausmerzen. Wenn die ganze Pflanze mit den Wurzeln ausgerissen und entfernt ist, bleibt offenes, klares Gewahrsein zurück. Und nur einem Bewusstsein, das rein, nicht blockiert und nicht verdunkelt ist, kann eine wahre, wirklich erfolgreiche Intention entspringen. Nur dann kann diese Intention ihren Weg zum vollständigen Ausdruck, ihre Reise zur Manifestation ungehindert zum Abschluss bringen.

***

In den Anfangsjahren von The Journey fielen mir immer öfter die zerstörerischen Wirkungen dieser stillen Saboteure auf, auch wenn ich noch nicht herausgefunden hatte, was sie eigentlich antrieb. Ihre Existenz wurde mir zum ersten Mal durch eine einschneidende Erfahrung, die einem guten Freund von mir widerfuhr, glasklar bewusst.

Als Bill mich aus Washington D. C. anrief, war er förmlich atemlos vor Aufregung: »Brandon, du wirst es nicht glauben, aber gerade hat jemand eine *Million* Dollar in mein Geschäft investiert!«

»Wow, Bill, das ist ja fantastisch!«, erwiderte ich. Ich wusste, dass Bill versucht hatte, ein eigenes kleines Geschäft aufzubauen und derweil von einem Mittelstandseinkommen leben musste, was gerade ausreichte, um seine Rechnungen, seine Hypothek und die Schulgebühren für seine Kinder zu bezahlen, sodass am Ende des Monats nicht mehr viel übrig blieb. Eine Million Dollar war eine unglaubliche Summe für ihn, daher ermunterte ich ihn, sein Glück zu feiern, und bat ihn, mir ausführlicher zu erzählen, was passiert war.

»Weißt du, ich hatte damit überhaupt nicht gerechnet. Die vertraglichen Bedingungen waren zwar hervorragend, doch sobald die Investoren einverstanden waren, Geld in mein Unternehmen zu stecken, kamen alle meine Ängste hoch. Ich bekam auf einmal Panikattacken, was mir so gar nicht ähnlich sieht! Ich bekam es derart mit der Angst zu tun, dass ich mich in unser Wochenendhaus auf dem Land zurückzog und versuchte, die Dinge in den Griff zu bekommen. Tagelang schien es, als würden alle meine ›Reichtumswunden‹ aus dem Nichts zum Vorschein kommen. Ich hatte das Gefühl, als würde ich von Dämonen gejagt, die aus meinem Inneren kamen. Alle Ängste, die ich jemals in Bezug auf üppigen Reichtum hatte, schienen von allen Seiten über mich herzufallen. Meine Fantasie lief regelrecht Amok angesichts all der möglichen Katastrophen, die eintreten könnten, wenn ich einen solchen Betrag akzeptierte. Ich hatte einfach eine Riesenangst, dass, wenn ich dieser Investition zustimme, ich Pleite gehen, jämmerlich scheitern und alles verlieren würde, was mir im Leben wirklich wichtig ist – vielleicht würde meine Familie mich irgendwann verachten, meine Freunde würden mich vielleicht ablehnen, und unter Umständen würde schließlich alles, was mir lieb und teuer ist, völlig vernichtet sein – und das alles nur, weil ich es zugelassen hatte, dass jemand in mein Geschäft investiert.

Und dann schien es mir, als würde ich irgendwie etwas überwinden. Ich nahm meinen ganzen Mut zusammen, fuhr in die Stadt zurück und unterzeichnete den Vertrag.

Ich weiß wirklich nicht, wovor ich solche Angst hatte. Es sind überhaupt keine Katastrophen eingetreten. Nichts ist heruntergestürzt. Niemand hat sich gegen mich gewendet oder mich abgelehnt. Tatsächlich hat sich in meiner Familie und meinem Freundeskreis so gut wie nichts geändert – nur mein Geschäft hat Auftrieb bekommen und läuft jetzt wunderbar. Ich habe keine Ahnung, wovor ich solche Angst hatte. Ich lebe noch immer im gleichen Haus, meine Familie liebt mich nach wie vor, und ich habe noch immer alles, was mir im Leben am wichtigsten ist.«

Nachdem ich den Hörer aufgelegt hatte, dachte ich: »Hmm... Bill muss tatsächlich irgendeine tief sitzende Angst gehabt haben. Das war eine ungesunde Reaktion auf etwas, was im Grunde ein üppiges Geschenk des Lebens war.« Aber ich dachte nicht weiter darüber nach, denn schließlich war er ja dann doch in der Lage gewesen, die Wohltat anzunehmen, die das Universum ihm zu bescheren versuchte.

Dann, drei Monate später, rief Bill mich wieder an. Dieses Mal war er wie berauscht, so groß war seine Aufregung. »Brandon, Brandon, du wirst es nicht glauben! Mein Unternehmen hat sich in den letzten drei Monaten so fantastisch entwickelt, dass ein Sponsor gerade *zehn Millionen Dollar* investiert hat!«

»Zehn Millionen? Das ist phänomenal, Bill. Wunderbar! Und wie ist das passiert?«

»Ehrlich gesagt, es war noch viel schlimmer als beim letzten Mal. Ich musste mich übergeben, und die Panikattacken waren kaum zu ertragen. Ich bekam es so mit der Angst zu tun, dass ich sofort wieder in unser Wochenendhaus auf dem Land fuhr, doch dieses Mal nahm ich mein Handy absichtlich nicht mit. In mir kam so viel Mist hoch, dass ich, von dieser Panik ergriffen, wie Hühnchen Junior in *Himmel und Huhn* glaubte, der Himmel würde über mich einstürzen. Was würde passieren, wenn es mir nicht gelänge, die Investition gewinnbringend einzusetzen? Was, wenn alles den Bach runtergehen würde?

Es war einfach zu viel des Guten, um es auf einmal verkraften zu können, und ich fürchtete, es könnte einen Haken geben – dass ich dem Teufel meine Seele verkaufen würde oder etwas in der Art. Ich hatte furchtbare Angst, Gott würde mich bestrafen, wenn ich das Angebot annehme, und dass mein Geschäft Pleite gehen und ich alleine, ohne Freunde und völlig bankrott zurückbleiben würde, mit einem Berg von Schulden, den ich nie im Leben abbauen könnte.

Ich verkroch mich tagelang da draußen im Wald und sprach mit keiner Menschenseele, bis der Termin für das Treffen mit den Investoren überschritten war. Schließlich fuhr ich mit eingezogenem Schwanz nach Washington zurück.

Zwei Tage später riss ich mich endlich zusammen und fand den Mut, die Investoren anzurufen, um mich zu entschuldigen und ihnen zu erklären, was passiert war – dass ich vom Umfang der Investition überwältigt gewesen war und mir über einige Dinge hatte klar werden müssen. Zum Glück gelang es mir, sie zu einem neuen Treffen zu überreden. Dabei gaben sie mir grünes Licht, und zwar einstimmig.

Brandon, sie setzen ihr ganzes Vertrauen in mich. Sie glauben an mich – meine Fähigkeiten, meine Geschäftserfahrung – mehr, als ich an mich selbst geglaubt habe. Sie sind sicher, dass ich mit ihrer Investition ein solides Wachstum erzeugen kann, das für uns alle gewinnbringend sein wird.

Und eine Woche später landeten zehn Millionen Dollar auf meinem Konto!«

»Wow! Das ist eine tolle Geschichte, Bill. Ich kann mir nicht einmal vorstellen, wie es sich wohl angefühlt haben muss, so viel Geld auf dem Konto zu sehen. Wie war das?«

»Weißt du was? Irgendwie war es gar keine große Sache, eher wie ein Haufen Zahlen auf einem Bildschirm. Ich weiß nicht, wovor ich solche Angst hatte. Warum das ganze Drama? Es ist nichts Schlimmes passiert: keine Katastrophe, kein Unglück. Gott hat mich nicht niedergestreckt, und meine Familie liebt mich nach wie vor. Tatsächlich läuft mein Geschäft jetzt besser denn je, und alle scheinen begeistert zu sein!«

»Das sind wirklich wundervolle Neuigkeiten, Bill, ganz fantastisch. Ich freue mich für deine Familie und für dein

Unternehmen und bin sehr froh zu hören, dass es so gut läuft.« Ich zögerte, bevor ich den nächsten Satz sagte: »Doch, Bill ... als Freundin ... muss ich ehrlich mit dir sein ... Für mich hört es sich an, als hätte dich irgendetwas Großes gefangen genommen, als du da draußen im Wald warst. Das war eine ziemlich intensive Erfahrung, die du mir da gerade geschildert hast. Offen gestanden, deine Reaktion auf einen so großen Vertrauensbeweis war erstaunlich negativ. Es hört sich für mich so an, als hättest du irgendwelche tief sitzenden unausgesprochenen Ängste, die versucht haben, deine Aufmerksamkeit zu erregen. Aber es ist dir gelungen, dich gerade genug über sie hinwegzusetzen, damit du diese Investition bekommst – die Wahrheit ist, du hast nicht hundertprozentig das Gefühl gehabt, dass du sie akzeptieren darfst; du warst dir nicht wirklich auf allen Ebenen deines Wesens im Klaren darüber.«

»Ich bitte dich, Brandon. Ich bin nur ein Mensch. Du kannst mir nicht erzählen, dass es dich nicht irritieren würde, wenn jemand aus heiterem Himmel zu dir käme und dir eine Million Dollar hinblättern würde. Ich bin mir sicher, dass auch bei dir irgendwelche Ängste hochkämen, wenn ein Investor dir anbieten würde, zehn Millionen Dollar in The Journey zu stecken; ich kann mir nicht vorstellen, dass du das Geld einfach dankbar annehmen und so weitermachen würdest, als sei nichts geschehen. Sei ehrlich. Da würde bei *jedem* etwas hochkommen!«

»Ehrlich, Bill, ich glaube nicht, dass ich ein Problem damit hätte. Ich sehe mich selbst als jemand, der an alle

Möglichkeiten glaubt. Ich glaube wirklich, dass Wunder geschehen können – und habe es doch selbst schon mehr als einmal erlebt! Es ist erst drei Jahre her seit der Heilung meines Tumors. Mein *Körper* weiß um die Möglichkeit, das Unmögliche zu manifestieren. Ich *weiß*, dass das Leben in der Lage ist, uns alle mit Gnade und Fülle zu überhäufen. Ich kann mir ehrlich nicht vorstellen, dass es mich beunruhigen würde.«

Daraufhin folgte eine lange Pause, so als würde Bill meine Worte verdauen. Dann entgegnete er etwas ironisch und leicht sarkastisch: »Ach *wirklich*? Wenn du so offen bist für *alle* Möglichkeiten, warum sind dir dann nicht schon eine Million Dollar in den Schoß gefallen? Ganz zu schweigen von zehn Millionen.«

Sein Kommentar machte mich echt wütend! Irgendwie trafen mich seine Worte. Ich wusste auf einer Ebene meines Seins, dass das, was er sagte, stimmte: dass ich *tatsächlich* Ängste und Widerstände in diesem Bereich hatte. Doch statt näher darauf einzugehen, erklärte ich schnell: »Bill, ich glaube wirklich nicht, dass ich ein Problem damit hätte.«

»Nein? Das liegt daran, dass das Leben dich noch nicht damit konfrontiert hat, so wie es mir passiert ist. Es hat dich nicht *gezwungen*, dir deine Probleme anzuschauen. Nimm dir doch einfach ein paar Sekunden Zeit und stell dir vor, dass du alle deine Rechnungen problemlos begleichen kannst – deine Hypothek ist abbezahlt, die Schulgebühren für deine Kinder, die Kosten für dein Auto, die Versicherungen, das Essen, die Kleidung und alles andere, was du brauchst –, wenn du irgendeinen

Geldbetrag zur Verfügung hättest. Wie viel Geld würdest du in dein Leben einladen wollen, sagen wir auf einer monatlichen Basis, nur für *dich* persönlich?«

Einen Moment lang stellte ich mir dieses Szenario vor, ohne mir die Zeit zu nehmen, wirklich darüber nachzudenken, wie sich das anfühlen würde. Ich antwortete leichthin: »Ehrlich, Bill, ich hätte kein Problem mit einem hohen persönlichen Einkommen. Tatsächlich glaube ich nicht, dass ich ein Problem damit hätte, irgendeine Form von Fülle in mein Leben kommen zu lassen.« Sowie ich die Wörter ausgesprochen hatte, hörten sie sich falsch an, selbst für meine eigenen Ohren.

»Ach wirklich?« Bill triefte nur so vor Sarkasmus, und für den Rest seiner Antwort ließ er sich ein paar Augenblicke Zeit: »*Warum hast du sie dann noch nicht manifestiert?*«

Als ich den Hörer auflegte, war ich aufgewühlt, verstimmt. Bill wusste, dass ich meine ganze Hoffnung auf das wirtschaftliche Wachstum von The Journey setzte. Er hatte angedeutet, dass ich, ebenso wie er, verborgene Ängste hatte, denen ich bisher ausgewichen war, und dass der einzige Unterschied zwischen uns darin bestand, dass ich sie noch immer verdrängen konnte, weil ich noch nicht an die Grenzen meiner Komfortzone gestoßen worden war. Das Leben hatte mich noch nicht geprüft: Es hatte mir noch keinen hohen Geldbetrag in den Schoß gelegt. Er legte nahe, dass meine Probleme einfach noch nicht zur Oberfläche gedrängt worden waren.

Bill wusste, dass ich einige effektive neue Schritte für den Journey-Prozess entwickelt hatte, und er wusste auch, dass die Arbeit speziell darauf angelegt war, zu der eigentlichen Ursache unserer Traumata vorzustoßen und sie aufzulösen. Daher fühlte es sich an, als würden seine Worte beinhalten, dass ich in Bezug auf Fülle in irgendeinem spirituell überlegenen Fantasieland lebte, in dem alles in Ordnung ist. *Und das machte mich wirklich wütend* – wenn auch ein tieferer Teil von mir zu befürchten begann, dass er mit seinen Worten vielleicht gar nicht völlig danebenlag.

Also beschloss ich, ein Experiment zu machen, um die Wahrheit herauszufinden. Ich sagte zu mir: »Ich werde mir noch einmal Bills Frage stellen, aber dieses Mal werde ich versuchen, sie mir so realistisch wie möglich vorzustellen. Ich werde herausfinden, ob er irgendwie recht hat mit dem, was er behauptet. Ich werde herausfinden, ob ich mein Leben mit einer falschen ›Alles unter Kontrolle‹-Arroganz lebe.«

Ich setzte mich hin, nahm mir ein paar Minuten Zeit, um zur Ruhe zu kommen, und öffnete mein Innerstes. Dann stellte ich die Frage, die Bill mir gestellt hatte: »Wenn alle meine Rechnungen beglichen wären, wenn alle meine regelmäßigen Ausgaben bereits bezahlt wären, wie viel Geld würde ich dann *wirklich* und mit gutem Gefühl jeden Monat willkommen heißen – nur für mich persönlich?« Sofort kam mir eine astronomische Summe in den Sinn, und selbst *ich* musste zugeben, dass das lächerlich war. Ich hörte mich selbst, wie ich Bills Ton mit einem hämischen »*Ach wirklich*?« imitierte.

Also beschloss ich, eine Möglichkeit zu finden, das Szenario realer zu machen, greifbarer. Ich nahm ein Blatt

Papier und einen Stift und schrieb genauestens jede Rechnung auf, die beglichen werden musste, jede monatliche Überweisung, jede regelmäßige Ausgabe, die mir einfiel. Dann sagte ich: »Okay. Dieses Mal werde ich das Ganze ernst nehmen. Wenn alle diese Ausgaben abgedeckt wären und wenn ich jeden beliebigen Betrag monatlich zur Verfügung hätte, wie viel wäre ich dann bereit, für mich allein auszugeben?«

Ich wartete, um zu hören, was ich mir aufrichtig zugestehen würde. Schließlich sah ich die wahre, doch geringe Summe vor meinem geistigen Auge: »200 Dollar! Das ist alles?!« Hier war ich, die Frau, die vorgab zu glauben, alles sei möglich, und offen zu sein für die ganze Fülle, die das Universum anzubieten hatte, aber die Wahrheit war, dass ich mich nur wirklich wohlfühlen würde, wenn mir 200 Dollar im Monat zur Verfügung stehen würden.

Ich war geschockt, bestürzt über die Wahrheit. Es ließ mich innehalten und meine vermeintliche Realität und mein Selbstbild neu überdenken. Und plötzlich wurde mir klar: Wenn ich mir mein jährliches Einkommen anschaute und davon die Summe meiner monatlichen Ausgaben abzog, *blieben für mich persönlich genau zweihundert Dollar im Monat übrig*! Die erschreckende Wahrheit war, dass ich eine verborgene Komfortzone hatte, der ich mir überhaupt nicht bewusst gewesen war. Als ich mir meine Jahreseinnahmen genauer ansah, traf es mich wie ein Blitz: Ich erkannte ein deutliches Muster von Selbstsabotage, eine so genau festgelegte Begrenzung meines Verdienstes, dass ich mich nie darüber hinausgewagt hatte. Ich hatte immer ein Mittelstandseinkommen gehabt, das von Jahr zu Jahr nur leicht variierte, und jedes Mal, wenn ich unbewusst begann, über diese Grenze hinauszugehen und diese selbst auferlegte Einschränkung zu durchbrechen, hatte ich mich selbst sabotiert.

Ich sah das Muster klar und deutlich, und bestürzt musste ich mir eingestehen, dass ich jedes Mal, wenn mein Einkommen an die Grenzen meiner Komfortzone stieß, anfing, das Ganze zurückzuschrauben, indem ich weniger arbeitete. Ich sagte Seminare ab, indem ich mich selbst überzeugte: »Du musst wirklich nicht im Frühling und im Herbst in Australien sein, das ist übertrieben und unnötig. Einmal im Jahr genügt vollkommen.« Oder ich gab mir selbst den praktischen Rat, dass meine privaten Einzelsitzungen überhandnahmen, zu viel Zeit beanspruchten, und dass ich mir nicht so viel aufladen und mehr Zeit und Raum für mich selbst freimachen sollte. Also nahm ich keine neuen Patienten an und reduzierte meinen wöchentlichen Terminplan.

Alle meine vernünftigen und so sinnvoll wirkenden Berufsentscheidungen schienen also auf gesundem Menschenverstand zu basieren. Doch als ich mir die Ereignisse irgendeines Jahres im Ganzen betrachtete, konnte ich mein Sabotagespiel klar durchschauen. Jedes Mal, wenn es auch nur den Anschein hatte, dass mein Einkommen meine versteckte Grenze zu durchbrechen drohte, wurde ich umgehend aktiv, um diese Möglichkeit auszuschließen. Und jedes Mal, wenn meine Praxis aufzublühen begann, zog ich die Bremse an, damit ich sicher in meiner bekannten, unbewusst festgelegten Komfortzone bleiben konnte.

Schlimmer als diese Entdeckung war die Erkenntnis, dass ich keine Ahnung hatte, warum ich mich so verhielt. Ich dachte: »Mist! Bill hatte völlig recht. Obwohl ich bisher nur Freiheit und Erfüllung im Leben erfahren habe, haben diese stillen Saboteure alles untergraben, was mit wahrer Fülle zu tun hat. Sie haben mich ruhiggestellt und kleingehalten, und das Erschreckende daran ist: *Ich habe es nicht einmal gewusst*!«

In jenem Moment traf ich eine Entscheidung: Egal was auch immer nötig sein würde, ich würde einen Weg finden, um meinen stillen Saboteuren auf die Schliche zu kommen, und ich würde sie aufdecken und mich von ihnen ein für alle Mal befreien. Und genau das habe ich getan.

Ich begann, mit Klienten an ihren Fülle-Problemen zu arbeiten, und fand durch Dutzende von Prozessen mit anderen heraus, dass wir alle in jedem Bereich unseres Lebens verborgene Komfortzonen haben. Durch die direkte Arbeit mit Klienten entwickelten sich organisch neue Schritte; Schritte, die genau die Natur dieser stillen Saboteure offenbarte. Sobald sie aufgedeckt waren, entwickelten sich daraus andere auf dem Journey-Prozess basierende Methoden, um sie zu beseitigen. Ich begann, das Manifest Abundance Retreat anzubieten, in dem die Teilnehmer während eines Wochenendes unzählige verborgene Komfortzonen ans Licht bringen und mithilfe der neuen kraftvollen, umfassenden Prozessarbeit auflösen konnten.

Sechs Monate nach dem ersten Abundance Retreat in England saß ich mit den fünfzig Teilnehmern jenes Seminars zusammen. (Zu dem Zeitpunkt hatte ich mir die Regel auferlegt, mit höchstens fünfzig Personen pro Seminar zu arbeiten, da ich befürchtete, eine zu große Zahl würde die Effektivität und Intimität der Arbeit beeinträchtigen, eine Regel, die, wie ich später feststellte, nur eine andere künstliche Beschränkung, eine weitere Komfortzone war.)

Ich bat alle Anwesenden, zu erzählen, wie sich in ihrem Leben seit dem Seminar Fülle offenbart hatte. Ein Paar machte einen besonders zufriedenen Eindruck; sie hatten Schwierigkeiten gehabt, ein Baby zu bekommen, und ihr Wunsch war erfüllt worden, als sie *unmittelbar* nach dem Retreat schwanger wurde – ihr großer runder Bauch war der nicht zu übersehende Beweis. Eine Frau, die seit Jahren genug hatte von ihrer Tätigkeit an einer Londoner Schule, hatte den Mut gefunden, sich für ihren Traumjob in einem Dorf, in dem sie schon immer leben wollte, zu bewerben, und die Stelle auch bekommen. Dort fand sie dann auch ihren »Seelengefährten« und war mit dreiunddreißig Jahren zum ersten Mal in ihrem Leben wirklich verliebt. Ein Mann, ein Technologiegenie, hatte endlich den Mut gefunden, Gourmet-Kochkurse zu belegen und nebenbei eine Cateringfirma aufzubauen, was ihm tiefe Erfüllung bescherte.

Ein anderer Mann, ein bereits finanziell erfolgreicher Unternehmer, sagte: »Brandon, meine Fülle hat sich auf andere Weise gezeigt. Während des Retreats wurde mir klar, dass mein Erfolg – wenn ich auch mit finanziellem

Reichtum gesegnet bin – mit einem großen Verzicht auf mein Familienleben einherging. Und ich sah, dass meine wunderbare Frau und ich einander im Laufe der Jahre fremd geworden waren und dass meine Kinder inzwischen Teenager sind und ich sie kaum kenne. Drei Wochen nach meiner Rückkehr vom Seminar – ich nehme an, weil ich so viele Fülle-Blockaden beseitigt hatte – wurde mir ein unerwartetes geschäftliches Angebot unterbreitet, das meiner Firma enorme finanzielle Vorteile eingebracht hätte. Ein riesiger multinationaler Mischkonzern schlug eine Fusion vor, die mein eigenes Einkommen drastisch erhöht hätte. Normalerweise wäre meine Reaktion gewesen, diese Gelegenheit beim Schopfe zu packen, doch dieses Mal war es anders. Als ich mir mein Leben im Gesamtzusammenhang betrachtete und auf mein Herz hörte, wusste ich, dass ich bereits mehr als genug materiellen Reichtum besaß. Und ich erkannte, dass, wenn ich wirklich in Fülle leben wollte, ich mir mehr Zeit nehmen sollte, um die Beziehung zu meiner Frau und meinen Kindern neu aufzubauen, sie wieder neu kennenzulernen, ihnen wieder nahe zu sein. Und genau dafür entschied ich mich. Ich lehnte die Fusion dankend ab und habe meine Arbeit so umorganisiert, dass ich jeden Tag mehr Zeit mit meiner Familie verbringen kann. Endlich habe ich mich wieder an das erinnert, was ich an meiner Frau von Anfang an so geliebt habe. Und ich stellte fest, was für tolle Kinder ich habe. Heute sehen Sie einen *wirklich* erfolgreichen Mann vor sich, Brandon. Jetzt empfinde ich mich in allen Bereichen meines Lebens als vollkommen reich.«

Einer nach dem anderen erzählte, wie es ihm seit dem Seminar ergangen war. Manche Geschichten handelten von eher subtilen Veränderungen, andere von wichtigen Transformationen im Leben der Betreffenden. Während ich zuhörte, war ich inspiriert und zugleich ein wenig neidisch.

Nachdem alle gegangen waren, sagte ich zu Kevin: »Ich muss zugeben, dass ich ein bisschen eifersüchtig bin. Jeder hat so wundervolle, in manchen Fällen sogar unglaubliche Resultate zu verzeichnen, und ich bin die Einzige, die das Retreat nicht in allen Schritten durchlaufen hat, zumindest nicht als Teilnehmerin. Ich war so sehr damit beschäftigt, die Arbeit zu entwickeln und sie dann zu lehren, dass ich keine Gelegenheit hatte, davon zu profitieren. Irgendwie fühlt es sich für mich unecht an, diese Arbeit anzubieten, wenn ich selbst noch nicht die Möglichkeit hatte, meine eigenen Blockaden aufzudecken und zu beseitigen. Ich möchte auch die Art von Resultaten erfahren, wie sie die Teilnehmer hatten!«

Also bat ich Kevin am Tag vor dem nächsten Manifest Abundance Retreat in der Nähe von Calgary, Kanada, mich durch alle Schritte des Journey-Prozesses zu führen, so wie ich sie im Seminar unterrichte. Wir stürzten uns sofort in die Arbeit.

Auf der ersten Stufe der Abundance-Arbeit geht es darum, die geheimen Glaubenssätze, Versprechen, negativen Konzepte und Selbstbilder sowie verborgenen Komfortzonen gnadenlos aufzudecken, die in all unseren Lebensbereichen zu finden sind: Beziehungen, Finanzen, Beruf, Kreativität, Gesundheit und so weiter.

Als Kevin mich bat, mir die verschiedenen Szenarios vorzustellen, die darauf angelegt waren, eine Reaktion in mir auszulösen, meine Komfortzonen zu bedrohen und meine stillen Saboteure zum Vorschein zu bringen, merkte ich, dass einige meiner Reaktionen ausgesprochen schwach waren, andere dagegen viel stärker.

Wir arbeiteten äußerst sorgfältig und enthüllten schonungslos zahlreiche entmachtende Überzeugungen und Beschränkungen, die ich in *allen* Bereichen von Fülle hatte. In der jahrelangen Arbeit mit der Fülle-Problematik hatten wir herausgefunden, dass die Beschäftigung mit Fülle wesentlich mehr umfasste als das einfache Prinzip des »Gesetzes der Anziehung«. Wir erkannten, dass das Anziehen von Reichtum lediglich die erste von *drei* Stufen der Fülle war.

Es reicht nicht, einfach nur Fülle anzuziehen. Sobald Sie Reichtum in einer seiner verschiedenen Formen erlangt haben – einen neuen Job, eine Beziehung, ein Haus und so weiter –, müssen Sie die Blockaden der nächsten Stufe von Fülle angehen, die Fähigkeit, diese Fülle, mit der das Leben Sie gesegnet hat, zu bewahren, wachsen und gedeihen zu lassen. Es genügt nicht, den perfekten Job zu bekommen, Sie müssen sich mit ihm entwickeln. Es genügt nicht, die ideale Beziehung zu manifestieren, Sie müssen sich die Zeit nehmen, sie zu entwickeln, sie gedeihen zu lassen. Es genügt nicht, einen neuen Investitionsplan in die Tat umzusetzen, Sie müssen ihn im Laufe der Zeit ergänzen und erweitern.

Dann machten Kevin und ich Saboteure in der dritten Phase der Fülle ausfindig: *Fülle loslassen* – sie ins Universum zurückfließen lassen. Sobald Fülle manifestiert ist, kommt der Moment, sie loszulassen – dem Leben etwas zurückzugeben.

In diesem Bereich machte ich ganz andere negative Überzeugungen und Beschränkungen sichtbar als auf den ersten beiden Stufen. Und als wir schließlich fertig waren, offenbarte sich mir meine ganze »Psychologie des Reichtums«: Die diversen Muster und Probleme mit Fülle in *allen* Bereichen meines Lebens waren unmissverständlich zu erkennen.

Es war nicht schön.

Da ich im Bereich der Fülle stets an einem Selbstbild von Gesundheit und Freiheit festgehalten hatte, war ich erschüttert, einige der negativen Überzeugungen zu hören, die zum Vorschein kamen. Sie kamen mir vor wie alte Stimmen, die von Generation zu Generation weitergegeben worden waren.

Ich erkannte, dass diese negativen Überzeugungen, auch wenn sie für mich nicht mehr gültig waren, nach wie vor in meinen Zellen gespeichert waren und ihr zerstörerisches Werk ungestört fortsetzten. Ich konnte nicht fassen, was da aus mir herausplatzte: »Aus mir wird nie etwas Richtiges werden. Ich bin nicht intelligent genug, nicht gut genug, nicht geschickt genug. Ich bin zu dick, zu alt, um einen wertvollen Partner anzuziehen; niemand findet mich attraktiv. Ich mache nie etwas richtig, es wird nie perfekt genug sein. Das Leben wird immer ein Kampf sein. Das Leben ist nichts als harte Arbeit, und dann stirbt man. Es ist nie genug da; es wird nie genug da sein. Ich verdiene es nicht; ich bin es nicht wert. Ich bin nutzlos, wertlos. Ich werde es nie zu etwas bringen. Ich habe im Wesentlichen nicht das, was erforderlich ist, um erfolgreich zu sein. Ich bin ein Versager, ein Verlierer, ein Betrüger. Ich werde nie irgendwo dazugehören; ich werde nie so sein wie andere. Ich werde erbärmlich versagen, noch bevor ich überhaupt einen Versuch unternehme; es lohnt sich nicht einmal, es zu versuchen. Es ist ein Zeichen von Gier und Geltungsbedürfnis, Erfolg oder Geld haben zu wollen. Sei dankbar für die kleinen Dinge im Leben, dann wirst du auch nicht enttäuscht. Lebe einfach und bescheiden und du bist Gott gefällig...«

Die Liste wurde immer länger, während wir all die heimlichen Überzeugungen und Negativitäten ausgruben, die ich in meinem Erwachsenenleben vergessen oder verdrängt hatte. Lauter hässliche Dinge. Ich konnte kaum glauben, dass diese ungesunden Phrasen und Selbstkonzepte zu mir gehörten, vor allem weil mein Geist und mein Herz so frei zu sein schienen. Doch ich kämpfte mich Schritt für Schritt voran, fest entschlossen, so viel wie möglich aus dem Prozess herauszuholen, egal wie unangenehm es werden würde. Schließlich gelangten wir zu einem Szenario, das mich erstarren ließ. Kevin wies mich an, ich solle mich ganz öffnen und mir vorstellen, dass es sich um eine reale Situation handelte: »Stell dir einfach vor, du könntest so viel verdienen, wie du willst... Welche jährliche Summe würdest du ehrlich und mit gutem Gefühl willkommen heißen?«

Ich beschloss aufgrund meiner früheren Erfahrung mit Bills Frage, diese Aufforderung ernst zu nehmen. Ich wusste, dass mir dieser Punkt Schwierigkeiten bereitete, daher wollte ich ehrlich und realistisch sein. Ich erwiderte: »Kevin, ich kenne bereits die Antwort darauf. Ich weiß, dass ich in Wahrheit nur bereit bin, ein bescheidenes Mittelstandseinkommen zu erzielen.« Ich nannte ihm den jährlichen Betrag.

Er sagte: »Okay. Einfach um der Erfahrung willen, dass du tatsächlich eine Komfortzone hast, stell dir vor, dieses Einkommen zu verdoppeln. Wie würde sich das anfühlen?«

Ich schloss einen Moment die Augen und öffnete mich der Frage, sah mich selbst in dem Szenario und erlebte es so, als wäre die Situation bereits eingetreten – dass mein mir angenehmes Einkommen sich verdoppelt hatte. In mir zog sich alles zusammen, meine Kehle war wie zugeschnürt, meine Atmung wurde flach und mein Herz begann zu hämmern. Ich hörte mich selbst, wie ich anfing, einen Rückzieher zu machen, verzweifelt versuchte, mein Bedürfnis nach einem bescheidenen Einkommen zu rechtfertigen, um mich nicht der unerklärlichen und entsetzlichen Angst stellen zu müssen, die da hochkam.

»Kevin, du weißt doch, ich glaube nicht, dass ich mehr als ein bescheidenes Einkommen *brauche*. Ich *hasse* Übermäßigkeit. Ich kann Protzerei nicht ausstehen. Ich sehe mich selbst als Yogi, und ich ziehe eine Zen-Lebensweise vor. Mir gefällt meine spirituelle Existenz, ja ich bewundere sie sogar.« Meine Stimme wurde schrill und steigerte sich zu einem Schrei: »Wenn du auch nur versuchst, mich dazu zu bringen, dass ich mein

Einkommen verdoppele, weiß ich genau, wie ich das energetisch unterbinden kann!«

Ich konnte nicht glauben, was ich da von mir gab! Monatelang hatte ich Menschen gelehrt, wie sie sich der Fülle des Lebens öffnen können, und dabei hatte ich selbst eine Barriere, die so stark war, so ungeheuer beschützend, dass allein der *Gedanke*, mich jenseits meiner Komfortzone zu wagen, mich in Panik versetzte und als Verteidigungstaktik pseudospirituellen Schwachsinn äußern ließ.

Doch Kevin ließ nicht locker und verlangte humorvoll, dass ich der Angst entgegentrat. »Ich kann nicht fassen, was ich da höre. Du hast all diese Sachen geschrieben, die Arbeit entwickelt, und jetzt versuchst du, die Augen vor deinen eigenen Problemen zu verschließen, indem du auf irgendeinen spirituellen Unsinn zurückgreifst. Das kann doch nicht dein Ernst sein! Wenn du diesen Prozess zu Ende führen willst, musst du dich öffnen und das volle Ausmaß dieser Komfortzone erleben. Du musst dich öffnen und spüren, was auch immer da ist, und direkt erfahren, wie sehr du darin gefangen bist.« Obwohl seine Worte treffend waren, konnte ich dennoch ein Lächeln darin wahrnehmen.

Und ich hörte die Wahrheit dessen, was Kevin sagte. Ich wusste genau, dass ich mich nicht an die Spielregeln hielt. Und mir war klar, dass ich mit meinen Strategien nichts erreichen würde, dass ich das Unvermeidliche zu vermeiden suchte, trotzdem wehrte ich mich mit Händen und Füßen, als ginge es darum, mein Leben zu retten: »*Ich kann nicht. Und ich will auch nicht*!«, schrie ich.

Dieses Mal entgegnete Kevin sanfter, mitfühlender: »Ich weiß, dass du es nicht kannst, aber *wenn* du dich öffnen *könntest* und dich der Empfindung voll und ganz hingeben würdest, wie würde es *sich wirklich anfühlen*, dein Einkommen zu verdoppeln?«

Irgendetwas an seinem Verhalten ließ meinen Widerstand etwas schwächer werden, doch im gleichen Moment packte mich wieder die Angst. Tränen traten mir in die Augen. Mir wurde schlecht. Meine Kehle war wie zugeschnürt. »Ich habe das Gefühl, zu ersticken, als würde ich sterben. Ich habe das Gefühl, als würde es gleich zu einer schrecklichen Katastrophe kommen.«

»Okay. Wovon müsstest du überzeugt sein, um dich so zu fühlen?«

»Dass, wenn mein Einkommen zu hoch wird, etwas Schreckliches, etwas ganz Grässliches passiert.«

»Und was für Menschen empfinden so?«

»Leute, die Angst haben, dass ihr Einkommen außer Kontrolle geraten könnte. Leute, die gehörig feststecken. Leute, die sich auf dieser Ebene nicht von der Stelle bewegen können. Leute, die von Angst beherrscht werden.«

»Und was sagt das über dich?«

»Es sagt über mich aus, dass ich, obwohl ich mich im Allgemeinen so frei in meinem Leben fühle, in diesem Bereich absolut feststecke. Ich bin vor Angst wie gelähmt. Ich bin hilflos.«

»Was werden andere davon halten, wenn du auf diese Weise reagierst?«

»Sie werden mich für eine Versagerin halten, denn obwohl ich anderen Methoden zur Erlangung von Fülle beibringe, bin ich nicht einmal in der Lage, mein eigenes Einkommen zu verdoppeln. Sie werden mich für eine Betrügerin halten.«

»Und was sagt das über das Leben aus?«, fragte Kevin schließlich.

»Dass es nur in Ordnung ist, das Leben in eingeschränktem Maße zu leben. Aber wenn du auch nur einen Schritt darüber hinaus weitergehst, wirst du entweder sterben oder etwas Schreckliches wird geschehen. Es bedeutet, dass das Leben nicht so weit und expansiv ist, wie ich glaubte; dass es von den Ängsten, die mich lähmen und beherrschen, beschränkt wird.«

Ich sah mir an, was wir aufgeschrieben hatten, und es verschlug mir die Sprache angesichts der Tatsache, in welchem Maße ich feststeckte und welch unglaublich schädliche Überzeugungen mit dieser bizarren und unbegreiflichen Beschränkung verbunden waren, die ich meinem Einkommen auferlegt hatte.

Zu diesem Zeitpunkt hatten wir bereits unzählige andere Komfortzonen zum Vorschein gebracht, aber es lag klar auf der Hand, dass es genau diejenige war, an der ich arbeiten musste. Sie hielt mich am stärksten fest, bereitete mir den größten Schmerz. Also beschlossen wir, diese Komfortzone als Ausgangspunkt für die nächste Stufe des Abundance-Journey-Prozesses zu nehmen. Auf dieser Stufe würde ich mich dieser Angst öffnen und zu ihrem Kern vordringen, direkt durch die emotionalen Schichten hindurch, um zu meiner eigentlichen Essenz, meiner Seele, zu gelangen. Von dieser Seinsebene aus würden wir imstande sein, überall hineinzuleuchten und den wirklichen Grund nicht nur für diese Komfortzone, sondern für sämtliche negativen Überzeugungen, Konzepte und Saboteure zu entlarven.

Wir würden in den Teich hinabtauchen, jenseits der Stängel negativer Glaubenssätze, hinein in das zugrunde liegende Wurzelgeflecht. Und von der tiefsten Ebene ausgehend, der Ebene unendlicher Intelligenz, würden wir den Prozess durchlaufen, um den Kern dieses Problems zu beseitigen. Also bat Kevin mich, noch einmal die Augen zu schließen und mir vorzustellen, dass ich mein ausreichendes Einkommen verdoppelte, und die damit assoziierten Ängste willkommen zu heißen.

Wieder begann mein Körper dichtzumachen; meine Kehle war wie zugeschnürt, und eine Welle der Übelkeit überkam mich. Mir war schlecht vor Angst, meine Kehle schnürte sich immer mehr zu, als würde mich jemand erwürgen. Ich glaubte zu sterben.

»Und was fühlst du jetzt?«

»Eine alles verzehrende Angst. Lähmende Angst.«

»Nimm diese Angst an und heiße sie mit Liebe willkommen ... und jetzt öffne dich ihrem tiefsten Kern und verweile einfach darin ... Was ist da in dem Kern dieser Angst?«

Ich spürte, wie mein Innerstes sich öffnete, um die Angst anzunehmen, und bewegte mich mitten in sie hinein. Es war wie die panische Angst eines in die Ecke getriebenen Tieres, dessen Herz wie wild schlägt, das weiß, es sitzt in der Falle und kann nicht entkommen. Während ich still inmitten der Angst verweilte, begann sie sich zu verwandeln, und ich fühlte mich hilflos. Hoffnungslosigkeit überwältigte mich. Ich wusste, mir standen keine Alternativen zur Verfügung: Ich wusste, ich würde sterben.

»Hoffnungslosigkeit«, sagte ich. »Zerstörung ... es ist, als würde ich sterben.«

Kevin wies mich an: »Jetzt begib dich noch tiefer in dieses Gefühl. Heiße alles willkommen. Sorge nur dafür, dass du bei dem Prozess bleibst und bei allem, was emotional in dir hochkommt. Und während wir uns durch die emotionalen Schichten bewegen und dabei an irgendeiner Stelle eine Szene, ein Bild oder eine Erinnerung aufsteigt, sag mir einfach Bescheid.«

Im gleichen Moment tauchte ein Bild vor meinem inneren Auge auf. Es war eine Erinnerung, an die ich jahrelang nicht mehr gedacht hatte: Ich hatte erst wenige Wochen zuvor mit meinem Studium begonnen und war übers Wochenende nach Hause gefahren, um meine Eltern zu besuchen. Ich erzählte Kevin kurz davon. Er notierte es und wies mich noch mal darauf hin, an dem Gefühl dranzubleiben; wir würden später auf die Erinnerung zurückkommen.

»Lass dich einfach von der Hoffnungslosigkeit und der Zerstörung überwältigen ... Was ist in ihrem Innersten?«

Ich gab mich dem Innersten davon hin und ließ mich davon »einverleiben«: Es fühlte sich an, als würde ich sterben, als würde irgendeine Art Tod eintreten. Alles wurde schwarz.

»Tod ... Schwärze ...«, erwiderte ich. »Nichts ... Völlige Leere.«

»Und was befindet sich genau im Kern dieses Nichts, dieser völligen Leere? Was liegt in seinem Innersten?«

Ich gab mich noch stärker hin, und plötzlich begann alles hell zu werden. »Es verwandelt sich in Licht«, sagte ich. »Es ist hell.«

»Und was befindet sich inmitten dieses Lichtes? Was ist seine Essenz?«

Das Licht begann sich auszubreiten. Alles war ein unendliches Feld des ganzen Lebens. Und mir war bewusst, dass diesem Feld die ganze Fülle innewohnte. Ich sagte: »Ich bin alles, überall ... Ich bin Liebe ... Ich bin unendlich ... Ich bin die ganze Fülle.«

Indem ich durch alle emotionalen Schichten hindurch nach unten gestiegen war, hatte ich schließlich meine Seele erreicht, die, wie ich erkannte, alles war, in allem war. Die Schichten waren:

Überwältigende Angst

Hoffnungslosigkeit ... Zerstörung

Tod ... Schwärze ... Leere

Licht ... Liebe

Alles ist unendlich: meine Essenz ... das Leben selbst ... unendliche Fülle.

Wir verweilten eine Zeit lang in diesem unendlichen Potenzial, bevor Kevin den Prozess fortsetzte und mich aufforderte, durch die Schichten zurück wieder hinaufzusteigen. Er fragte mich: »Wenn dieses unendliche Potenzial, dieses Feld der Liebe, das alles durchdringend, allgegenwärtig ist, der vorherigen Ebene des Todes und der Schwärze etwas zu sagen hätte, was würde es dann sagen?«

Die Antwort kam spontan aus den Tiefen dieses Feldes: »Der Tod ist etwas Natürliches, einfach ein Loslassen, ein Übergang.«

»Also lass dieses Bewusstsein unendlicher Liebe, reinen Potenzials, durch dich hindurchfließen und jene alte Schicht von Tod und Schwärze auflösen ... lass sie im Licht baden und mit der Präsenz der Gnade verschmelzen.«

Ich ließ es geschehen und hörte Kevin sagen: »Und in dem Wissen, dass du alles und überall bist, dass du *alles* Leben bist ... wenn dieser Ozean der Liebe der nächsthöheren Schicht, der Hoffnungslosigkeit und Zerstörung, etwas zu sagen hätte, was würde er sagen?«

»Er würde sagen: ›Hör auf zu kämpfen. Wehre dich nicht gegen die Zerstörung. Gib dich ihr hin.‹« Ich spürte, wie natürlich und einfach das war.

»Und jetzt lass dieses unendliche Potenzial das alte Bewusstsein von Zerstörung überschwemmen und es auflösen«, fuhr Kevin fort. Und während ich das tat, ging die Zerstörung in das Unendliche über.

Dann erinnerte Kevin mich daran, dass dies die Ebene war, auf der die Zellerinnerung aufgetaucht war. Er sagte: »Auf dieser Ebene ist das Bild aufgestiegen. Das wird also der Ort sein, an dem wir uns an diese alte Erinnerung wenden und sie bearbeiten können. Stell dir jetzt ein Lagerfeuer vor ... Dieses Lagerfeuer ist von Natur reine Akzeptanz, bedingungslose Liebe ... Und ich möchte dich bitten, dein jüngeres 18-jähriges Ich zu diesem Feuer zu bringen, das Ich aus deiner Erinnerung, als du damals gerade mit dem Studium begonnen hattest ...

Dann möchte ich dich bitten, dein gegenwärtiges Selbst einzuladen, das Ich, das jetzt hier auf diesem Stuhl sitzt … Und jetzt heiße einen Mentor willkommen, jemanden, dessen Weisheit du vertraust. Es kann ein Weiser sein, ein Heiliger oder ein erleuchteter Meister. Es kann eine reale Person sein, oder jemand, der deiner Fantasie entspringt. Es ist jemand, in dessen Gegenwart du dich sicher fühlst, jemand, dessen Führung du vertraust.«

Mein jüngeres Ich erschien jetzt vor meinem geistigen Auge. Sie sah angespannt aus, gehetzt. Dann tauchte mein gegenwärtiges Ich auf, danach der Mentor: ein erleuchteter Meister, bei dem ich meditiert hatte.

Kevin fragte: »Wer war noch in dieser Erinnerung? Wer muss noch ans Lagerfeuer kommen?«

»Nun, meine Eltern waren auch da.« In diesem Moment stürzte plötzlich die ganze Erinnerung auf mich ein. Es war, als würde sie hier und jetzt in allen Einzelheiten ablaufen.

Nach drei Wochen im College war ich zum ersten Mal wieder nach Hause gekommen, um meine Eltern zu besuchen. Alles war in Aufruhr. Es war, als hätte sich eine schwarze Wolke über das Haus herabgesenkt – wieder einmal. Dad wurde wieder von seinen schwächenden schweren Depressionen heimgesucht.

Von klein auf hatte ich mitbekommen, wie mein Vater eine Reihe von Nervenzusammenbrüchen durchgemacht hatte, wie er unter dem unerträglichen Druck seiner beruflichen Verpflichtungen zusammengebrochen war. Er arbeitete als Elektroingenieur bei General Electric in einer Abteilung, die dem US-Verteidigungsministerium unterstellt war. Dort entwickelte er Millionen Dollar teure Radarsysteme, die im Kalten Krieg zum Erkennen von anfliegenden Raketen eingesetzt wurden. Als Chefdesigner in seiner Abteilung fühlte er die enorme Last der Verantwortung für diese lebenswichtigen Riesenprojekte auf seinen Schultern. Die Angst, dass seine Berechnungen vielleicht einen Fehler enthielten, der ein ganzes System lahmlegen konnte, dass seine Entwürfe einen Mangel aufwiesen und nicht funktionieren würden, hielt ihn nächtelang wach. Wochenlang saß er bis vier Uhr morgens an seinem Schreibtisch und überprüfte die Berechnungen seiner Entwürfe, die Hunderte Seiten umfassten, die er an seinem »Thinktank«-Computer ausgedruckt hatte, in dem Versuch, auch nur den kleinsten möglichen Rechenfehler in einer Wirrnis von Zahlen aufzuspüren. Sorgfältig überprüfte er die Daten Seite für Seite und suchte diesen einen möglichen Fehler in einem endlosen Zahlenmeer. Der Gedanke, was ein eventueller Fehler seinen Arbeitgeber kosten könnte, machte ihn rasend, und Verzweiflung ergriff ihn, wann immer er darüber nachdachte, wie viele Menschenleben auf amerikanischem Boden sein Versagen eines Tages fordern könnte. Die Sicherheit seines Landes war ein Ziel, das ihn jeden Tag unbarmherzig antrieb, und die damit verbundene Last brach ihm jede Nacht die Seele.

Als Erfinder war mein Vater ein Genie guten Glaubens, aber in seinem Herzen ein demütiger, bescheidener Mann. Die Übernahme der Verantwortung für die Entwicklung und Konstruktion der Radarsysteme war ein

Druck, dem er nicht gewachsen war. Doch seine Firma wusste, dass sie ihn brauchte, um beide Bestandteile des Projektes zu realisieren. Sie brauchten ihn nicht nur, um diese hochkomplizierten Radarsysteme zu entwerfen. Für deren erfolgreichen Aufbau war es auch unbedingt erforderlich, dass er die Teams, die mit dieser Aufgabe betraut waren, leitete. Zwangsläufig versuchten seine Arbeitgeber, ihn mit einem bescheidenen Bonus dazu zu bringen, mehrere Monate an irgendeinem Standort des Verteidigungsministeriums zu arbeiten – vielleicht im Pentagon selbst oder in der militärischen Abhörstation in Tully, Grönland –, um die Realisierung eines weiteren streng geheimen Projekts zu beaufsichtigen.

Mein Vater hatte zwar einen genialen Geist, besaß aber überhaupt keine Führungsqualitäten. Ich sah, wie er schwankte und erfolglos versuchte, sich dem Druck zu widersetzen. Er wusste, dass er, wenn er ein weiteres Projekt übernahm, 400 Leute unter sich haben würde, und er wusste, dass er dem Druck wahrscheinlich nicht standhalten und unter der Last zusammenbrechen würde. Aber ihm war auch klar, dass das wenige zusätzliche Einkommen unserer Familie helfen würde, etwas besser über die Runden zu kommen. Es würde uns etwas mehr finanzielle Sicherheit bringen.

Wie die ganze Nachbarschaft hatte es den Anschein, als wäre auch unsere Familie von der »Was werden die Nachbarn denken?«-Mentalität besessen. Es war, als würden wir ständig darum kämpfen, mit den anderen gleichzuziehen. Unser bescheidener Mittelklasse-Lebensstandard war nicht genug. Wir strebten stets danach, den amerikanischen Traum zu leben: das nächste Mal ein besseres Auto zu kaufen; einen moderneren Kühlschrank in die Küche zu stellen; die neueste Designerkleidung zu tragen; die teuren Skipässe für die ganze Wintersaison zu kaufen. Würde mein Vater den Job mit dem bescheidenen Bonus annehmen, würden wir auf der unsichtbaren Leiter, die diesen allgegenwärtigen anderen gehörte, eine Sprosse weiter nach oben steigen.

Natürlich gab Vater schließlich nach und übernahm die zusätzliche Aufgabe, und zwangsläufig kam der gefürchtete Anruf aus der Klinik: Vater hatte wieder einen Nervenzusammenbruch erlitten, nachdem er monatelang Tag und Nacht gearbeitet hatte. Nach dem Klinikaufenthalt kam er nach Hause, einer leeren Hülle gleich, und er versprach uns allen immer wieder hoch und heilig, dass er sich nie mehr bereit erklären würde, solche Projekte zu leiten. Aber binnen weniger Jahre war der soziale und finanzielle Druck so stark, dass er doch wieder nachgab, und der ganze schädliche Kreislauf begann aufs Neue.

Als ich damals an jenem Wochenende vom College nach Hause kam, war Vater wieder einmal in ein schwarzes Loch der Verzweiflung gefallen. Er war mit den Nerven völlig am Ende. Er befand sich in den letzten Stadien der Fertigstellung eines Projektentwurfs, und wie immer wurde er von seiner Besessenheit, die »Nadel im Heuhaufen« zu finden, verzehrt.

An diesem Samstagabend lag ich wach im Bett und hörte, wie meine Eltern sich stritten. Mutter redete auf Dad ein und versuchte, ihn von seiner Besessenheit abzubringen, ihn davon zu überzeugen, weniger perfektionistisch zu sein. Ihre Worte schienen ihn nur noch tiefer in die Verzweiflung zu stürzen. Es war eine jener unsinnigen, zwecklosen Auseinandersetzungen, die zu nichts führen und die Beteiligten nur erschöpfen und voneinander entfremdet und defensiv zurücklassen. Vater ging in sein Arbeitszimmer zurück, hängte das »Streng geheim«-Schild an die Tür und vergrub sich wieder in seine Ausdrucke.

Am Sonntagmorgen herrschte eine gedrückte Stimmung. Vater sah hohläugig und grau aus, seine Nerven waren bis zum Zerreißen gespannt. Nach dem Frühstück beschloss ich, zu versuchen, ihn zu erreichen, zu versuchen, den Schleier seiner Verzweiflung zu durchdringen. Ich fasste den Plan, ihm ein paar Worte des Trostes und der Unterstützung zu schreiben und den Brief auf seinen Schreibtisch zu legen. Nachdem er seinen Kaffee getrunken hatte, würde er bestimmt direkt in sein Arbeitszimmer zurückkehren, und bevor er wieder in das Wirrwarr von Berechnungen eintauchte, würde er einen Moment innehalten, um meinen Brief zu lesen. Vielleicht würde er seinen Panzer durchdringen und ihm Trost schenken. Also schrieb ich:

»Lieber Daddy,

Es scheint, dass dich wieder einmal die enorme Verantwortung deiner Arbeit belastet. Mir ist bewusst, dass du dich in einer deiner tiefen Depressionen befindest, Daddy, und ich wünsche mir einfach, dass es einen Weg gäbe, um zumindest *einen Teil* deiner Last Gott zu übergeben. Du machst einen so niedergeschlagenen Eindruck.

Ich wünschte, du könntest ein wenig von dieser Last abgeben, damit du sie nicht ganz allein tragen musst...«

Um halb zwölf kam Vater mit meinem Brief in der Hand aus seinem Arbeitszimmer. Er wirkte wie ausgehöhlt, außer sich, mit wildem Blick. Er schien irgendwie substanzlos zu sein, beinahe durchsichtig. Mit zitternder Hand hielt er meinen Brief hoch und fragte in einem rauen, anklagenden Ton: *»Was bedeutet das?... Ich soll meine Last Gott übergeben? Was genau willst du damit sagen?«*

»Daddy, ich weiß es nicht... Du scheinst so niedergedrückt zu sein, und ich wollte einfach nur helfen. Ich hatte das Gefühl, dass, wenn du irgendwie Gott vertrauen oder der Gnade die Last übergeben könntest, du dann vielleicht nicht die schwere Last ganz allein tragen musst.«

»Ja, das hast du in deinem Brief deutlich geschrieben. Aber was *meinst* du damit, ich soll meine Last Gott übergeben?« Sein Blick war wahnsinnig vor Angst und Pein. Er sah wie ein verrückt gewordenes gejagtes Tier aus.

Ich begann zu stottern: »Ich... ich... ich weiß nicht, Daddy... Ich weiß nicht, wie ich es beschreiben soll... Ich... ich habe einfach gedacht, wenn du irgendwie wissen könntest, dass es jemanden gibt, ›etwas‹ da draußen, mit dem du deine Last teilen könntest... vielleicht würdest du dich dann nicht so...« Ich konnte den Satz nicht zu Ende bringen, denn ich erkannte die Sinnlosigkeit meiner Bemühung, genau zu erklären, was ich meinte.

Ich sehnte mich so sehr danach, meinen Vater zu erreichen, ihn zu berühren, ihn mit einer wortlosen Geste zu trösten. Ich ging einen Schritt auf ihn zu, um ihn zu umarmen. Er schrak zurück und entzog sich meiner Berührung. Mit einem ungläubigen Blick musterte er mich, als hätte ich ihn aufgefordert, ein schlimmes Verbrechen zu begehen. Er schien am Boden zerstört, gebrochen zu sein. Wie in verächtlicher Ablehnung schüttelte er den Kopf. Dann drehte er sich um, ging in sein Arbeitszimmer zurück und schloss die Tür.

Diese kurze Berührung: Sie hatte sich angefühlt, als bestünde er aus Luft, als hätte er keine Substanz, als wäre er ein Geist. Dieser verächtliche Blick: Er brannte sich für immer in mein Gedächtnis ein. Dieses verzweifelte, beklemmende Gespräch war das letzte, das ich mit meinem Vater hatte.

Ich fuhr mit dem Bus zurück ins College. Als ich zwei Stunden später in mein Zimmer trat, klingelte das Telefon unablässig. Es war mein älterer Bruder Chris. Mit einer unerträglich eisigen Stimme forderte er mich auf, mich hinzusetzen. Verärgert über seinen Ton, erwiderte ich, er solle nicht so melodramatisch sein und einfach nur den Grund seines Anrufes sagen. »Um Himmels willen, sag einfach, was du zu sagen hast.«

Mit einer Stimme, die so kalt wie Stahl war, befahl er mir noch einmal: »Setz dich hin!« Und dann teilte er mir ohne Umschweife die Neuigkeit mit. Dad war zur Arbeit gefahren und hatte seinen perfekten Entwurf eines Radarsystems eingereicht. Dann war er nach Hause gefahren, als Mutter noch beim Einkaufen war, hatte sich ein Seil genommen, eine perfekte Schlinge gelegt und sich damit erhängt.

Linny, meine kleine elfjährige Schwester, hatte als Erste die Garagentür geöffnet und Daddy war noch warm, als sie ihn fand. Sie war nur Minuten, vielleicht sogar nur Sekunden zu spät. Sie rannte hinaus, um Chris zu holen.

Mit emotionsloser und unbeteiligter Stimme erzählte Chris, wie er eine Leiter genommen und das Seil durchtrennt hatte. Während ich am Telefon meinem Bruder zuhörte, schienen seine Worte wie aus einem weit entfernten leeren Tunnel zu kommen. Das *konnte* einfach nicht wahr sein – das war der Albtraum eines anderen, nicht meiner.

Die fiebrigen Augen meines Vaters blitzten vor mir auf. Ich sah wieder seine verzweifelte Angst, seinen Blick, der zeigte, dass er sich von mir verraten fühlte, während er mich fragte: »Was meinst du damit, ich soll *meine Last Gott übergeben? Was meinst du damit?«* Immer wieder sah ich die Szene vor meinem geistigen Auge, bis mir eine entsetzliche Erkenntnis dämmerte: er hatte mich falsch verstanden. Er hatte seine Last *buchstäblich* Gott übergeben. Mein geliebter Vater hatte wegen meines dummen, unsinnigen Briefes Selbstmord begangen. Ich war für seinen Tod verantwortlich.

Meine Welt brach zusammen. Eine Stahltür schlug um mein Herz herum zu.

Ich hatte die Botschaft des Lebens laut und deutlich verstanden: »Es ist okay, ein nettes, bescheidenes Mittelklasseeinkommen zu haben, doch wehe dir, wenn du dich bemühst, um diesen Bonus zu bekommen, dich dem Druck aussetzt, ein bisschen mehr zu verdienen – entweder wird es dich umbringen oder du wirst verantwortlich dafür sein, jemand anderen zu töten, jemand, den du liebst.«

In dem Augenblick legte ich ein bindendes Gelübde ab: Ich würde *nie und nimmer* ein hohes Einkommen haben. Ich würde nie mehr für den Tod eines anderen verantwortlich sein. Dieses Gelübde brannte sich in meine Zellen ein. Und obgleich ich es im Laufe der Zeit völlig vergessen hatte, hatte es mich weiterhin finanziell eingeschränkt und sabotiert – bis zu der Zeit dieses Journey-Prozesses. Auch wenn es mir überhaupt nicht bewusst war, so hatte dieses Gelübde im Hinblick auf meine Finanzsituation viele Jahre lang ein destruktives Eigenleben geführt.

Und raten Sie mal, wie hoch mein Einkommen zu der Zeit war? Es entsprach genau dem, was mein Vater damals ohne Bonus verdient hatte. Mein Körper hatte um sein Leben gekämpft, um sicherzustellen, dass ich nicht einen Dollar mehr verdiente, als ich mir damals auferlegt hatte. Und als Kevin mich aufforderte, dieses bescheidene Einkommen zu verdoppeln, forderte er meinen Körper zu etwas auf, was er sich geschworen hatte, *niemals* zu tun. Kevin war es nicht klar gewesen, aber er hatte mich damit aufgefordert, mein Leben aufs Spiel zu setzen.

Ich war fassungslos angesichts dieser Erkenntnis. Nie und nimmer hätte ich mir vorstellen können, dass diese beiden Dinge aus meinem Leben in einem Zusammenhang standen – dass der Selbstmord meines Vaters die eigentliche Ursache meines Problems mit Fülle war. Ich wäre *nie* imstande gewesen herauszufinden, dass ein höheres als mein durchschnittliches Mittelstandseinkommen in meinem Inneren unentwirrbar mit dem Tod verbunden war. Meine Einkommensbeschränkung war *buchstäblich* eine Sache auf Leben oder Tod gewesen.

In der Offenheit des Abundance-Journey-Prozesses durchschaute ich die Lügen meiner *ganzen* Ausreden, meine arroganten Überzeugungen und pseudospirituellen Lehrsprüche. Nichts von alledem enthielt auch nur ein Quäntchen Wahrheit. Nichts von alledem hatte auch nur die geringste Gültigkeit. Sie waren lediglich Teil des Mechanismus meines unbewussten Versuches, die Wahrheit zu vertuschen.

Ich hatte mein ganzes Erwachsenenleben damit verbracht, eine Identität zu schaffen, die in eine bestimmte Komfortzone passte und mit ihr übereinstimmte, und ihr einen unverrückbaren Deckel aufgestülpt. Und das Ganze war von jener verheerenden Zellerinnerung ins Leben gerufen und aufrechterhalten worden. Diese Erinnerung war der eigentliche Grund für mein ganzes eingeschränktes Fülle-Bewusstsein.

Während meines Prozesses befand ich mich noch immer auf der Stufe des Lagerfeuers, und meine Seele hatte bereits die Entstehung meiner Fülle-Probleme offengelegt. Aber ich war noch nicht fertig: Ich musste noch den Rest des »Hausputzes« erledigen. Ich musste noch übrig gebliebene Lügen aufspüren und restliche oder damit zusammenhängende Probleme bereinigen. Ich musste die alten negativen Überzeugungen ausräumen und durch neue, gesunde, positive, unterstützende ersetzen; Überzeugungen, die mich befähigen würden, mit einem uneingeschränkten Bewusstsein der Fülle zu leben.

Und so führte mich Kevin weiter durch den Lagerfeuer-Prozess. Er regte an, ich solle meinen Vater und meine Mutter einladen, sich zu mir ans Feuer zu setzen. Mit meinem jüngeren Ich beginnend, forderte er mich auf, jeglichen unausgesprochenen oder uneingestandenen Schmerz herauszulassen, die Worte laut auszusprechen, die zu sagen ich nie eine Chance gehabt hatte; Worte, die seit dem Moment, als ich in meinem Zimmer im College die Nachricht vom Selbstmord meines Vaters gehört und mich wie erstarrt und betäubt gefühlt hatte, tief in mir vergraben waren. Kevin ermutigte mich, das ganze gespeicherte Bewusstsein dieser Erinnerung ans Tageslicht zu holen, es mir von der Seele zu reden und aus meinen Zellen zu entfernen.

Es gab Berge von Schuld, die zum Ausdruck gebracht werden musste, Tränen der Trauer, Hilflosigkeit – und schließlich eine tiefe Sehnsucht danach, dafür Vergebung zu finden, dass ich so töricht gewesen war und einen Brief geschrieben hatte, der für meinen Vater das Fass zum Überlaufen brachte, einen Brief, der vielleicht dafür gesorgt hatte, dass er endgültig den Verstand verlor.

Nachdem ich alles zum Ausdruck gebracht hatte, was mein ganzes Erwachsenenleben lang vergraben, unerreichbar und daher unaussprechbar gewesen war, fühlte ich mich auf natürliche Weise leer, wie reingewaschen und still.

Dann forderte Kevin mich auf, ich solle meinen Vater um ein Gespräch bitten, um mir zu sagen, was damals in ihm vorgegangen war, und die Wahrheit seiner eigenen Erfahrung von sich zu geben. Als ich ihm zuhörte, wurde ich mir zum ersten Mal bewusst, dass ich keine Schuld an seinem Tod trug. Er vertraute mir an, dass er verzweifelt nach etwas oder jemandem gesucht hatte, der seinen lange gehegten Entschluss bestätigen würde. Er hatte nach einem Zeichen gesucht, das es ihm erlaubte, dem Schmerz ein Ende zu bereiten, indem er sich das Leben nahm. Er konnte dem vernichtenden Druck des Lebens nicht mehr standhalten, konnte den Gedanken an einen weiteren Tag der verheerenden Angst und Qual nicht länger ertragen. Also nahm er meinen Brief als das Zeichen, als Bestätigung für eine Entscheidung, die er im Grunde bereits getroffen hatte.

Am Lagerfeuer machte mein Vater schlicht und einfach klar, *dass mich keine Schuld traf*, dass ich nicht verantwortlich war für den Schmerz eines ganzen Lebens, der ihn in diese verzweifelte Lage gebracht hatte. Ich hatte als Katalysator für jenen letzten Schritt gedient, war jedoch *nicht* seine Ursache gewesen.

Ich bat meinen Vater, mir für meine Rolle, die ich dabei gespielt hatte, zu vergeben, und dies wurde mir rückhaltlos und von ganzem Herzen gewährt. Mein Herz platzte förmlich vor Dankbarkeit. Dann bat Dad mich, ihm zu vergeben, dass er sich das Leben genommen und unsere Familie allein und voller Trauer zurückgelassen hatte, und mein Herz öffnete sich, während er von einer Woge überwältigender Vergebung erfasst wurde.

Es gab viele Tränen, viel Mitgefühl, viel Verständnis und zum Schluss große Erleichterung und einen echten

Abschluss. Ich war endlich und vollkommen frei von der Erinnerung und dem Bewusstsein, das mich mehr als zwanzig Jahre lang stillgelegt und eingeschränkt hatte.

Kevin und ich fuhren damit fort, den totalen Kehraus zu Ende zu bringen, der den Abundance-Journey-Prozess umfasst, lösten andere damit zusammenhängende Zellerinnerungen, schädliche Überzeugungen und Gelübde auf, bis ich schließlich innerlich vollkommen gereinigt und mein Bewusstsein weit geöffnet war. Ich fühlte mich riesig, ganz und bereit, mein Leben mit einem gesunden Fülle-Bewusstsein zu leben. Ich war frei, Teil des mitschöpferischen Tanzes der Manifestation zu sein.

Als ich meine Augen wieder öffnete, sah alles anders aus, als ob das ganze *Leben* gereinigt worden wäre, als ob mir ein unsichtbarer Schleier von den Augen genommen wäre. Alles war so strahlend, so lebendig. Farben schienen unglaublich zu leuchten, und das ganze Leben schien von einer schillernden, funkelnden Präsenz durchdrungen zu sein. Indem ich zu dem Wurzelgeflecht unterhalb meiner Seerose gelangt war und die ganze Pflanze – Wurzeln, Stängel, Blätter und Blüten – entwurzelt hatte, war nur noch der klare, ungetrübte Teich des Bewusstseins übrig geblieben. Es war, als hätte das Universum mir eine leere Leinwand gegeben und mich dazu eingeladen, mein Leben neu zu malen.

Als ich nach Abschluss des Prozesses nachfragte, wie viel Einkommen ich bereitwillig in mein Leben einladen würde, war die Antwort völlig offen und unbestimmt: »So viel, wie das Leben mir segensreich zuteil werden lassen möchte! So viel, wie nötig ist, um meinen inständigen Wunsch zu realisieren, dass diese Arbeit der Menschheit zugute kommt. Eine unbegrenzte Summe.«

Es schien, als hätten sich alle meine inneren Türen dem Leben weit geöffnet, und ich hieß all diese Milliarden Teilchen der Gnade willkommen, die meinen Namen trugen. Ich sagte ein lautes, dankbares »Ja!« zum Leben. Zum ersten Mal war ich bereit, die Fülle in all ihren Formen anzunehmen. Ich sagte dem Leben: »Benutze mich nach deinem Belieben, um das Schicksal zu erfüllen, das in mir angelegt ist. Lass mich bewusst aktiv werden. Benutze mich als Teil des unendlichen Plans, in diesem Leben Fülle zu erschaffen.«

Von diesem Zeitpunkt an wuchs die Journey-Organisation rasant. Als mein Problem gelöst war, waren Kevin und ich in der Lage, uns zu öffnen, um voll und ganz von der Gnade benutzt zu werden. Welche Fülle auch immer erforderlich war, um die Arbeit bekannt zu machen, sie floss uns auf natürliche Weise zu. Genauso natürlich floss sie zurück, um den Menschen zu dienen und ihnen zu helfen, die Arbeit zu erlernen und am eigenen Leib zu erfahren.

The Journey expandierte immer weiter: organisch, entsprechend dem Willen des Lebens und in einem deutlich erkennbaren göttlichen Timing. Sie wuchs in einem solchen Maß, dass sie für jeden sorgen konnte, der damit zu tun hatte, und sich auf gesunde, förderliche Weise um all ihre Bestandteile kümmern konnte, und gemäß dem Willen eines Ziels, das größer war als die Arbeit selbst.

Im Laufe der Jahre habe ich diesen außerordentlich reinigenden Prozess immer wieder durchgeführt und dabei jedes Mal andere bestimmte stille Saboteure, Überzeugungen, Gelübde, heimliche Komfortzonen und Zellerinnerungen aufgedeckt und beseitigt oder verändert. Durch das Wegfallen der Schleier, kam schließlich immer mehr von dem, der ich bin, zum Vorschein. Immer mehr von diesem ungeborenen Potenzial, diesem Feld aller Möglichkeiten, wurde verfügbar gemacht. Ich habe in mir Platz geschaffen, um bei der Mitschöpfung von Fülle durch bewusstes Handeln teilzunehmen, und immer mehr Türen haben sich geöffnet, um gesunde Fülle in alle Bereiche meines Lebens hinein- und wieder hinausfließen zu lassen.

Zum ersten Mal wird hier der komplette Abundance-Journey-Prozess veröffentlicht, damit Sie ihn anwenden können. Er ist im letzten Kapitel dieses Buches enthalten. Machen Sie sich bitte bewusst, dass Sie jedes Mal, wenn Sie den Abundance-Journey-Prozess durchführen, an die Zellerinnerungen gelangen, die ursächlich mit bestimmten Mustern des Sichverschließens verbunden sind. Sie werden die *spezifischen* Antriebskräfte Ihrer stillen Saboteure und Komfortzonen aufdecken. Aber selten, wenn überhaupt, sind diese Zellerinnerungen so stark dramatisch, so scheinbar lebensbedrohend, wie es meine ursprüngliche Erinnerung für mich war.

In der Regel sind unsere Zellerinnerungen subtiler. Und dennoch können oft gerade die Erinnerungen, die am unbedeutendsten zu sein scheinen, die destruktivsten und weitreichendsten Wirkungen haben. In meiner jahrelangen Arbeit mit anderen habe ich bestürzt beobachten können, dass scheinbar nebensächliche Zellerinnerungen die Ursache für ein schwerwiegendes Muster von Selbstsabotage sein können.

Die Erinnerungen können den Eindruck erwecken, unwichtig zu sein. Vielleicht sind Sie in der Schule nach vorn gerufen und vor der ganzen Klasse gedemütigt worden, weil Sie Ihre Hausaufgaben nicht pünktlich gemacht haben. Oder vielleicht sind Sie bei einer Prüfung durchgefallen, die Ihre Freunde mit Bravour bestanden haben. Vielleicht hat ein Lehrer oder ein Mitschüler Sie grob zurechtgewiesen oder abschätzig über Sie gesprochen, weil Sie einen theoretischen Begriff oder eine mathematische Formel nicht verstanden haben. Oder Sie wollten einen Vortrag halten, eine Präsentation durchführen, und dann, als Sie vor Ihren Zuhörern standen, herrschte in Ihrem Kopf völlige Leere und Sie verließen fluchtartig die Bühne und kamen sich vor ein Idiot. Vielleicht haben Sie sich beim Sport verletzt, als Sie sich auf der Höhe Ihres Könnens fühlten, oder kurz vor einem wichtigen Spiel. Oder vielleicht hat man Sie einfach aus der Mannschaft geworfen. Vielleicht haben Sie Ihre Großmutter oder Ihren Großvater oder einen anderen nahen Verwandten in einer Zeit verloren, in der Sie seine Unterstützung und Führung brauchten. Vielleicht hat Ihr College erster Wahl Sie nicht angenommen. Vielleicht hat sich Ihre erste Liebe in Ihren besten Freund verliebt und Sie verlassen. Vielleicht haben Sie ein Bewerbungsgespräch vermasselt und ein anderer, der nicht so begabt ist wie Sie, hat die Stelle bekommen. Und so weiter und so fort. Jede von diesen ganz normalen alltäglichen Ereignissen kann zu der Entstehung negativer

Überzeugungen und Komfortzonen führen, die sich irgendwann zerstörerisch auswirken, uns stilllegen und irgendeinen Aspekt unseres Lebens sabotieren können.

Mit dem Abundance-Journey-Prozess können Sie den ursächlichen Zellerinnerungen auf den Grund gehen und Sie können das einschränkende Bewusstsein so verändern, dass es die Tür öffnet und das volle Fülle-Bewusstsein in Ihr Leben fließen lässt. Mit dieser Arbeit haben Sie die *Werkzeuge* in der Hand, die Sie benötigen, um sich Ihrer Größe zu öffnen, um Ihr wahres Potenzial voll und ganz zum Ausdruck zu bringen. Dieser Prozess wird es Ihnen ermöglichen, sich zu öffnen, um aus Ihrem vollen Potenzial heraus zu leben und Teil des gesunden mitschöpferischen Tanzes der Manifestation zu sein.

Das Feld der Fülle *möchte* Sie benutzen. Es möchte Sie *als Ganzes* benutzen, als Teil des Flusses schöpferischer Fülle. Und mit dieser Prozessarbeit wird alles, was Sie in Ihrer Essenz wirklich sind, verfügbar. Aus diesem unendlichen Potenzial werden wahre Schöpferkraft, Begabung, Kreativität, Antworten und Inspirationen hervorgehen. Und während es Sie zu bewusstem, positivem Handeln führt, werden Sie in jedem Moment Ihres Lebens die tiefe Erfüllung spüren, die sich daraus ergibt, dass Sie dem Leben gestatten, sich Ihrer ganz zu bedienen. Denn das Leben lädt uns ein, eine größere Rolle zu spielen, uns allen Möglichkeiten zu öffnen. Es ist nicht mehr in Ordnung, gerade so eben zurechtzukommen – das *Leben* braucht unsere Großartigkeit, um den Bewusstseinswandel herbeizuführen, den *unser Planet* so dringend benötigt.

Wir sind an einem Punkt in der Geschichte angelangt, wo Schöpferkraft gebraucht wird, wo wahrhaft inspirierte Antworten wachgerufen werden und bewusstes Handeln gefordert wird. In Barack Obamas Antrittsrede als Präsident der Vereinigten Staaten forderte er alle Amerikaner auf, Verantwortung für sich selbst und für die Veränderungen zu übernehmen, die in der amerikanischen Gesellschaft und in der ganzen Welt notwendig sind. Er sagte, dass in den USA alles möglich sei. Diese Prozessarbeit verleiht Ihnen die Fähigkeit, das Feld aller Möglichkeiten sichtbar werden zu lassen, damit Sie Ihre wahre Größe erstrahlen lassen können. Sie gewährt Ihnen Zugang zu Ihrer Schöpferkraft und ermöglicht Ihnen, heilsam und fördernd an der Erzeugung der bewussten Fülle mitzuarbeiten, die nicht nur Amerika braucht, sondern die ganze Welt.

Ihr Leben kann zu einer lebendigen Vermittlung des Fülle-Bewusstseins werden, einer Kraft, die andere beflügeln wird, die gleiche Möglichkeit in sich selbst zu finden. Wie Mahatma Gandhi, Martin Luther King Jr. und Nelson Mandela kann Ihr Bewusstsein eine lebendige Präsenz sein, die eine transformierende Wirkung auf die Menschen in Ihrer Umgebung ausübt.

Während Sie sich also der Prozessarbeit widmen, behalten Sie die größeren Zusammenhänge im Gedächtnis: dass wir gemeinsam die Veränderung *sein können*, die unser Planet braucht. Ihre Zeit für Größe ist gekommen, genau wie für uns, und es ist an der Zeit, dass wir auf diese globale Aufforderung reagieren.

3. Kapitel

Negative Überzeugungen

Wie wir aus Brandons Ausführungen in den letzten Kapiteln gelernt haben, können wir, wenn wir bereit sind, wirklich innezuhalten und still zu sein, ein paar zwar einfache, aber kraftvolle Prozessschritte durchführen, um uns über unseren Verstand hinaus einem umfassenden Gewahrsein zu öffnen, das unsere Muster der Selbstsabotage bloßzulegen vermag.

Von diesem reinen Bewusstsein aus können wir dann schließlich beginnen, uns effektiv mit den Grundursachen unserer schädlichen Verhaltensweisen zu beschäftigen, statt nur an deren vordergründigen Symptomen herumzudoktern.

Aus dieser unermesslichen Offenheit heraus sind wir in der Lage, die Ursachen unserer Probleme aufzudecken und zu beheben: die tief sitzenden negativen Überzeugungen, die auf heimtückische Weise unser authentisches Selbstvertrauen und unsere positive Einstellung untergraben können.

Generationsübergreifende und gesammelte Überzeugungen

Solche Überzeugungen können von Beginn an schädlich für uns gewesen sein; sie können uns vom ersten Tag an bloßgestellt haben; oder sie haben vielleicht auf eine eher neutrale oder sogar positive Weise ihren Anfang genommen und sind im Laufe der Jahre, während wir heranwuchsen und erwachsen wurden, schädlich geworden. Sie können auf unsere eigenen Lebenserfahrungen zurückzuführen oder von früheren Generationen übernommen worden sein. Eine negative Überzeugung kann als Alleinvertreter handeln und dann im Laufe der Zeit ein Muster der Einschränkung hervorrufen – Brandons Überzeugung, »Ich habe nicht die Fähigkeit, allein zu überleben«, und die sich daraus ergebenden Folgen, sind ein Beispiel dafür. Aber häufiger ist festzustellen, dass Überzeugungen sich ansammeln und Glaubenssätze sich stapeln und sich zu einer Mischung verbinden, die eine Vielzahl unheilsamer Verhaltensweisen auslöst.

Viele Jahrzehnte lang hat meine Familie mit negativen gesammelten Überzeugungen gelebt – Überzeugungen, die durch die vorangegangene Generation väterlicherseits an uns weitergegeben wurden und die wir durch unsere eigenen direkten Erfahrungen übernahmen und festigten. Sie lauteten ungefähr so: »Das Arbeitermilieu, aus dem wir stammen, ist ein unentrinnbarer Teil von uns, es liegt uns im Blut. Wir müssen härter als alle anderen arbeiten, um unsere Lage zu verbessern und unseren ›Wert‹ zu beweisen. Wir werden nie genug

Geld haben, damit es uns gut geht und wir sorgenfrei leben können. Was immer wir erreichen, es wird stets gefährdet sein; es kann – und wird – uns genommen werden, wenn wir es am wenigsten erwarten.«

Diese Überzeugungen waren miteinander verbunden und verstärkten sich gegenseitig, und selbst wenn sie weder offen zugegeben wurden noch direkt über sie gesprochen wurde, war ihr Vorhandensein doch offensichtlich, und in Familiengesprächen wurde immer wieder darauf angespielt.

Als ich begann, den Abundance-Journey-Prozess anzuwenden, wurden meine generationsübergreifenden Überzeugungen sehr klar, so wie auch die untergrabende Wirkung, die sie zeit meines Lebens auf mein Verhalten ausgeübt hatten. Und obwohl meine Muster – ängstliche Unsicherheit, stures Bemühen und geringe Selbstachtung – sich von Brandons unterschieden, so waren die Resultate in mancherlei Hinsicht doch ähnlich: Jahrzehntelang war es mir nicht gelungen, wahre Erfüllung zu finden und die heilsame Fülle im Leben zu erzeugen, nach der ich mich sehnte.

Ich wurde im armen Kohlenbergbaurevier Rhondda, Wales, geboren. Mein Vater war Bergmann und meine Mutter Büroangestellte. Sie waren in den 1930er-Jahren und während des Zweiten Weltkriegs aufgewachsen, als Kleidung und Grundnahrungsmittel knapp waren. Meinen Eltern war die Angst vor Mangel eingeflößt worden, und ihre Ängste hatten sich im Laufe der Jahre zu Überzeugungen verfestigt, denen zufolge dieser Mangel ein dauerhafter Teil des Lebens sei.

Meine Eltern sehnten sich danach, sich sowohl finanziell als auch von den bedrückenden wirtschaftlichen Einschränkungen der Gegend, in der wir lebten, zu befreien. Beide besuchten die Abendschule: Mutter wurde Friseuse und machte ein kleines Geschäft auf, und Vater bildete sich zum Bergbauingenieur aus und wurde befördert. Gerade als sich unser Familieneinkommen verbesserte, gab es eine Explosion in Dads Kohlenmine, und viele seiner Freunde und Kollegen wurden entweder getötet oder erlitten Brandverletzungen. Mein Vater trug zwar keine körperlichen Verletzungen davon, aber das durch dieses Unglück bedingte Trauma beeinträchtigte ihn sehr, und als er ungefähr anderthalb Jahre später bei einem weiteren Grubenunglück verschüttet, ausgegraben und geborgen werden musste, fanden meine Eltern, dass die Stunde geschlagen hatte – sie wollten das Schicksal nicht noch ein drittes Mal herausfordern –, und beschlossen, dass Dad einen anderen Beruf ergreifen sollte.

Was meine Eltern daraus gelernt und dem Stapel negativer Überzeugungen hinzugefügt hatten, war Folgendes: Erfolg ist etwas Vorübergehendes. Selbst wenn es scheint, als ginge es voran, lauert bereits die nächste Katastrophe, bereit, zuzuschlagen.

Dad bewarb sich dann um verschiedene Jobs und bekam schließlich die Zusage für eine Stelle als Verkäufer bei einer Firma, die Elektrogeräte herstellte. Am Tag bevor er seinen neuen Job antreten sollte, sagte meine Mutter zu ihm: »John, ich denke, du solltest besser mal mit meinem Vater reden.«

»Warum sollte ich das, Liebling?«

»Ich weiß es nicht... Ich glaube, er will dir einen Job anbieten.«

Mutters Vater, von allen Papa genannt, hatte im Laufe der Jahre sein Hobby – das Reparieren von Uhren – zu einem bescheidenen Geschäft gemacht. Mittlerweile besaß er drei kleine Läden im Kohlenrevier, wo er Armbanduhren, Wanduhren und als Nebengeschäft billigen Schmuck verkaufte. Er bot Dad einen Job als Manager eines dieser kleinen Läden an.

Auch wenn das Gehalt wesentlich geringer ausfiel als das, was mein Vater gewohnt war, überzeugte ihn die Möglichkeit, die Kunst des Uhrmacherhandwerks zu lernen, und die Chance, immer höhere Provisionen zu verdienen, indem er eigenverantwortlich ein Geschäft aufbaute, und so fing er bei Papa an. Sechs Jahre lang steckte mein Vater seinen ganzen Enthusiasmus, Zeit und Energie in den Laden, der sich bald zu einem florierenden kleinen Unternehmen entwickelte. Auch Mutter arbeitete schwer und lange in ihrem Frisiersalon, der ebenfalls gut lief. Unser Familieneinkommen verbesserte sich, und zum ersten Mal konnten wir uns ein kleines nagelneues Auto leisten – gerade groß genug für meine Eltern, mich und meine kleine Schwester.

Endlich war der Traum meiner Eltern wahr geworden, den Fängen des Kohlenreviers zu entkommen, und als ich neun Jahre alt war, zogen wir in ein neues Haus von bescheidener Größe in The Vale, einer Gegend, die sauberer, grüner, anspruchsvoller und wohlhabender war. Meine erste Lektion in Bezug auf Fülle ließ nicht lange auf sich warten.

Ich konnte damals nicht einschätzen, wie groß meinen Eltern der Schritt auf der gesellschaftlichen Leiter erschien, den sie mit diesem Umzug erreicht hatten. Ich wusste nicht, dass sie sich durch den Umzug in eine wohlhabendere Gegend unsicher und verloren fühlten. Und ich hatte keine Ahnung, wie sehr ihre angehäuften Überzeugungen bezüglich ihrer Herkunft an ihnen nagten – aber das sollte ich bald herausfinden.

Am ersten Tag in meiner neuen Schule zog ich meine normale Schulkleidung an, kurze Hose, Hemd und Pullover, und lief aufgeregt die Treppe herunter. Unten standen meine Eltern und sahen mich missbilligend an.

»So kannst du nicht gehen«, sagte Dad. »Geh wieder nach oben und zieh einen Anzug an, einen von denen, mit denen du sonntags in die Kirche gehst, und suche ein Hemd und eine Krawatte aus, die dazu passen. Du musst einen guten Eindruck machen. Wir wohnen jetzt in einer neuen Gegend, und mein Sohn geht nicht wie ein Gassenjunge angezogen zur Schule.«

»Aber, Dad...«, beschwerte ich mich.

»Ohne Wenn und Aber«, erwiderte er. »Jetzt geh rauf und zieh einen Anzug an.«

Ich sah hilfesuchend zu Mom, doch sie schwieg. Sie neigte den Kopf zur Treppe und zeigte mit den Augen nach oben, was bedeutete, dass ich gehorchen sollte. Mein Mut sank bei dem Gedanken, neue Freunde und neue Lehrer kennenzulernen, ausstaffiert mit meinem besten Sonntagsanzug und Krawatte. Würden die anderen auch alle so formell gekleidet sein, fragte ich mich, oder wäre ich der Einzige und somit der totale Außenseiter?

Vater fuhr mich zur Schule, und als wir uns dem Tor näherten, sah ich voller Entsetzen, dass andere Kinder in Jeans, langen Hosen, Polohemden und Pullovern kamen, normale Kleidung, so wie ich sie bisher auch immer in der Schule getragen hatte. Ich fühlte mich völlig fehl am Platz, nicht dazugehörig, und als ich aus dem Auto stieg, konnte ich die Tränen kaum zurückhalten. Meine Demütigung war vollendet, als der Lehrer mich nach vorne rief, um mich meinen Mitschülern vorzustellen. Alle Kinder sahen mich verwundert an und kicherten hämisch darüber, dass jemand tatsächlich in Anzug und Krawatte zur Schule ging – vor allem jemand aus der Arbeiterklasse, der gerade aus einer armen Kohlenbergbaustadt hierher gezogen war.

In meinem tiefen Unbehagen sickerte die harte Wahrheit in mich ein, und meine eigene Version der Überzeugung unserer Familie von Unwürdigkeit schlug Wurzeln: »Du bist ein armer Schlucker aus dem Kohlenrevier, ein Hinterwäldler. Du bist hier nicht unter deinesgleichen. Tatsächlich gehörst du so wenig hierher, dass du *vorgeben* musst, jemand zu sein, der du nicht bist. Doch egal wie sehr du dich verkleidest, wie sehr du so tust, als ob, du wirst nie eines von diesen Kindern werden – du wirst nie gut genug sein, du wirst nie dazugehören.«

Wochenlang bot ich meine Überredungskünste auf, versuchte sie mit jedem Argument, das mir in den Sinn kam, zu beschwatzen, bis Mom und Dad mir endlich erlaubten, mich für die Schule genauso anzuziehen, wie es die anderen Kinder taten. Doch obgleich sich meine Überzeugung als unwahr erwies – ich gewann schnell

Freunde und wurde von meinen Mitschülern als gleichberechtigt akzeptiert –, hatte sie sich bereits unbemerkt eingenistet und in meinen Zellen verankert: »Aufgrund dessen, wer deine Familie ist und wo du geboren wurdest, bist du weniger wert als Leute von privilegierterer Herkunft. Auch wenn du finanziell erfolgreich sein solltest, wird es dir nie gelingen, den Schandfleck deiner Arbeiterherkunft zu entfernen.«

Bald hatten wir uns in unsere neue Umgebung eingelebt. Als der kleine Schmuckladen meines Vaters immer besser lief, gab meine Mutter ihren Frisiersalon auf und unterstützte ihn im Geschäft. Ihre Provisionen wurden immer höher, bis es anderthalb Jahre später eine Auseinandersetzung in der Familie gab. Es war der erste Weihnachtstag, und das Weihnachtsgeschäft war hervorragend gewesen. Mom und Dad hatten sich mit meinem Großvater zusammengesetzt, um die fälligen Provisionen auszurechnen, als es zum Streit kam. Papa fand, dass ihre Provisionen zu hoch geworden waren, und wollte den Satz nach unten anpassen. Meine Mutter schwieg verletzt, doch mein Vater war aufs Höchste empört.

»Wir haben den Laden fast aus dem Nichts aufgebaut. Wir haben jeden Cent unserer Kommission verdient. Wenn du das unbedingt so haben willst, kannst du dir einen anderen für deinen Laden suchen!«, schrie Dad seinen Schwiegervater an. »Wir machen einfach einen eigenen Laden auf.«

»Gut!«, gab Papa zurück. »Warum machst du das nicht? Wenn es dir wirklich ernst damit ist, kannst du den hier haben. Ich verkaufe ihn dir.«

»Okay. Ich nehm dich beim Wort«, versetzte mein Vater. Und in einer ziemlich aggressiven Atmosphäre wurde das Geschäft abgeschlossen. Man einigte sich auf einen Preis und die Abzahlungsbedingungen und innerhalb weniger Wochen waren meine Eltern von Geschäftsführern zu Geschäftsbesitzern geworden, Unternehmern in gutem Glauben.

Sie beschlossen, das Geschäft aufzuwerten, und suchten dazu den Leiter ihrer Bankfiliale auf und leisteten Sicherheit für ein Darlehen, um die Ladenfront neu zu gestalten und neue Schaufenster zu kaufen. Sie handelten höhere Kredite und längere Rückzahlungsfristen mit ihren Zulieferern aus, sodass sie das Volumen und die Qualität ihres Warenbestands steigern konnten, und sie rackerten sich ab. Jeden Tag waren sie von neun bis halb sechs im Laden, und nach Geschäftsschluss fuhren sie zu Großhändlern, um ihre Warenbestände wieder aufzufüllen, danach erledigten sie ihre Buchhaltung und sonstigen Papierkram. Dad arbeitete bis spät in die Nacht und reparierte Uhren, und das Geschäft florierte.

Alles schien wunderbar zu laufen, bis ich eines Morgens noch ganz verschlafen nach unten ging, um zu frühstücken. Aus dem Wohnzimmer hörte ich gedämpfte Stimmen und ging näher, um zu sehen, was los war. Auf dem Sofa saßen meine beiden Großeltern und in den Sesseln Mom und Dad. Mom wirkte verstört und hatte geweint. Dad war ganz grau im Gesicht und sah niedergeschmettert und wie gelähmt aus. Ich hatte das Gefühl, auf einer Beerdigung zu sein, als wäre jemand gestorben. Einen Moment lang sprach niemand.

»Was ist denn los?«, fragte ich, während ich zu meiner Mutter hinüberging und mich auf die Lehne ihres Stuhls setzte. »Was ist passiert?«

»Es ist der Laden«, antwortete sie. »Letzte Nacht ist er abgebrannt. Es ist nichts übrig geblieben, nur ein paar Trümmer und ein ausgebranntes Regal, und wir haben so gut wie keine Versicherung und wissen nicht, was wir tun sollen.«

Meine Großeltern boten Worte des Trostes, während meine Eltern nur still dasaßen und das Ausmaß ihres Problems zu fassen versuchten: Sie hatten sich viel Geld geliehen, um das Geschäft aufzuwerten und neue Ware zu kaufen; sie mussten Kredite bei der Bank sowie bei ihren Lieferanten zurückzahlen, und auch Papa bekam noch Geld von ihnen – und jetzt konnten sie gar nichts mehr zurückzahlen. Sie hatten eine Hypothek und zwei Kinder, es gab Rechnungen zu begleichen, aber sie hatten kein Einkommen und keine Möglichkeit, Geld zu verdienen.

Wieder einmal war die Lektion klar, die uns das Leben bereithielt, und diese Überzeugung ging uns allen in Fleisch und Blut über: »Du magst vielleicht *denken*, dass du Erfolg hast; du magst *denken*, dass sich deine ganze harte Arbeit auszahlt, doch dem ist nicht so. Wenn du es am wenigsten erwartest, wird dir alles wieder genommen, wird sich alles in Rauch auflösen.«

Dank des Wohlwollens anderer und ihrer eigenen Anstrengungen, Entschlossenheit und Hingabe fanden meine Eltern dann einen Weg, das Geschäft wiederaufzubauen und erneut erfolgreich zu führen, doch immer wieder bedrohten unsere zugrunde liegenden angstvollen Überzeugungen unerbittlich das Glück unserer Familie und sorgten dafür, dass Zeiten des Erfolgs von vernichtenden Misserfolgen abgelöst wurden, es war ein ständiger heilloser Kreislauf.

Schließlich ging ich auf die Universität und studierte Betriebswissenschaft. Ich lernte alles über Unternehmensmanagement, Finanz- und Bankwesen und trat dem Familienunternehmen bei, das sich in der Zwischenzeit zu einer kleinen, aber umsatzstarken Kette von Schmuckläden gemausert hatte. Ich beschäftigte mich weiterhin intensiv mit Themen, von denen ich sicher war, dass sie Erfolg und Wohlstand garantieren würden. Ich las unzählige Bücher und hörte mir ständig Kassetten über persönliches Wachstum, Management und Unternehmensentwicklung an.

Ich entwickelte mich zu einem Workaholic und schwor mir, dass ich mit fünfunddreißig eine perfekte Ehefrau, ein großes Haus am Meer und einen Ferrari in der Einfahrt haben würde. Ich strebte verzweifelt danach, mich von den Fesseln meiner Vergangenheit zu befreien, es zu etwas zu bringen, jemand zu sein, der es im Leben »geschafft« hatte.

Und eine Zeit lang schien das auch zu funktionieren – irgendeine neue Methode oder Strategie schien sich bezahlt zu machen. Doch letzten Endes machte ich die gleichen Erfahrungen wie meine Eltern. Wann immer es eine Zeit des Erfolgs und Wachstums gab, folgte unweigerlich kurz darauf die Katastrophe: Eine Rezession hatte zur Folge, dass kaum jemand mehr Schmuck kaufen wollte; höhere Entwicklungskosten als erwartet bedeuteten finanzielle Verluste; Krankheiten in der Familie ließen uns erschüttert zurück, unfähig, uns auf die Arbeit zu konzentrieren. Und schließlich keimte jedes Mal, wenn es uns finanziell gut ging, ein schreckliches Unbehagen in meinem Körper auf, und ich fühlte mich, als würde ich mich auf zu dünnem Eis, auf gefährlichem Terrain, bewegen. Ich war inzwischen negativ konditioniert darauf, mich unbewusst vor Erfolg zu fürchten.

Das Geschäft florierte und stagnierte in regelmäßigem Zyklus, bis es eines Tages schließlich ganz einging und aufgelöst wurde. Die Sammlung unserer negativen Überzeugungen hatte sich in ein Vermächtnis verwandelt, aus dem es kein Entrinnen gab.

Doch einige Jahre später war nur ein einziger Abundance-Journey-Prozess erforderlich, um dieses Vermächtnis zu erkennen und es ein für alle Mal hinter sich zu lassen. Mithilfe der Arbeit, zu der dieses Buch Sie einlädt – mich dem grenzenlosen Bewusstsein zu öffnen, mich meinen Ängsten zu stellen, die Zellerinnerungen ans Licht zu bringen, die verknüpften Überzeugungen herauszufinden –, fand das Karma meiner Vergangenheit schließlich sein Ende. Ich befreite mich, um in offener und heilsamer Fülle zu leben, um voller Freude alles anzunehmen, was das Leben zu bieten hat, und unsere Journey-Unternehmen auf gesunde Weise florieren zu lassen. Und mehr als das, ich beendete den leidvollen Kreislauf: Ich hörte auf, die alten negativen Überzeugungen meiner Familie an die nächste Generation, an meine Söhne und Neffen, weiterzugeben.

Kollektive Überzeugungen

Es gibt viele verschiedene Arten von sabotierenden Überzeugungen, und bei den Abundance Retreats verblüfft uns ihre Vielfalt immer wieder aufs Neue. Manche beziehen sich auf eine einzelne Person, während andere, wie wir gesehen haben, als Teil der Familientradition an die nächsten Generationen weitergegeben werden. Dann wiederum gibt es Überzeugungen, die eine wesentlich größere Verbreitung finden, und einige von ihnen sind so allgegenwärtig, dass wir sie einfach übersehen, weil wir sie als Gegebenheit wahrnehmen. Von dem Moment unserer Geburt an sind wir in ein kollektives Bewusstsein voller Überzeugungen eingebettet: gesellschaftliche Überzeugungen; Klassenüberzeugungen; Überzeugungen über das Nationalbewusstsein; sexuelle und geschlechtsbezogene Überzeugungen; religiöse Überzeugungen – die Liste nimmt kein Ende. Und wenn sie nicht infrage gestellt werden, kann jede Einzelne eine äußerst schädliche Wirkung auf unser Fülle-Bewusstsein ausüben.

Es ist uns ein Anliegen, dass Sie mithilfe des in diesem Buch beschriebenen Journey-Prozesses die unzähligen Arten von Überzeugungen aufdecken, die seit Jahren an Ihnen nagen – dass Sie all die Nuancen Ihrer Überzeugungen erkennen –, und sie derart umfassend verändern können, damit ihr zerstörerisches Vermächtnis genau hier bei Ihnen ein Ende nimmt.

Kulturelle Überzeugungen

Manche schwächenden und einschränkenden Überzeugungen können so tief verwurzelt sein, dass eine ganze Kultur darin übereinstimmt, dass es sich hierbei um unverrückbare *Fakten* handelt, um die *Wahrheit* darüber, »wie das Leben ist«. Dann fällt es niemandem ein, ihren Einfluss zu hinterfragen oder zu fragen, ob diese Überzeugungen irgendeine Wahrheit beinhalten. Es wird stillschweigend akzeptiert und beigepflichtet: »So ist das Leben, und es wird sich auch niemals ändern.« Unsere negativen Überzeugungen haben sich in konkrete Leitsätze verwandelt.

Diese kollektiven Überzeugungen können ganze Kulturen gefangen halten. Es hat den Anschein, als seien sie unverrückbar, unerschütterlich, undurchdringbar, doch wir haben festgestellt, dass durch die Journey-Arbeit sogar Überzeugungen, die seit Hunderten von Generationen weitergereicht wurden, umgeformt werden können und an ihre Stelle ein Bewusstsein der Ganzheit treten kann.

Seit einigen Jahren ist The Journey in Israel sehr beliebt geworden, und mehrere Rabbiner wandten sich an unsere europäischen Niederlassungen und baten uns darum, diese heilsame Arbeit in ihr vom Krieg heimgesuchtes Land zu bringen. Das allgemeine Bedürfnis nach dieser Arbeit war so groß, der Wunsch nach Heilung so stark, dass wir auf den dringenden Ruf reagierten und unverzüglich ein Einführungsseminar mit einem Journey Presenter anboten. Ein paar Monate später fuhr ich selbst nach Israel und leitete ein Journey-Intensive-Seminar.

Bei jenem ersten Intensive-Seminar brachten viele Teilnehmer traumatische Zellerinnerungen ans Licht, die ein gemeinsam getragenes Bewusstsein widerspiegelten: Die jahrtausendealte Geschichte des jüdischen Volkes bestätigte, dass es immer Krieg, Schmerz, Verlust und Verfolgung erleiden würde. Die Überzeugung, die am massivsten vertreten wurde, war, dass die Juden immer verfolgt wurden und immer wieder verfolgt würden, und dieses Verfolgungsbewusstsein steuerte eine Überzeugung, die fast alle teilten: »Vergib nie und vergiss nie!«

Aber trotz ihres Erbes waren Heilung, Vergebung und Ganzheit ein großes Anliegen, und während dieses ersten Seminars zerriss es mir beinahe das Herz angesichts ihrer Bereitschaft, ihre finstersten Dämonen, ihre furchterregendsten Zellerinnerungen und ihren heftigsten Schmerz willkommen zu heißen und sich ihnen zu stellen, um bis ins Innerste ihres Leidens Frieden zu finden.

Nach diesen beiden Veranstaltungen gingen fünfzehn jüdische Journey Grads nach Sderot, einer Stadt an der Grenze zu Gaza, die in den vergangenen sechs Jahren fast täglich bombardiert wurde, und boten dort lebenden Arabern die Prozessarbeit an. Die meisten der Volontäre hatten selbst erst zwei Journey-Prozesse durchgemacht und nun versuchten sie jene zu erreichen, die ihre traditionellen Feinde gewesen waren, auch wenn sie dabei sogar ihr Leben aufs Spiel setzten. Ihre Liebe, ihre Demut und ihr Mut überwältigten mich. Trotz der überaus realen Gefahren und des Widerstands, dem sie sich ge-

genübersahen, boten sie ihren Gegnern Mitgefühl und Heilung an.

Bei dem darauf folgenden Abundance Retreat führte unser Journey Presenter Debs eine Frau, die Ende der Sechziger war, in einer Live-Demonstration durch den Lagerfeuer-Prozess. Die Zellerinnerung, die sich spontan einstellte, war so klar und intensiv, als würde sich die Situation in dem Augenblick abspielen. Sie bezog sich auf die Zeit des Zweiten Weltkrieges und die Ermordung vieler ihrer Familienmitglieder in Deutschland durch die Nazis. An diesem Lagerfeuer mehr als sechzig Jahre später wurde dieser Frau endlich die Chance gegeben, all ihre Emotionen in Bezug auf den Holocaust – Wut, Hass, Verzweiflung – freizusetzen.

Als Adolf Hitler in ihrem Prozess auftauchte, brach ein sechzig Jahre lang unterdrückter, unausgesprochener, nicht zum Ausdruck gebrachter Schmerz aus ihr heraus. Als sie wirklich alles, was das Leid und die Tränen vieler Leben zu sein schien, losgelassen hatte, geschah das fast Undenkbare. In einem Saal, in dem sich hauptsächlich Juden befanden, *vergab sie Hitler* und den Nazis, die diese entsetzlichen Verbrechen begangen hatten. Sie vergab dem Bewusstsein der NS-Ideologie, das diese unsäglich grausamen entsetzlichen Zeiten hatte entstehen lassen.

Der kulturelle Damm brach. Alle Anwesenden öffneten sich emotional. Es schien, als ob ein jahrtausendealtes Verfolgungsbewusstsein endlich die Erlaubnis erhielt, aus den Herzen der Menschen herauszukommen. Es quoll aus ihren tiefsten Nischen hervor.

Später, als jeder in seine persönlichen Abundance-Journey-Prozesse eintrat, hießen die meisten von ihnen irgendeinen Aspekt der Überzeugungen willkommen, die ihre Kultur in Fesseln gelegt hatten – und setzten das Verfolgungsbewusstsein frei, mit dem sie von Geburt an verbunden waren. Es war unglaublich Ehrfurcht gebietend, in Betracht zu ziehen, dass diese Ebene der Heilung möglich war.

Achtunddreißig der Teilnehmer an diesem Seminar beschlossen, das ganze European Practitioner's Program zu absolvieren, und der nächste Baustein dieses Ausbildungsprogramms war das einwöchige No Ego Retreat, das in einem modernen Biohotel in Ostdeutschland stattfand.

Für viele Israelis stellte dies eine große Herausforderung dar. Für einige bedeutete es die Rückkehr in das Land ihrer Geburt nach sechzig Jahren. Andere setzten zum ersten Mal einen Fuß auf den Boden ihrer Ahnen.

Eine Teilnehmerin, die Israel noch nie verlassen hatte, war von ihrem Rabbi angewiesen worden: »Geh hin und werde heil; dann komm nach Israel zurück und lehre uns *alle*, wie wir vergeben und Heilung finden können.« Und ihr gemeinsames Gebet um Vergebung war stärker als ihre Ängste, sich den schlimmsten ihrer Zellerinnerungen zu stellen, und wie Helden sammelten sie sich und kamen rechtzeitig in Deutschland an, um vor Beginn des Seminars den Sabbat zu feiern.

Die Atmosphäre am ersten Abend des Programms war erfüllt von großer Aufregung, Erwartung und nicht wenig Angst. Menschen aus vielen europäischen und außereuropäischen Ländern hatten sich an diesem Ort versammelt. Sie kamen nicht nur aus Israel, sondern auch aus Holland, England, Irland, Wales, Frankreich, Italien, Deutschland, Österreich, der Schweiz, Kroatien, Russland, Estland, Finnland, Schweden und von noch weiter her: Dubai, Kenia, Japan, Australien, der Karibik und den USA. Es war ein kultureller Schmelztiegel vieler Nationalitäten in einem einzigen Raum, und an jenem ersten Abend war die Atmosphäre wie elektrisch aufgeladen.

Die deutsch sprechenden Länder bildeten die größte nationale Gruppe, und sie saßen, mit ihren Dolmetscher-Headsets ausgerüstet, auf der linken Seite des Raumes. Die Israelis mit ihren Dolmetscher-Headsets hatten auf der gegenüberliegenden Seite Platz genommen. Der Wunsch nach Heilung, nach Einssein, war auf beiden Seiten so stark, dass er fast greifbar war, doch irgendwie schien niemand zu wissen, wie die kulturelle Kluft überbrückt werden konnte, die gleichermaßen intuitiv erkennbar war.

Am zweiten Abend des Seminars beschloss ich, dass es an der Zeit war, den »Elefanten im Raum« anzusprechen, das Thema, dem alle seit unserer Ankunft ausgewichen waren.

Ich forderte die Gruppe auf, gemeinsam einen Heilungsprozess durchzuführen, in dem wir jegliches Kriegsbewusstsein in unserem Gewahrsein willkommen heißen würden, das entweder generationsübergreifend oder kulturell weitergegeben worden war. Weiterhin sagte ich, dass zwar die überwiegende Mehrheit der Anwesenden nach dem Zweiten Weltkrieg geboren wurde und den Konflikt nicht direkt erlebt hatte, aber wir trotzdem die Schuld, die Scham, das Leid und den Schmerz vorausgegangener Generationen in uns tragen würden. Ich wies darauf hin, dass uns allen ein Kriegsbewusstsein gemeinsam sei, unabhängig vom Zweiten Weltkrieg, denn tatsächlich war fast jedes Land jahrhundertelang in Kriege verwickelt und zu irgendeinem Zeitpunkt war jedes unserer Länder sowohl Opfer als auch Angreifer. Kein Land, kein Volk war davon ausgenommen. Kriegsbewusstsein war seit Anbeginn der Zeit weitergegeben worden; wir alle haben es in unserer DNA, und unsere äußere Welt, der Makrokosmos, spiegelt lediglich unsere innere Welt, den Mikrokosmos, wider.

Die Wahrheit ist, dass wir in unserem Inneren ständig mit uns und gegen uns selbst Krieg führen. Wir sind so voller Wut, Vorurteile, Scham, Schuldgefühle, Hass und Feindseligkeit uns selbst gegenüber, dass es in unserer Außenwelt immer Kriege geben wird, solange dieses Bewusstsein in unseren Zellen steckt. Die Veränderung *unseres* Bewusstseins würde eine lebendige Übermittlung eines neuen Ganzheitsbewusstseins sein, das imstande wäre, einen Bewusstseinswandel in der ganzen Welt auszulösen; doch damit diese Transformation stattfinden könnte, müsste sie zuerst *in* uns selbst stattfinden.

Ich bat also alle, sich ein Lagerfeuer vorzustellen und eine jüngere Version unseres Ich dazu einzuladen. Behutsam leitete ich sie an, rückhaltlos ehrlich zu sein, alle Arten und Weisen, in denen wir selbstverurteilend, hasserfüllt und sogar grausam gegenüber uns selbst waren, herauszulassen. Ich ermutigte sie, all die Worte der Feindseligkeit, Selbstkritik, Selbstvorwürfe und Schuldgefühle, die sie niedergedrückt und erdrückt hatten, freizugeben. Wir sprachen jene Dinge laut aus, die wir getan und gesagt hatten, auf die wir nicht stolz waren, deren wir uns schämten, und wir hießen all die verschiedenen Aspekte von Kriegsbewusstsein willkommen, die in uns gespeichert waren. Es war ein intimes, aber langwieriges Reinigen. Es war sehr intensiv und zutiefst bewegend.

Als Nächstes forderte ich alle auf, ihre Ahnen an das Lagerfeuer zu bitten und sie wissen zu lassen, dass sie nicht länger das Leid des Kriegsbewusstseins aufrechterhalten würden, das sie von ihnen übernommen hatten. Ich bat sie, ihren Vorfahren für all die positiven Überzeugungen zu danken, mit denen sie sie vielleicht gesegnet hatten, aber endlich das schädliche Bewusstsein loszulassen. Dann luden wir einen Mentor ein, um uns restlos von all den übernommenen negativen Überzeugungen zu reinigen und jegliche energetischen Schnüre, die uns mit den ungesunden Überzeugungen unserer Eltern verbanden, zu durchtrennen. Beim Durchtrennen der energetischen Schnüre sandten die Teilnehmer ihren Verwandten Liebe und ließen deren Liebe in ihr eigenes Herz zurückfließen. Dann beobachteten sie, wie dieses gesunde Bewusstsein sich zurück durch die Generationen bewegte, von Kind zu den Eltern und zu den Großeltern, bis zum Beginn der Zeit zurück.

Ich bat alle, ihre Ahnen wissen zu lassen, dass das Vermächtnis ab sofort unwirksam sei. Dann holten die Teilnehmer zukünftige Generationen ans Lagerfeuer und stellten sich vor, reines Bewusstsein von Einssein weiterzugeben, frei von jeglichem Kriegsbewusstsein früherer Generationen.

Und schließlich waren alle bereit zu vergeben, und jeder vergab seinen Eltern von ganzem Herzen, dass sie dieses quälende Bewusstsein an sie weitergegeben hatten. Vergebung quoll aus unseren Herzen hervor und durchdrang den Raum. Der ganze Saal war erfüllt von Tränen, dem Freisetzen, dem Loslassen und der völligen Vergebung uns selbst, anderen, den Vorfahren, dem Leben und sogar Gott gegenüber.

Als wir wieder die Augen öffneten, bat ich die Teilnehmer, sich seinem jeweiligen Nachbarn zuzuwenden und zu sagen: »Ich vergebe dir für das Kriegsbewusstsein, das du früher gehegt hast. Und ich bitte dich um Vergebung für das, was ich gehegt habe.«

Verletzlich und ungeschützt blickten die Menschen im Saal einander in die Augen, und diese einfachen Worte kamen direkt aus ihrem Herzen. Dann forderte ich sie auf, sich eine andere Person im Saal zu suchen und diese Worte zu wiederholen: »Ich vergebe dir für das Kriegsbewusstsein …«

Plötzlich glich der Saal einem aufgewühlten Meer der Bewegung. Die Leute schluchzten, umarmten sich und vergaben einander, und ich sah, wie die Israelis auf die Deutschen zuliefen und die Deutschen ihnen mit offenen Armen entgegenkamen. Die Vergebung breitete sich in Wogen aus. Zweihundertundachtzig Leute waren sprachlos, in Tränen aufgelöst. Holländer und Briten vergaben Deutschen; Deutsche vergaben Russen und Franzosen;

Asiaten vergaben Kaukasiern; Muslime vergaben Christen; Araber vergaben Juden und die Juden vergaben allen.

Bald existierten keine kulturellen, religiösen oder rassischen Grenzen mehr. Es existierten keine Hindernisse zwischen irgendjemand mehr. Der ganze Raum war erfüllt von Einssein, von gegenseitiger Vergebung, dass jeder von uns eine menschliche Existenz geführt hatte.

Indem wir unser Kriegsbewusstsein transformierten, ebneten wir den Weg für andere, das Gleiche zu tun. Wenn so etwas zwischen Völkern mit dem Erbe einer solch tief sitzenden Feindschaft möglich ist, bedeutet das, dass es für unsere Welt möglich ist. Es waren zwar nur zweihundertundachtzig Leute, aber wenn sie vergeben und heilen konnten, bedeutet das, dass unser Planet zu demselben Maß an Vergebung und Heilung imstande ist.

The Journey führt auf Vergebung basierende Prozessarbeit für Minderheiten weltweit durch: mit den Aborigines in Australien, den Maori in Neuseeland, den Sami im Norden Finnlands, Eingeborenenstämmen in Afrika, den nordamerikanischen Stämmen der First Nations.

Wenn Stämme der First Nations, Aborigines und Maori ihren Invasoren vergeben können, wenn Juden Arabern und Araber Juden vergeben können, wenn Christen und Hindus Muslimen vergeben können und Muslime Christen und Hindus vergeben können, wenn Schwarze Weißen vergeben können, wenn die Unterdrückten ihren Aggressoren vergeben können, dann bedeutet das, dass es echte Hoffnung für unsere Welt gibt.

Alle diese Tausenden von Seelen, die ihre Probleme geklärt und sich selbst vergeben haben, haben Ihnen die

Tür geöffnet, um das Gleiche zu tun. Dies ist Ihre Einladung, sich Ihren tiefsten Ängsten zu stellen, Ihre schädlichsten Überzeugungen zu verwandeln. Dies ist Ihr Weckruf, sich selbst zu vergeben. Selbstvergebung macht *jede Vergebung* möglich. Und wenn Sie sich selbst vergeben, erlauben Sie der Welt, sich selbst zu vergeben.

Ihr Bewusstsein des Einsseins wird diese Möglichkeit auf unseren Planeten übertragen. Wir alle müssen unsere Rolle spielen. Wir alle sind fähig, uns selbst zu heilen, und wenn wir das tun, bieten wir unserer Welt die gleiche Möglichkeit an. Gemeinsam kann unser Bewusstsein unseren Planeten heilen. Mit echter Selbstvergebung ist Weltfrieden möglich. »Lass Frieden auf Erden sein, und möge er mit dir beginnen.«

»Lasst Frieden sein
zwischen allen Wesen
des Universums.
Lasst Frieden sein,
lasst Frieden sein,
lasst Frieden sein.
Om Shanti, Shanti, Shanti.«

– H. W. Poonja (Papaji)

4. Kapitel

Ein geführtes Leben in bewusster Fülle manifestieren

Mittlerweile haben wir erkannt, wie wichtig es ist, unsere heimlichen Komfortzonen aufzudecken. Wir haben gelernt, wie kraftvoll es ist, zu den eigentlichen Ursachen unserer stillen Saboteure vorzudringen und die mit ihnen assoziierten Zellerinnerungen zu verändern. Wir wissen, dass wir durch die Aufhebung unserer Blockaden, Schutzmechanismen und die Aufgabe unseres Dichtmachens mehr und mehr unseres essentiellen Selbst ans Licht holen und verfügbar machen. Und es ist diese erweckte Präsenz, aus der bewusstes Handeln entspringt und ganzheitliche Manifestation entsteht.

Jetzt sind wir bereit zu lernen, wie wir in diesem unendlichen Feld der Möglichkeiten weit geöffnet bleiben können, damit es uns aktiv werden lässt als Teil des mitschöpferischen Tanzes heilsamer Manifestation. Doch bevor wir diesen Prozess beginnen, müssen wir zunächst eine irrtümliche Annahme zerstreuen, die die meisten von uns für wahr halten.

In westlichen Gesellschaften ist eine Überzeugung weit verbreitet, die seit Generationen weitergegeben wird und an der die meisten von uns ihr *Leben lang* festhalten. Wir haben die irrtümliche Vorstellung übernommen, dass wir nur dann, wenn wir erreicht *haben*, wonach wir uns am meisten sehnen – den perfekten Partner, perfekte Kinder, den idealen Job, Haus, Kleidung, Auto, die neuesten Geräte und technischen Spielereien, das richtige Maß an finanziellem Wohlstand –, in der Lage sein werden, das zu *tun*, was wir uns schon immer gewünscht haben – romantische Zeiten mit dem Partner zu verbringen, liebevoll mit unseren Kindern zu spielen, aufregende Ferien an exotischen Plätzen zu genießen, uns mehr Freizeit zu gönnen, erfolgreich im Sport und produktiver im Beruf zu sein, in den edelsten Restaurants zu speisen, zu den besten Partys zu gehen, mit den richtigen Leuten befreundet zu sein –, und dann werden wir endlich so *sein*, wie wir es uns schon immer gewünscht haben – erfolgreich, selbstbewusst, abgesichert, reich geworden, erfüllt, glücklich, mit uns im Frieden, vollständig und unser wahres Selbst.

Es scheint, dass sehr viele von uns dieser Vorstellung zugestimmt haben, dass wir, wenn wir diese Dinge »da draußen« *haben*, in die Lage versetzt werden, das zu *tun*, was wir von jeher tun wollten, und dass wir dann erfüllt und authentisch sind, endlich fähig, alles zu *sein*, was wir sein können.

Es ist, als wären wir alle programmiert, unseren Selbstwert von den äußeren Verlockungen des Lebens bestimmen zu lassen. Daher ist der Fokus unseres Lebens auf

Dinge ausgerichtet, die immer gerade jenseits unserer Reichweite liegen, was uns ständig daran erinnert, dass wir nicht gut, nicht fleißig, nicht intelligent etc. genug sind. Wir sind unzufrieden mit unserem Leben und sehnen uns nach einer tieferen Erfüllung, die wir nie zu erlangen scheinen. Und schließlich lehnen wir das Leben ab und werfen ihm vor, uns daran gehindert zu haben, authentischer und erfüllter zu sein, und nie in den Genuss des Selbstwertgefühls gekommen zu sein, das unsere Erwerbungen und Errungenschaften uns hätten geben sollen.

Seit dem Aufkommen des Fernsehens ist unser »Anschaffungsbewusstsein« völlig außer Kontrolle geraten. In dem Bemühen, uns dazu zu bringen, ihre Produkte zu kaufen, haben die im Fernsehen werbenden Firmen den Besitz materieller Dinge idealisiert. Wir werden unentwegt mit perfekten Hochglanzbildern bombardiert, mit klischeehaften Symbolen, wie »echter« Erfolg aussieht: teure Designermode, die neuesten Computer und elektrischen Geräte, prestigeträchtige Autos, ein vollendetes Lächeln dank der Kunst teurer Kieferorthopäden, von einfallsreichen Schönheitschirurgen geformte, unglaublich perfekte Designerkörper, Luxusvillen, die sich nur Leute leisten können, die zehnmal so viel verdienen wie wir, und so weiter. So vergrößert sich die Kluft zwischen unserer *gegenwärtigen Lebensweise* und der Weise, wie wir meinen, leben zu *müssen*, oft bis zu einem Grad absurder Unerreichbarkeit, und genau diese Kluft der Erwartung hat unsere neurotische Besessenheit nur noch verstärkt.

Wir alle *möchten* uns wohl in unserer Haut fühlen. Wir wünschen uns, glücklich zu sein und erfüllt, doch unsere Medien – TV- und Radiowerbung, Magazine, Reklametafeln, Bücher, Zeitungen, tatsächlich fast die ganze moderne Werbung – haben uns so programmiert, dass wir glauben, unser einziger Weg zu dieser Erfüllung besteht darin, den Lebensstil zu erlangen, den sie propagieren.

In unserer Besessenheit, einen Lebensstil zu haben, der eigentlich außerhalb unserer Reichweite liegt, haben viele von uns enorm hohe Schulden angehäuft. Doch diese Schulden und der Stress, den sie verursachen, dienen nur dazu, unsere Frustration zu vergrößern. Und da Schulden unsere Suchtmuster verstärken, stürzen sie uns nur noch tiefer in die Verzweiflung. Denn unsere Sehnsucht wird nie gestillt, und unser neurotisches Verhalten bestätigt nur, was wir am meisten bezüglich uns selbst fürchten: dass wir einfach nicht das Zeug dazu haben, dass wir Versager sind, unfähig, die wahre und anhaltende Fülle, nach der wir uns sehnen, zu erschaffen und aufrechtzuerhalten. Damit haben wir dann unseren Kreislauf des Versagensbewusstseins geschlossen, und wir streben weiterhin vergeblich danach, unsere innere Leere mit immer mehr »Dingen« auszufüllen.

Die Wahrheit ist, dass nichts, was wir uns anschaffen, das Gefühl von Selbstwert und bleibender Erfüllung vermitteln kann, das wir suchen. Wir werden immer noch mehr haben wollen, immer etwas Neueres und anderes – und es wird *nie* genug sein. Die Vorstellung, dass wir durch das, was wir *haben*, in die Lage versetzt werden, zu *tun*, was wir möchten, und zu *sein*, wer wir wirklich sind, ist eine der größten Lügen, die die Menschheit sich selbst verkauft hat. Es ist ein absolutes Hirngespinst!

Die Wahrheit über gesunde Fülle ist, dass sie tatsächlich genau *anders herum* eintritt. Statt nach dem alten Paradigma *Haben – Tun – Sein* erfolgt wahre Manifestation in entgegengesetzter Richtung, nämlich durch *Sein – Tun – Haben*.

Wenn Sie die Blockaden beseitigt haben, die Ihr wahres Potenzial beeinträchtigen, und sich in einem Feld aller Möglichkeiten weit öffnen, wird diese erwachte Präsenz Sie ganz natürlich und mühelos zu bewusstem Handeln führen, und dies wiederum wird Sie zu der gesunden Manifestation der materiellen Dinge im Leben führen. Wenn Sie als reines *Sein* weit geöffnet sind, drängt Sie das automatisch zu gesundem bewusstem Handeln – *Tun* –, und das daraus entstehende, natürliche Resultat ist *Haben*.

Das heißt, etwas zu haben ist einfach ein Nebenprodukt unseres Seins und Tuns. Doch selbst wenn sich teure materielle Gegenstände und großer Reichtum in unserem Leben manifestieren, sollten wir nicht vergessen, dass es sich dabei lediglich um die »Knetmasse« der Realität handelt. Und Knetmasse wird immer Knetmasse bleiben, sie kann uns nicht zu echter oder dauerhafter Erfüllung verhelfen, uns nicht unser wahres Selbst geben. Etwas anderes zu glauben ist ein sicheres Rezept für große Enttäuschung und niederschmetternde Ernüchterung.

Haben Sie sich je gefragt, warum so manche berühmten Menschen, die den Eindruck erwecken, sie hätten und könnten alles – Ruhm, Reichtum, Ansehen, Autos, Villen, Reisen –, irgendwann schwerwiegende Suchtprobleme haben oder sogar Selbstmord begehen? Häufig ist der Grund dafür, dass auch sie dem Irrglauben anhingen, die Verlockungen des materiellen Erfolgs könnten ihnen ein Gefühl von Ganzheit und Frieden verleihen. Und oft haben sie alles von sich – ihre ganze Zeit und Energie – bei ihrem Streben investiert, ihren Traum vom Leben, »alles zu haben«, wahr zu machen. Doch wenn sie erreicht hatten, alles zu *haben*, selbst als sie endlich *tun* konnten, was sie wollten, hat es ihnen immer noch nicht gegeben, was sie im Grunde anstrebten: ein Gefühl essentiellen *Seins* – Selbstachtung, Selbstliebe, Selbstakzeptanz, wahre innere Größe. Sie erkannten, dass all ihre Versuche, etwas Sinnvolles und Bleibendes zu finden, zwecklos waren. Ihr Traum war zerstört, und sie blieben ausgehöhlt, leer und desillusioniert auf der Strecke. Und irgendwann, in den Fängen tiefster Verzweiflung, sahen sie keinen Weg mehr zurück nach »Hause« und wählten Drogen oder Selbstmord als den einzigen, für sie scheinbar möglichen Ausweg.

Zu glauben, dass die Verlockungen des Erfolgs oder überhaupt *irgendetwas* in der Außenwelt Ihnen höchste Erfüllung bringen wird, ist ein gefährliches Spiel. Es ist ein sicheres Rezept für Unglücklichsein, eines, das Sie schwächen und absolut erfolglos zurücklassen wird, ohne das essentielle *Sein* gefunden zu haben, das Sie in Wahrheit gesucht haben.

Haben Sie als Kind jemals miterlebt, wie Ihre Eltern ein neues Auto gekauft haben? Erinnern Sie sich noch, wie Sie es empfunden haben – alle standen um den Wagen herum, machten Bemerkungen über sein Aussehen, seinen Komfort, priesen seine Qualitäten? Und erinnern Sie sich, wie befriedigend das dumpfe Geräusch war, als Sie zum ersten Mal die Türen zuschlugen, und wie außergewöhnlich die erste Fahrt mit der Familie für Sie war? Für kurze Zeit war das neue Spielzeug eine wirklich tolle Sache, echt aufregend und faszinierend.

Aber erinnern Sie sich auch noch daran, wie es ein oder zwei Wochen später war, wenn Sie von der Schule nach Hause kamen und an dem Auto in der Einfahrt vorbei direkt ins Haus gingen, ohne es auch nur eines Blickes zu würdigen, so als sei es nur ein Haufen leblosen Materials? Das liegt daran, dass jene erste Wallung der Erfüllung gar nicht anhalten konnte, denn ein Teil Ihres Wesens hatte zu diesem Zeitpunkt bereits herausgefunden, dass das Auto Ihnen nicht wirklich irgendetwas von echtem Wert *geben* konnte. Es war lediglich ein weiterer Gegenstand von vielen Gegenständen, die im Leben kommen und gehen.

***

Ich war mit meiner Frau und unserem achtzehn Monate alten Sohn in unserem luxuriösen Wohnmobil in Frankreich unterwegs. Wir waren gerade in Cannes angekommen und spazierten am frühen Abend am Meer entlang. Ich war nervös und unruhig.

Obwohl ich, inzwischen Mitte dreißig, bereits beachtliche Erfolge zu verzeichnen hatte – eine schöne Frau, einen anbetungswürdigen Sohn, ein Haus am Meer mit fünf Schlafzimmern, einen Porsche, herrliche Ferien –, war ich immer noch nicht »angekommen«. Ich hatte festgestellt, dass mit materiellem Erfolg größere Träume einhergingen und dass, sobald ein lang ersehntes Ziel schließlich erreicht war, mein Fokus sich automatisch auf etwas Größeres und Besseres richtete.

Zu Hause hatte ich ein hübsches kleines Boot, und wir sind oft mit Familie und Freunden Wasserski gefahren, haben in den nahe liegenden Seen geangelt und alles in allem viel Spaß damit gehabt. Doch ich wollte mehr; ich wollte ein größeres Boot, eine hochseetüchtige Motoryacht – etwas Prestigeträchtigeres, Eindrucksvolleres. Ich hatte gelernt, wie man sich ein Ziel setzt, und genau aufgeschrieben, was für eine Yacht es sein sollte: eine zwanzig Meter lange Sunseeker, in Marineblau und Weiß.

Als ich dort in Cannes am Ufer stand und aufs Mittelmeer hinausblickte, sah ich ganz in der Nähe genau die Yacht meiner Träume vor Anker: das gleiche Modell, die gleichen Farben. Ihr Besitzer und seine chic angezogenen Freunde saßen auf dem hinteren Deck, lachten, und tranken Cocktails.

»Wow!«, dachte ich, »das ist es! Das ist genau die Yacht, von der ich geträumt habe. Wenn ich so ein Schiffchen besitze, weiß ich, dass ich es geschafft habe. Dann wird mir nichts mehr zu meinem Glück fehlen!«

Während mir diese Gedanken in den Sinn kamen, passierte etwas Eigenartiges. Ich hatte ein Erleuchtungserlebnis. Es fühlte sich an, als würde ich irgendwie energetisch *auf* die Yacht transportiert werden – es war nicht so, als würde ich es mir nur vorstellen, vielmehr war ich körperlich und emotional in der Erfahrung involviert, als würde sie sich tatsächlich ereignen – bis hin zu den Cocktails, die ich auf *meiner* Yacht mit *meinen* Freunden und *meiner* Familie trank.

In diesem Moment überkam mich eine furchtbare Erkenntnis: Ich fühlte mich *noch immer* nicht erfüllt, fühlte mich noch immer getrennt und ich hatte immer noch das Gefühl, als würde meinem Leben etwas Wichtiges fehlen. Ich war immer noch genauso unruhig und im Grunde unglücklich. Mir wurde regelrecht übel, als mir die Wahrheit bewusst wurde: Egal was ich erreichte, egal welche teuren Erfolgssymbole ich auch erwarb, nichts von alldem würde mir geben, was ich wirklich brauchte, damit ich mich authentisch und ständig wohl in meiner Haut fühlen würde.

Das Glaubenssystem, mit dem ich mich am meisten identifiziert hatte – dass ich bedeutenden finanziellen Erfolg erlangen und dieser Erfolg das Allheilmittel für alles sein würde, was mit mir und meinem Leben nicht stimmte –, wurde völlig vernichtet. Es war, als wäre jede Hoffnung auf eine bessere und hellere Zukunft aus mir herausgesaugt worden, und ich fühlte mich am Boden zerstört.

Diese intensive Erfahrung brachte mich dazu, jeden Aspekt meines Lebens neu zu überdenken: meine Karriere, meine Ehe, meine Lebensweise schlechthin. Sie brachte mich letzten Endes dazu, eine ganz andere Art von Suche zu beginnen, eine Suche nach etwas Tieferem, etwas wirklich Bedeutungsvollem. Ich verbrachte zwei Jahre damit, fieberhaft die Wahrheit zu suchen: Ich besuchte viele Seminare, verschlang spirituelle und esoterische Bücher und hörte mir Hunderte von Hörkassetten an in dem verzweifelten *Versuch, zu finden*, was in meinem Leben fehlte.

Dann entdeckte ich rein zufällig, wie es schien, The Journey. Ich machte einen Termin für eine Einzelsitzung aus, obwohl ich nicht wusste, was es damit auf sich hatte. Was sich während dieser zweistündigen Sitzung entwickelte, war die intensivste Transformation meines ganzen Lebens.

Ich hatte im Laufe der Jahre viele Methoden des persönlichen Wachstums und der Heilung kennengelernt, doch dies war etwas ganz anderes. Nach einer kurzen Einleitung wurde ich aufgefordert, innezuhalten, mich auf meinen Körper einzustimmen und meine Gefühle zu bestimmen. Es war Beklemmung, Angst. Statt meine Gefühle zu manipulieren oder zu analysieren, statt zu versuchen, einen Weg zu finden, damit ich mich besser fühlte, wurde mir einfach gesagt, die Emotion *willkommen* zu heißen – und zwar voll und ganz.

Bald erreichte ich Schichten von Emotionen, jede einzelne tiefer und schmerzlicher als die vorhergehende. Schließlich hatte ich das Gefühl, das Ende erreicht zu haben: Unterhalb des Gefühls von Wertlosigkeit, Isolation und Verzweiflung erreichte ich die Tür des Todes. Es schien, als würde ich sterben. Ich ließ los und gab mich ganz und gar hin. Es fühlte sich wie eine körperliche Auflösung an. Als diese Phase beendet war, fragte ich mich im Stillen: »Was ist hier? Was ist das?« Es war reines Gewahrsein, strahlend, lebendig. Während ich mich entspannte, öffnete es sich noch weiter, wurde unendlich, grenzenlos und von Licht erfüllt. Ich sank in einen Frieden, der so tief war, dass nichts ihn stören konnte, eine Glückseligkeit, die so vorherrschend war, dass nichts sie verändern konnte. Ich war endlich zu Hause angekommen. Dies war die erleuchtete Präsenz, die ich, ohne es zu wissen, mein ganzes Leben lang gesucht hatte. Dies war meine eigene Essenz. Es gab nichts mehr zu finden. Meine Suche war vorüber.

Ich war in dem Glauben aufgewachsen, dass Erfolg und Leistung mich definieren und mir grundlegende Zufriedenheit und Glück bescheren würden. So hatte ich immer geglaubt, dass die Zurschaustellung dieser Leistung die zweifelnden, kritischen Stimmen von anderen zum Verstummen bringen würde, die sich nach wie vor in meinem Geiste meldeten, dass meine Ängste und Unsicherheiten verschwinden und ich dann schließlich und endlich echtes Selbstwertgefühl und Frieden in mir finden würde. Doch jede dieser Überzeugungen stellte sich als eine Lüge heraus und hatte nicht das Geringste mit der Wahrheit zu tun. Wenn auch der Erwerb all der ersehnten materiellen Güter häufig eine kurze Wallung des Wohlbefindens auslöste, so war dieser Zustand doch jedes Mal nur vorübergehend. Und obwohl es oft amüsant und abenteuerlich war, sich mit dem neu erworbenen Spielzeug zu beschäftigen, waren auch diese Gefühle nur von flüchtiger Natur.

Nichts von alledem hatte jemals *dauerhaft* meinen innersten Seinszustand verändert, und jetzt erkannte ich, dass nichts außerhalb von mir dies *jemals* zu tun vermochte. Nichts außerhalb von mir konnte mir jemals etwas Dauerhaftes geben.

Mit dieser Entmystifizierung alter Überzeugungen ging eine außergewöhnliche Erkenntnis einher: Alles, wonach ich je gesucht habe, ist *bereits* in mir, und es ist jederzeit ohne Weiteres zugänglich.

Ich entdeckte in mir eine mir innewohnende Wahrheit, und ich wusste, dass diese Wahrheit von Dauer ist. Es war nicht so, als ob irgendetwas erreicht worden wäre, nichts war gewonnen oder »mir« hinzugefügt worden: Was ich entdeckte, war schon immer so komplett, so vollständig gewesen – und nichts, niemand konnte diese Entdeckung wegnehmen.

Diese Erkenntnis bereicherte von nun an mein Leben auf ungeahnte Weise, es wurde strahlender, bunter und erfüllter. Und obgleich ich mich bewusster auf die Ereignisse des täglichen Lebens einließ, authentischer und umfassender daran teilnahm, konnten die Dramen in meinem Leben – und es gab einige – meine Essenz weder antasten noch aufweichen.

Während der nächsten *fünf Monate* lebte ich in einem Zustand des reinen Glücks und tiefen Friedens, bis mich schließlich ein emotionales Problem derart bedrückte, dass ich den gleichen Journey-Prozess anwandte, um es für mich zu klären. Nach dem Prozess gelangte ich auf eine neue, sogar noch tiefere Ebene der Freiheit und seit jenem Tag ist diese Freiheit eine Unterströmung meines

Lebens; sie ist der Kontext, in dem sich mein Leben nun abspielt.

Das, was ich bin, ist *bereits* komplett, ist inhärent vollständig, ganz, benötigt nichts, um es zu erfüllen. Die Fülle durchdringt bereits alles Leben, und *das bin ich*.

***

Die Quintessenz davon ist: Nichts von außen kann Sie jemals vollständig machen. Nichts von außen kann Ihnen je das geben, was Sie in Wahrheit sind.

In diesem Buch werden wir also unsere alten, über die Maßen destruktiven Vorstellungen aufgeben und stattdessen lernen, wie wir auf bewusste, heilsame Weise von einem Ort innerer Erfüllung aus Fülle manifestieren können – aus einer Ganzheit heraus, die *bereits* existiert. Diese erweckte Präsenz führt uns ganz natürlich zu heilsamem Handeln, das wiederum zu einer bewussten Mitschöpfung von Fülle führt. Wir werden lernen, Teil des Tanzes der Manifestation zu sein und zugleich klar erkennen, dass dieser Tanz der Manifestation uns nichts außer der Freude an der Mitschöpfung geben kann und dass die Früchte dieser Mitschöpfung uns nicht die Erfüllung unseres Selbst gewähren können.

Das Erstaunliche ist, dass Sie, sobald Sie sich Ihrer wahren inneren Großartigkeit bewusst sind und das grenzenlose Potenzial erschlossen haben, das Ihre eigene Essenz ist, etwas entdecken, was Ihnen *niemand* nehmen kann. Es ist etwas, was nicht *verlernt* werden kann. Es ist etwas, was Sie als essentiell, zeitlos und ewig erkennen. Es ist nicht etwas, was verschwinden kann. Keine Manifestation von Reichtum oder materiellem Besitz kann ihm etwas hinzufügen; es ist bereits ganz und gar vollständig. Durch das Wissen um das, wer Sie sind, wird es zu einem Geschenk, einem Privileg, Teil des Prozesses der Manifestation zu sein. Sie erkennen den enormen Segen, den Ihre Fähigkeit mit sich bringt, Ihren Beitrag zur Ermöglichung bewusster Fülle zu leisten. Doch auch wenn dieser Tanz noch so freudvoll und auf natürliche Weise von so großer Gnade erfüllt sein wird, letzten Endes kann die Magie des Ganzen Sie nicht ganz oder vollständig machen – sie kann dem, was Sie bereits sind, nichts *mehr* hinzufügen.

In diesem Kapitel werden wir lernen, wie wir uns von der Gnade unseres Seins in die Erfüllung unserer Bestimmung leiten lassen können. Wir werden lernen, *wie* wir Teil des mitschöpferischen Tanzes der Manifestation werden, *wie* wir ein geführtes, segenvolles Leben leben können.

Die Prinzipien der Manifestation

Wie Sie ein geführtes Leben in bewusster Fülle leben

Bevor wir uns in die Grundlagen der Manifestation vertiefen, möchten wir eine Warnung aussprechen: Wir behaupten auf keinen Fall, den Schlüssel gefunden zu haben, mit dem sich das ganze Geheimnis des Universums enträtseln lässt. Wir behaupten nicht, dass wir herausgefunden haben, wie das Geheimnis der Schöpfung funktioniert, und auch nicht, dass dies *das Geheimnis* ist oder dass dies *die göttlichen Gesetze* der Manifestation sind. Solche Behauptungen wären äußerst arrogant. Das Geheimnis der Schöpfung ist im Grunde genau das: ein Geheimnis. Es ist unermesslich, wunderbar, magisch, unergründlich und unbegreiflich.

Und die Wahrheit ist, dass wir persönlich völlig zufrieden damit sind, in diesem Geheimnis zu *leben*, Teil von ihm zu sein und unseren Beitrag bei dem Tanz zu leisten. Wir glauben nicht, dass wir zu irgendeinem Zeitpunkt die Tiefen dieses Geheimnisses ergründen oder etwa das Wesen des Universums voll und ganz verstehen werden. Tatsächlich glauben wir nicht, dass irgendjemand es jemals *voll und ganz* verstehen wird.

Vielmehr bieten wir hier lediglich Anregungen und Richtlinien an, die sich bei dem Prozess, an der Manifestation bewusster Fülle teilzunehmen, als überaus wirkungsvoll erwiesen haben. Das Leben ist der einflussreichste und außergewöhnlichste Lehrer, den wir kennen. Daher handelt es sich bei dem, was wir Ihnen hier vermitteln möchten, um ein paar äußerst wirksame Prinzipien, die sich uns durch direkte Erfahrung offenbart haben und die, wenn sie angewandt werden, zu heilsamen, dauerhaften Resultaten führen. *Wie* das alles vonstatten geht, ist Sache des Universums.

Es findet eine solche von Gnade erfüllte, üppige und gesunde Manifestation um The Journey seit ihren Anfängen vor fünfzehn Jahren statt. Es ist so viel mehr passiert, als wir uns je hätten vorstellen können. Und im Laufe der Zeit haben wir erlebt, dass, je mehr von unseren Einschränkungen und Schutzmechanismen weggefallen sind, desto mehr von unserer Essenz, dem grenzenlosen Feld, aufgedeckt wurde. Und immer mehr von diesem ungeborenen Potenzial wurde verfügbar, um vom Leben in diesem fortwährenden Spiel der Schöpfung eingesetzt zu werden.

Je mehr Freiheit sich in unserem Leben einstellt, umso stärker hat es den Anschein, als hätte das Universum »verstanden«, dass eine größere Kapazität verfügbar ist, um uns als Vehikel im Prozess der Mitschöpfung zu benutzen. Wir sind automatisch zu mühelosem Handeln angetrieben worden, und immer mehr Manifestationen sind von selbst auf natürliche Weise eingetreten.

Überlassen Sie der Gnade die Kontrolle

In Kevins und meinem Leben besteht eine tiefe Hingabe und ein einfaches, bedingungsloses Vertrauen ins Leben – dass es weiß, was es tut und *warum* –, und wenn auch seine Mechanismen und zugrunde liegenden Gründe vielleicht für alle Zeiten ein Geheimnis bleiben werden, ist es uns immer leichter gefallen, der Gnade zu erlauben, die Kontrolle ganz zu übernehmen. Wir haben begriffen, dass der göttliche Plan eine höhere Aufgabe bereithält und dass immer dann, wenn wir uns öffnen und darauf vertrauen, dass das, was geschieht, genau das ist, was geschehen *soll*, diese Offenheit es uns erlaubt, auf die wortlose Führung zu hören, die unsere Essenz uns immer zur Verfügung stellt. Anleitung, Antworten, Inspiration sind immer da, immer verfügbar.

Das ist der Grund, warum sich dieses Buch zum großen Teil auf die Beseitigung der stillen Saboteure, Überzeugungen und Beschränkungen konzentriert. Während diese nach und nach verschwinden, öffnen Sie sich *automatisch* immer mehr und können besser auf das Leben hören, die innere Führung, die stets verfügbar ist, wahrnehmen und ihr mühelos folgen. Durch dieses Geführtsein werden Sie zu Handlungen bewegt, die Sie ganz natürlich zu der Manifestation führen, für die sich Ihre Seele eingesetzt hat.

Die Kraft gesunder, ungehinderter positiver Intention

Zu Beginn des zweiten Kapitels erwähnten wir die Kraft von ungehinderten, gesunden, positiven Intentionen, um eine Manifestation zu beschleunigen. Tatsächlich hat die moderne Physik gezeigt, dass, wenn Sie sich auf ein erwünschtes positives Resultat in der Absicht fokussieren, zweckmäßige Schritte durchzuführen, um es zu erreichen, Ihre Chancen, das Gewünschte zu manifestieren, hunderttausendmal größer sind, als wenn Sie nur hin und wieder zufällig daran denken. Die Wissenschaft hat bewiesen, dass die zielbewusste Intention ein kraftvoller Antrieb ist, um das Nichtmanifestierte sich manifestieren zu lassen, damit es sich in physischer Form zum Ausdruck bringt.

Außerdem erwähnten wir, dass Intentionen zwar ein kraftvoller Antrieb für Manifestationen sind, Sie aber nur dann erfolgreich ein ersehntes Resultat hervorrufen können, wenn nicht gleichzeitig sich schwächend auswirkende unbewusste negative Intentionen vorhanden sind. Diese negativen Intentionen können einen neutralisierenden Effekt auf die positiven Absichten ausüben, egal wie sehr wir uns auch bemühen, uns kraft unseres Willens über sie hinwegzusetzen. Nur durch das Ausräumen Ihrer unbewussten negativen Impulse, stillen Saboteure und negativen Überzeugungen können Ihre positiven Intentionen ungehindert heranreifen und Früchte tragen.

Es ist also an der Zeit zu lernen, wie wir proaktiv an dieser wundersamen Reise der Manifestation von Fülle teilnehmen können. Hier erfahren Sie, wie das geht:

Widmen Sie sich als *Erstes* der reinigenden Prozessarbeit

In unserem Manifest Abundance Retreat geht unseren »Journeys in Manifestation« eine umfassende Reinigung voraus. Wir beginnen stets mit dem vollständigen, ungekürzten Abundance-Journey-Prozess, der im letzten Teil dieses Buches beschrieben wird.

Außerdem nehmen wir uns den Angstprozess und den Prozess zur Veränderung von Überzeugungen vor. Aus dem unbegrenzten Potenzial heraus öffnen wir uns und bieten uns der Führung an.

Die anziehende Kraft von Dankbarkeit und die abstoßende Kraft von Bedürftigkeit

Es heißt, Dankbarkeit sei ein natürlicher Magnet für Gnade, und wir haben persönlich erfahren, dass »dem mehr gegeben wird, der ein dankbares Herz hat«. Wenn Ihr Becher überfließt vor Dankbarkeit für all die Segnungen, die das Leben Ihnen bereits beschert hat, kann das Leben Ihnen nicht widerstehen. Es fühlt sich gezwungen, Sie mit *mehr von dem* zu beglücken, wofür Sie dankbar sind.

Haben Sie je einem undankbaren Freund zugehört, jemandem, der den Eindruck erweckt, in vieler Hinsicht gesegnet zu sein, aber dennoch unablässig darüber klagt, es sei nie genug? Vielleicht beschweren sich solche Leute, dass ihr Partner nicht oft genug zu Hause ist, dass ihr höchst einträglicher Job nicht wirklich befriedigend ist, dass sie nicht schlank genug sind, dass der Urlaub zu kurz war... Sie beschweren sich ständig darüber, dass einfach alles *weniger* und nicht so gut ist, wie es sein sollte. Der Becher dieser Menschen ist stets halb leer, und sie verbringen ihr Leben damit, sich bitter über ihr Schicksal zu beklagen. Haben Sie schon mal auf Ihre innere Reaktion auf diese Undankbarkeit und Klagen geachtet – dass Sie sich ausgelaugt gefühlt haben, uninspiriert, flau und schließlich ein wenig abgestoßen?

Und haben Sie auch schon mal die entgegengesetzte Erfahrung gemacht: Ein Freund, der vielleicht in bescheidenen Verhältnissen lebt, erzählt Ihnen, wie glücklich er in seinem Leben ist, wie gesegnet er sich fühlt, einen solch liebenswerten Partner zu haben, was für ein Geschenk es ist, genug Geld zu verdienen, um jeden Monat seine Rechnungen bezahlen zu können, wie froh er über seine wunderbaren Kinder ist und wie privilegiert er sich fühlt, einen Ort zu haben, den er und seine Lieben ihr Zuhause nennen können? Diese Menschen erzählen überschwänglich davon, wie glücklich sie sind; ihr Becher fließt über vor echter Dankbarkeit. Wie haben Sie innerlich darauf reagiert? Haben Sie festgestellt, dass Sie von diesem Menschen berührt, vielleicht sogar von seiner unschuldigen Dankbarkeit ergriffen waren? Und haben Sie vielleicht gehofft, das Leben würde ihm weiterhin wohlgesonnen sein, und fanden Sie, dass er es wirklich verdienen würde, all der Wohltaten teilhaftig zu werden, die das Leben ihn bescheren kann, und war

Ihnen bewusst, dass er alles, was ihm geschenkt wird, wirklich ehrt und schätzt?

Es ist wahr: Niemand kann einem dankbaren Herzen, einer dankbaren Seele widerstehen. Dankbarkeit ist ein natürlicher Magnet, der Wohltaten anzieht. Und ebenso verhält es sich mit der Gnade: Sie kann Dankbarkeit nicht widerstehen; sie fühlt sich unweigerlich zu einem dankbaren Herzen hingezogen.

Es gibt einen weiteren Vorteil, wenn Sie sich all dem öffnen, wofür Sie im Leben dankbar sind. Wenn Ihr Herz vor Dankbarkeit überfließt, wenn Sie dankbar sind für die Segnungen, die Ihnen zuteil wurden, und wissen, wie glücklich Sie sich schätzen können – haben Sie je gemerkt, wie erfüllt Sie sich dann fühlen? Sie haben keine Bedürfnisse, keine Wünsche mehr. Alles ist perfekt, so wie es ist. Ihr Herz ist im Frieden, sogar Ihr Ego hat Ruhe gefunden und greift nicht länger nach Dingen. Wenn das Herz überfließt, ist nichts mehr nötig, nichts mehr erforderlich; Sie sind bereits vollständig, bereits ganz.

Dankbarkeit ist ein solider Ausgangspunkt für unsere Reise in die Manifestation.

Verzweifelte Bedürftigkeit drängt Fülle weg

Unserer Erfahrung nach drängt jedes Mal, wenn Sie meinen, etwas unbedingt haben zu *müssen*, es verzweifelt zu benötigen, diese Bedürftigkeit das Ersehnte immer weiter weg. Diese verzweifelte Bedürftigkeit übt eine polarisierende und abstoßende Wirkung auf die Manifestation aus.

Hatten Sie jemals eine Beziehung mit jemandem, der Sie verzweifelt brauchte, der Ihre ganze Aufmerksamkeit Tag und Nacht für sich beanspruchte, unentwegt nach Ihrer Liebe, Zuneigung und Lob verlangte? Wie war Ihre ganz ehrliche Reaktion darauf? Fühlten Sie sich automatisch angezogen, diesen Menschen mit weiteren Komplimenten, liebevollen Worten und Ermutigung zu überschütten und somit seine Bedürftigkeit zu befriedigen? Oder fühlten Sie sich nach einer gewissen Zeit vielleicht sogar ein wenig abgestoßen? Haben Sie schließlich irgendwann gemerkt, dass Sie die ständige Bedürftigkeit des Partners abgeschreckt hat, Sie zurückgewichen sind und schließlich einen Weg gesucht haben, die Beziehung zu beenden? Wenn wir ehrlich sind, fühlen sich die meisten von uns von Bedürftigkeit abgestoßen. Sie hat eine negative Kraft, die genau das, wonach sie so sehr verlangt, wegstößt.

Verzweifelte Bedürftigkeit lässt das Leben wissen, dass wir ihm nicht vertrauen, für uns zu sorgen, dass wir nicht glauben, dass es uns mit Fülle überschüttet, dass wir immer ungehört, ungesehen und ungesegnet bleiben werden. Und wir neigen dazu, das zu manifestieren, was wir glauben. Während wir versuchen, das Leben zu zwingen, unser Verlangen zu stillen und unsere Bedürfnis zu befriedigen, schieben wir das, wonach wir uns sehnen, immer weiter von uns weg, bis es schließlich gänzlich unerreichbar ist. Tatsächlich besteht der wirksamste Weg, dafür zu sorgen, dass Sie etwas *nicht bekommen*, darin, zu *verlangen*, dass Sie es bekommen, darauf *zu bestehen*, dass es Ihnen gewährt wird. Das Leben ist kein *universales Bestellsystem*, und Sie können mit großer Sicherheit davon ausgehen, dass Ihre Ego-Bedürfnisse wirklich gesunde Fülle aus Ihrem Leben vertreiben, wenn Sie es auf diese Weise behandeln.

Wenn Sie jedoch in einem Meer der Dankbarkeit schwimmen, überwältigt von den Wohltaten in Ihrem Leben, ist alles möglich. Mit einer Haltung der Dankbarkeit werden Sie zu einem Magnet für Gnade. Und hieraus können gesunde Intentionen hervorgehen.

Schreiben Sie auf, wofür Sie dankbar sind

Beginnen Sie Ihre Reise in die Manifestation, indem Sie alles aufschreiben, wofür Sie dankbar sind, und sich damit in Erinnerung rufen, wie gesegnet Sie sind, und um diese Segnungen greifbarer, realer zu machen. Nehmen Sie ein Heft und schreiben Sie oben auf die erste Seite: »Wofür bin ich am meisten dankbar in meinem Leben? Welche Wohltaten habe ich erfahren, und was haben mir diese Geschenke emotional gegeben?« Dann schließen Sie die Augen und heißen Sie alle diese Segnungen in Ihrem Gewahrsein willkommen, die materiellen Dinge, Menschen und Geschenke, die Ihr Leben bereichert haben. Seien Sie präzise und denken Sie an Ihre verschiedenen Beziehungen, was für ein Glück Sie haben, einen Job zu haben, wie gesegnet Sie sind, ein Dach über dem Kopf zu haben, gesunde Nahrung zu essen und Kleidung zu haben. Begrüßen Sie all die Fertigkeiten, die Sie entwickelt haben, die Talente, mit denen Sie gesegnet sind, die Erkenntnisse und das Verständnis, das Sie erlangt haben. Vergessen Sie auch die Ferien nicht, die sie hatten, Ihre Freundschaften, die Sie genießen, die wohltuenden Spaziergänge in der Natur und so weiter. Lassen Sie die Fülle, die in Ihrem Leben präsent ist, in Ihr Gewahrsein fließen. Öffnen Sie dann die Augen und lassen Sie die Worte sich auf die Seite ergießen. Werden Sie ein Schreiber für die Fülle und lassen Sie zu, wie beim automatischen Schreiben, dass all Ihre Wohltaten in Ihr Heft aufgelistet werden. Denken Sie auch an die einfachen Dinge im Leben: die Freude über das Lachen eines Kindes, die Begeisterung über einen tollen Film oder einen Wettkampf, der Duft wunderschöner Blumen, die Inspiration durch das Lauschen Ihrer Lieblingsmusik, die Behaglichkeit einer Plauderei am Kamin, die Aufregung und Spannung bei einem Brettspiel mit Ihren Lieben. Schreiben Sie alles auf, bis Ihr Herz bersten möchte angesichts der Erkenntnis, wie ungeheuer glücklich und privilegiert Sie sind.

Sobald Ihnen bewusst ist, dass Ihr Becher überfließt, dass Sie in einem Meer der Fülle eingetaucht sind, gehen Sie Ihre Liste noch einmal durch und fragen Sie sich bei jedem Eintrag: »Was geben mir diese Dinge emotional? Welche emotionalen Vorteile bringen sie mir?« Dies wird Ihre Dankbarkeit für die Fülle, mit der Sie in Ihrem Leben gesegnet sind, mit einem Gefühl der Ganzheit und des Reichtums versehen.

Häufig bin ich nach dieser Übung in Tränen aufgelöst, während ich mich von der Großartigkeit, dem Wunder des Ganzen einfach überwältigen lasse. Angesichts der Unermesslichkeit der Fülle, die in jedem Augenblick verfügbar ist, bin ich von Ehrfurcht ergriffen.

Wenn ich die Namen meiner Enkel auf der Liste sehe und mich frage, welche emotionalen Geschenke ich von ihnen bekomme, erkenne ich, dass sie eine Quelle großer Freude und Wonne in meinem Leben sind. Wenn ich den Namen meiner Tochter sehe, wird mir klar, wie wohl ich mich in meiner Liebe zu ihr fühle. Beim Anblick von Kevins Namen weiß ich wieder, wie sehr ich mich in seiner Gegenwart zu Hause fühle; ich fühle mich zutiefst mit ihm verbunden, privilegiert, einen Partner zu haben, mit dem ich meine Vision teilen kann. Wenn ich über meinen Beruf nachdenke, erkenne ich, wie glücklich und tief erfüllt ich bin, dass das Leben mir erlaubt hat, dem Ruf meines Herzens zu folgen und auf die Absicht der Gnade zu reagieren, der Menschheit zu dienen. Immer klarer wird mir, wie gesegnet ich doch bin und welche emotionalen Gewinne diese Wohltaten mit sich bringen. Diese Fragen zu stellen verleiht der Knetmasse des Lebens Reichtum und Dimension.

Wenn Ihre Liste der Segnungen und emotionalen Gewinne vollständig ist und Sie fühlen, dass Ihr Herz bis zum Bersten voll ist, sind Sie für den nächsten Schritt auf Ihrer Reise zur Manifestation bereit.

Durch Selbsthinterfragung in das Meer der Fülle eintauchen

Aus diesem Gefühl überfließender Fülle heraus können Sie mit einer einfachen, kraftvollen Frage beginnen, die Natur dieses unendlichen Feldes der Fülle zu entdecken. Schließen Sie die Augen, entspannen Sie sich und fragen Sie sich:

»Wer bin ich in Fülle? ... Wer bin ich?«

Während Sie diese Frage stellen, bleiben Sie entspannt und offen und erlauben Sie jeglichen Antworten, ganz natürlich aus Ihrem Inneren aufzusteigen. Ohne spezifische Erwartungen zu hegen, wünschen Sie nur zu wissen, wer Sie im Zustand der Fülle wirklich sind. Lassen Sie den göttlichen, den innersten Teil von Ihnen zu der Wahrheit führen. Zunächst werden vielleicht ein paar Etikette aufkommen: »Ich bin Geschäftsmann, Mutter, Ehemann ...«, doch schließlich erschöpfen sich diese Etikette, und Ihre eigene Essenz wird Sie immer tiefer in das unendliche Feld hineinziehen, wo Sie ein ungeborenes Potenzial erkennen werden, das sich danach sehnt, Schöpfung entstehen zu lassen. Sie werden erkennen, dass diese Präsenz Sie benutzen möchte, um Teil dieses mitschöpferischen Tanzes zu werden.

Tauchen Sie immer tiefer in dieses wundervolle, reine Potenzial. Fragen Sie wieder: »Wer bin ich im Zustand der Fülle?« Dabei wird dieses Feld der Fülle seine vielschichtige, unbegrenzte, allgegenwärtige Natur zeigen.

Jetzt sind Sie bereit für den nächsten Abschnitt Ihrer Reise.

Die Kraft des Aufschreibens positiver Intentionen

Öffnen Sie die Augen und schlagen Sie eine neue Seite Ihres Buches auf. Bleiben Sie weit geöffnet in diesem beglückenden Ozean aller Möglichkeiten und schreiben Sie oben auf die Seite: »Was möchte die Gnade *am meisten* für mich? Was ist die *höchste Vision*, die das Leben für mich bereithält? Was ist das *Höchste und Beste*, das passieren könnte?« Schließen Sie Ihre Augen erneut und erlauben Sie der umfassenden Fülle, Ihr Gewahrsein mit den Antworten auf diese Fragen zu überschwemmen. Die Gnade möchte immer das Höchste und Beste und ist stets in der Lage, ihre eigenen Wünsche und Intentionen zu verwirklichen.

Während Sie sich also für alle Möglichkeiten weit öffnen, beginnen Sie, die Vision, die das Leben für Sie bereithält, in Ihrem Gewahrsein willkommen zu heißen. Schauen Sie sich jeden Aspekt Ihres Lebens an – Ihre Beziehungen, Ihre Karriere, Ihre Kreativität, Ihre Gesundheit, Ihre Hobbys, Ihren Beitrag zum Leben – und lassen Sie wie ein unschuldiges Kind das Unendliche Ihr Gewahrsein mit dem erfüllen, was es sich in diesen Bereichen Ihres Lebens am meisten wünscht. Jetzt öffnen Sie die Augen und lassen Sie alles sich mühelos auf die leere Seite ergießen.

Die Kraft des geschriebenen Wortes

Das Notieren Ihrer positiven Intentionen übt eine geheimnisvoll kraftvolle Wirkung aus. In den späten 70er-Jahren wurde eine 25 Jahre dauernde Untersuchung über eine bestimmte Gruppe von Harvard-Absolventen abgeschlossen. Während ihres Studiums hatten drei Prozent der Studenten ihre Ziele und die Schritte, die sie zu deren Realisierung planten, schriftlich festgehalten, während die übrigen 97 Prozent dies nicht taten. Nach Beendigung der Studie kam man zu dem Ergebnis, dass die drei Prozent, die ihre Ziele aufgeschrieben hatten, finanziell erfolgreicher waren als die anderen 97 Prozent zusammen!

Mit dem *Notieren* positiver Intentionen geht eine unerklärliche, doch nachweisbare Kraft einher. In alten yogischen Texten wird dieses Phänomen als *matrika shakti*, die Kraft des geschriebenen Wortes, bezeichnet. Wir sind zu der Überzeugung gekommen, dass diese Ideen, solange wir ihrer nur gewahr werden, flüchtig bleiben; sie besitzen keine eigene, konkrete Realität. Doch sobald Sie sie schriftlich festhalten, haben Sie ihnen dadurch erstmals eine Form gegeben, ihren ersten Ausdruck in der physischen Realität

Wir glauben, dass dies eine konkretisierende Wirkung auf die Intention hat – sie wird dadurch fokussierter, solider, realer. Anstatt also einer Vision einfach zu erlauben, in Ihr Bewusstsein aufzusteigen, schreiben Sie sie auf.

Die Kraft der unpersönlichen Intention

Wie Ihnen vielleicht aufgefallen ist, haben wir Sie nicht gebeten, oben auf die erste Seite zu schreiben: »Was wünsche *ich* mir in meinem Leben am meisten? Was ist *meine* höchste Vision?« Vielmehr haben wir Sie aufgefordert, diese Frage auf eine unpersönliche Art zu stellen, so als wären Sie lediglich ein Schreiber, ein Vehikel für die Gnade, um deren positive Intentionen für Ihr Leben herunterzuladen. Dies klammert jegliche persönliche Bedürftigkeit aus dem Prozess aus. Sie erleben sich bereits als ein unendliches Feld der Möglichkeiten. Sie sind erfüllt, vollständig, und daher fordert Ihr Ego nichts. Wenn Sie also schreiben: »Was möchte die Gnade am meisten für mich?«, bleibt Ihr Verstand, Ihr Ego, aus dem Weg, dies ermöglicht wahrer Inspiration, ihren Weg auf die Seite zu finden, ohne dass persönliche Einwände oder Bedürfnisse dazwischenkommen. Dies klammert ebenfalls jegliche Neigung Ihrerseits aus, einen Teil der Vision zu zensieren.

Keine Zensur

Als unpersönlicher Schreiber für diese Inspiration müssen Sie sich jeglicher Zensur enthalten. Manchmal kommt es vor, dass der Verstand sich einschaltet und das Ego versuchen wird, Sie zu überzeugen, dass diese Intentionen zu großartig sind, zu luftig, unerreichbar – vielleicht sogar, dass sie nicht das sind, was sich das »Ich« tatsächlich wünscht. Wenn dies passiert, halten Sie einfach inne, nehmen ein paar tiefe Atemzüge und bitten Ihren Ego-Verstand, sich zurückzuhalten, bevor Sie noch einmal fragen: »Wer bin ich im Zustand der Fülle?« Die Frage wird Sie direkt in Ihre grenzenlose Essenz zurückbringen, und Sie können erneut als unpersönlicher Schreiber fortfahren. Fragen Sie sich selbst: »Was ist das Höchste und Beste, das das *Leben* in diesem Bereich für mich vorsieht?« Dann öffnen Sie die Augen und lassen Sie die Antwort sich auf das Papier ergießen.

Seien Sie präzise

Sobald die ganze Vision heruntergeladen ist, schauen Sie sich das Geschriebene noch einmal gut an. Was da steht, ist im Wesentlichen eine allgemeine Beschreibung dessen, was die Gnade in Ihrem Leben manifestieren möchte. Finden Sie die reizvollen Aspekte, die Teile der Vision, die Sie wirklich inspirieren, und *werden Sie präzise*, konkretisieren Sie sie. Sie können sogar mehrere Seiten, einen kleinen Roman, über eine bestimmte Intention schreiben.

Es ist ungemein wichtig, die Intention präzise und detailliert zu formulieren. Ansonsten wird das Leben nicht genau wissen, was gewünscht wird, und Sie werden viel kostbare Zeit vergeuden, während Sie sich mit Dingen beschäftigen, die nicht *wirklich* Ihre Vision widerspiegeln. Wenn Sie völlige Klarheit haben, ist es umso wahrscheinlicher, dass die Gnade Ihre Vision in einer annehmbaren Zeitspanne manifestiert, und Sie werden viel eher in der Lage sein, sie zu *erkennen*, wenn sie in Ihr Leben tritt.

Wenn Sie sich zum Beispiel ein Haus mit vier Schlafzimmern vorstellen, wird das Leben genau wissen müssen, welche Art von Haus benötigt wird. Damit das Leben Sie dahin führen kann, müssen Sie glasklar, sehr detailliert und gründlich sein. Die Wahrheit ist, dass es Millionen von Häusern mit vier Schlafzimmern auf der Welt gibt, wobei wahrscheinlich weniger als eine Handvoll Ihren wahren Bedürfnissen entspricht.

Wie sollen die Zimmer aussehen? Wie groß sind sie? Wie groß sind die Fenster? Welchen Ausblick möchten Sie aus diesen Fenstern haben? Wie sieht der Garten aus? In welcher Gegend befindet sich das Haus? Wenn Sie Kinder haben, in welchem Schulbezirk möchten Sie wohnen? Was für Wünsche haben Sie noch im Hinblick auf die Nachbarschaft? Welche Art von Nachbarn möchten Sie haben? Wie weit sollte der Weg zur Arbeit sein? Wie möchten *Sie und Ihre Familie* sich fühlen, wenn Sie zu Hause sind? Wie möchten Sie, dass *andere* sich fühlen, wenn sie zu Besuch kommen? Wie hoch ist Ihr bewusstes Budget? Wann genau wollen Sie einziehen? Und so weiter und so weiter. Indem Sie immer präziser werden, geben Sie der Vision immer mehr Energie und einen gezielten Fokus, was Ihnen ermöglicht, sehr klare Vorstellungen zu haben, wenn Sie aktiv nach Ihrem Wunschhaus suchen.

Vervollständigen Sie die *Visionssuche*

Nachdem Sie sich gründlich und bis in die kleinsten Einzelheiten all die Intentionen vergegenwärtigt haben, die die Gnade für Ihr Leben bereithält, müssen Sie sich dem letzten Abschnitt Ihrer Arbeit an den Intentionen widmen, dem Prozess der *Visionssuche*. Bisher haben Sie nur das aufgeschrieben, was Sie in Ihr Leben *hineinziehen* oder *anziehen* wollen. Jetzt müssen Sie das Manifestationsbild vollenden, indem Sie aufschreiben, wie Sie die Fülle, die Sie manifestiert haben, *beibehalten, wachsen* und *erblühen* lassen und dafür sorgen können, *Fülle ins Leben zurückfließen zu lassen.* Sie müssen den Zyklus vollenden.

Fülle beibehalten, erblühen und wachsen lassen

Also schreiben Sie oben auf die neue Seite: »Wie möchte ich die Fülle beibehalten, wachsen und erblühen lassen?« Dann wiederholen Sie den gesamten vorherigen Visionsprozess, indem Sie die Antworten auf diese Frage wie beim automatischen Schreiben auf das Papier fließen lassen. Wenn Sie ein Auto in Ihrem Leben manifestiert haben, wie werden Sie dafür sorgen, dass es in gutem Zustand bleibt? Wenn Sie einen neuen Partner angezogen haben, wie werden Sie die Beziehung wachsen und erblühen lassen? Sollten Sie einen neuen Job bekommen, wie werden Sie sich in Ihrer Karriere weiterentwickeln? Wenn Sie neue Fertigkeiten erlangt haben, wie werden Sie diese verfeinern und anwenden? Wenn Sie mit Kindern gesegnet wurden, wie werden Sie für sie sorgen und sie führen, damit sie wachsen und gedeihen können? Auf welche Weise werden Sie in sich selbst und in Ihre eigene Entwicklung investieren?

Lassen Sie alle Möglichkeiten, mit denen Sie die Fülle in Ihrem Leben ehren, schätzen und wachsen lassen, auf das Papier fließen. Gestalten Sie das Ganze so real und präzise wie möglich. Auf diese Weise erwecken Sie Ihre Vision zum Leben und verleihen Ihrer Intention echte Energie. Und vergessen Sie nicht, bei jedem Punkt schriftlich festzuhalten, welche *Gefühle* diese Entscheidungen bei Ihnen auslösen.

Die Fülle ins Leben zurückfließen lassen

Wenn Sie genau aufgeschrieben haben, auf welche Weise Sie die Fülle in Ihrem Leben wachsen und erblühen lassen werden, ist es an der Zeit, den Kreis zu schließen, indem Sie sich fragen, wie Sie die Fülle voller Dankbarkeit wieder ins Leben zurückfließen lassen wollen. Fragen Sie sich, wie Sie dem Leben Fülle zurückgeben können. Ist es möglich, dass Sie einem Freund oder Familienmitglied Ihr Heim überlassen, wenn Sie nicht da sind? Können Sie einen Nachbarn zur Arbeit fahren? Vielleicht könnte jemand davon profitieren, Ihr Auto zu benutzen, wenn Sie es nicht benötigen? Vielleicht haben Sie Fertigkeiten, mit denen Sie andere unterstützen können: als Trainer einer Jugendmannschaft in einem Sportverein oder vielleicht als Anlaufstelle für einen Auszubildenden. Wenn Sie künstlerisch begabt sind, könnten Sie einer Wohltätigkeitsorganisation ein von Ihnen gemaltes Bild überlassen oder bei Wohltätigkeitsveranstaltungen mit Ihren Sing- und Tanzkünsten glänzen. Sollten Sie Heilfähigkeiten besitzen, sprach- oder technisch begabt sein, könnten Sie jemanden umsonst beraten, der sich keine professionelle Hilfe leisten kann. Oder Sie könnten Ihren Freunden einen Meditationsabend oder eine persönliche Sitzung anbieten. Wenn Sie Kuchen backen, backen Sie nicht einen, sondern zwei und schenken Sie einen Ihrer Nachbarin. Wenn Sie sich einen Film ansehen wollen, laden Sie einen Freund dazu ein. Sortieren Sie regelmäßig Ihre Garderobe aus und geben Sie alle Kleidungsstücke weg, die Ihnen nicht mehr gefallen und die Sie nicht mehr anziehen. Wenn Sie in Urlaub fahren, nehmen Sie einen Verwandten oder Freund mit. Es gibt unzählige Möglichkeiten, die Fülle zurückzugeben, mit der das Leben Sie überhäuft hat.

Also schreiben Sie oben auf eine neue Seite: »Auf welche Weise möchte ich die Fülle ins Leben zurückfließen lassen? Wie möchte ich dazu beitragen? Auf welche Weise bin ich bereit, andere daran teilhaben zu lassen?« Und wieder lassen Sie die Antworten wie ein himmlischer Schreiber auf die Seite fließen. Und wieder schreiben Sie auf, welche *Gefühle* dieses Loslassen und Teilen der Wohltaten in Ihnen hervorruft.

Alles im Leben ist ein Geschenk, das geteilt werden kann, und wenn Sie der Gnade erlauben, ins Leben *hinaus*zufließen, werden Sie feststellen, dass umso mehr *in* Ihr Leben zurückfließt. Das Leben ist ein niemals endender Kreislauf der Fülle. Und je präziser Sie Ihre Vorstellungen formulieren, desto wahrscheinlicher ist es, dass sie auf höchst erfreulich unerwartete und magische Weise wahr werden.

Legen Sie Fristen fest

Als Nächstes schauen Sie sich erneut all Ihre Manifestationsabsichten an und – während Sie weit geöffnet bleiben in einem Fülle-Bewusstsein – fügen neben den einzelnen Hauptwünschen einen Zeitpunkt oder ein Datum hinzu. Seien Sie sich bewusst, dass die Gnade sagt: »In dieser Zeit oder schneller. Bis zu diesem Termin oder früher.« Dieser Vorgang konkretisiert zusätzlich die Realität Ihrer Intentionen und lässt das Leben wissen, dass das, was Sie beschrieben haben, nicht einfach ein zeitloser Wunschzettel ist, sondern eine reale Vision mit präzisem Zeitrahmen.

Formulieren Sie präzise und genau

Beim Notieren der Intentionen ist es unerlässlich, dass Sie die einzelnen Angaben, den Umfang und die erforderlichen Eigenschaften sorgfältig und exakt beschreiben. Das Leben ist in der Lage, alles zu manifestieren, was es durch Sie auf Ihr Papier fließen lässt, und wenn Sie versehentlich ein wesentliches oder wichtiges Element Ihrer Vision auslassen, könnte es passieren, dass Sie genau das manifestieren, was Sie aufgeschrieben haben, statt der ganzen Vision, von der Sie *glaubten*, dass sie gewünscht war.

In den frühen Jahren des Abundance Retreat hatte ich ein wichtiges Prinzip der Manifestation noch nicht entdeckt. Folglich hatte ich die Teilnehmer nicht gewarnt, Sorgfalt und Umsicht walten zu lassen bei dem, was sie sich wünschten. Wenn Sie erst einmal frei, klar und weit geöffnet sind, ist die Wahrscheinlichkeit groß, dass Ihre Intentionen sich *sehr* schnell manifestieren, unter Umständen schneller, als Sie denken – daher zahlt es sich aus, besonders umsichtig zu sein!

Seien Sie achtsam bei dem, was Sie sich vorstellen

Vor zehn Jahren nahm eine intelligente, entschlossene und ehrgeizige dreiundzwanzigjährige Frau, die gerade ihr Studium abgeschlossen hatte, an unserem Abundance Retreat in England teil. In einer Pause verfasste sie eine ausführliche Beschreibung ihres Traumjobs. Laurie hatte ihr Betriebswirtschafts- und Marketingstudium mit Topnoten absolviert, und sie wollte, dass ihr erster Job widerspiegelte, was sie als ihre topaktuellen Sachkenntnisse in diesem Bereich bezeichnete. Für sie stand fest, dass sie aufgrund ihrer großartigen Qualifikationen und Empfehlungen nicht auf der untersten Stufe der Unternehmensleiter beginnen wollte. Sie stellte sich eine Position im mittleren Management einer prestigeträchtigen, exklusiven Werbeagentur in West-London vor, sodass der Arbeitsweg nicht weit war. Ihr schwebte eine kleinere Firma vor statt eines gesichtslosen Großunternehmens, in dem sie untergehen könnte. Sie war sehr präzise bis hin zum exakten Wunschgehalt, das in Anbetracht der Tatsache, dass sie gerade erst ihr Studium abgeschlossen hatte, recht hoch war.

Drei Wochen nach dem Seminar bekam Laurie *genau* den Job, den sie sich vorgestellt hatte. Alles stimmte haargenau überein – Prestige, kleine Agentur, Position im mittleren Management, das gewünschte Gehalt und das Ganze in Notting Hill, einer schicken Gegend im Londoner Westen. Sie freute sich wahnsinnig, dass sie so präzise gewesen war, und war begeistert, das perfekte Resultat erzielt zu haben – zumindest dachte sie das!

Achten Sie darauf, wirklich das zu wollen, was Sie sich vorstellen

Es dauerte keine Woche, bis Laurie entsetzt feststellte, welche Art von Kollegen sie hatte. Sie hatte vergessen, sich vorzustellen und zu beschreiben, wie sie sich in ihrem Job *fühlen* und von welcher *Art Menschen* sie umgeben sein wollte. Sie war schockiert über die Hinterhältigkeit, die Lügen und den gemeinen Tratsch, dem sie vom ersten Tag an ausgesetzt war. Doch da dies ihr erster richtiger Job war, fürchtete sie, ihrer zukünftigen Karriere zu schaden, wenn sie ihren ersten Arbeitsvertrag brach, also verbrachte sie ein albtraumhaftes Jahr in einem Job, den sie hasste.

Am Ende dieses ersten Jahres kam Laurie erneut zu einem Abundance Retreat und räumte mit weiteren ihrer stillen Saboteure auf. Und wieder stellte sie sich einen neuen Job vor. Dieses Mal war sie sich über *jeden einzelnen Aspekt* absolut im Klaren. Sie wollte ihre Marketingkenntnisse einer Organisation zur Verfügung stellen, die es sich zur Aufgabe gemacht hatte, für die Menschheit etwas zu bewirken. Sie wollte von bewussten, einfühlsamen Kollegen umgeben sein, die sich der Wahrheit verschrieben hatten und den inneren Ruf verspürten, dem Leben zu dienen. Sie wollte mit ihrem Engagement bewirken, dass sich im Leben anderer wirklich etwas änderte.

Dreieinhalb Wochen später verspürte ich das spontane Bedürfnis, Laurie anzurufen. Bei dem Seminar war sie ein solch heller Stern gewesen – strahlend, fröhlich, intelligent, wach – und jemand hatte mir erzählt, dass sie in meiner Nähe wohnte. Ich fragte sie, ob sie mit mir reiten gehen wollte; sie machte einen sportlichen Eindruck, und ich suchte eine Reitpartnerin. Bei unserem Ausritt erwähnte ich, dass The Journey jemanden suchte, der die Wahrheit liebte und sich danach sehnte, der Menschheit zu dienen, der uns helfen könnte, unsere Arbeit bekannt zu machen. Wir benötigten eine Person, die mit Enthusiasmus und Schwung in unseren Niederlassungen arbeiten würde. Sie vertraute mir an, dass wir den gleichen Wunsch hatten, und als sie mir erzählte, in welchem Bereich sie tätig war, schien alles perfekt zu passen. Aufgrund der Tatsache, dass sie dafür gesorgt hatte, präzise und akkurat zu sein und ihre Vorstellungen ausführlich zu beschreiben, fühlten wir uns zu ihr hingezogen, obwohl wir bis dato nichts über ihren Hintergrund wussten. Mittlerweile ist Laurie seit acht Jahren für The Journey tätig und ein allseits beliebtes Teammitglied. Sie ist Direktorin in unserer australischen Firma und leitet dort unsere Niederlassung.

Die Gnade kann *alles* manifestieren. Achten Sie nur darauf, bei allen Ihren Wünschen präzise und vernünftig zu sein und alle Details einzubeziehen, und dass es sich dabei um etwas handelt, was Sie wirklich wollen.

Aktiv werden

Nachdem Sie eine detaillierte und peinlich genaue Vision und Intention ausgearbeitet haben, müssen Sie offen bleiben, um sich zum bewussten Handeln antreiben zu lassen. Es reicht nicht, einfach zu Hause zu sitzen und zu erwarten, dass die Fülle zu Ihnen kommt. Sie müssen in die Welt hinaus und die mühelosen Schritte durchführen, zu denen Sie hingezogen werden. Sie müssen bereit sein, eine *aktive* Rolle bei der Verwirklichung Ihrer Intentionen zu spielen. Wir sind davon überzeugt, dass das Unendliche, wenn es imstande ist, eine bestimmte Vision zu erschaffen, ebenfalls in der Lage ist, sie zu manifestieren. Das, was den Wunsch entstehen ließ, ist die gleiche

Präsenz, die zu *ihrer Verwirklichung* führt. Es ist nicht Ihre Aufgabe, *irgendetwas* zu manifestieren. Ihre Aufgabe besteht einfach darin, offen zu bleiben in einem Ozean des Vertrauens und sich dahin führen zu lassen, wo immer auch in der Welt diese Fülle zu *finden* ist.

Hinterfragen Sie die Gnade nicht

Ich hatte bei Dutzenden von Manifest Abundance Retreats mit Brandon zusammengearbeitet und mir jedes Mal am Ende die Zeit genommen, meine Intentionen aufzuschreiben und die wichtigsten davon im Rahmen eines Manifestationskreises freizusetzen. Und jedes Mal war der Wunsch ähnlich: »Der Wunsch der Gnade für mich besteht darin, alle Blockaden und Schleier zu beseitigen, die die Wahrheit meines Seins verbergen. Der höchste Wunsch des Lebens für mich ist, mich völlig hinzugeben und tiefer in diese Freiheit einzutauchen.« Dann geschah 1999 etwas Unerwartetes, was zu neuen Lektionen führte.

Bei einem Retreat erhob ich mich, um meine Intention in einem Manifestationskreis auszusprechen, überzeugt davon, dass dazu lediglich eine Version meines spirituellen Gebets nötig war. Stattdessen platzte es aus mir heraus: »Die höchste Vision der Gnade für mich in diesem Moment ist, einen neuen sonnengelben Fiat Sportwagen zu manifestieren!« Innerlich fügte ich den Namen des Modells und detaillierte technische Angaben hinzu. Ich lachte laut auf vor Verlegenheit, dass mein Wunsch, meine Äußerung in dem Kreis so oberflächlich, so unverhohlen materialistisch war. Die Teilnehmer verstanden den Spaß und lachten gutmütig mit. »Ein gelber Sportwagen! Das ist also der höchste und größte Wunsch in meinem Leben!« Mein Lachen klang ab und verwandelte sich in ein Lächeln der Erkenntnis; die Gnade forderte mich auf, zwischendurch auch mal zu lachen und Spaß zu haben – und würde offensichtlich auch dafür sorgen, indem sie ein abgefahrenes und schnittiges italienisches Spielzeug manifestierte.

Ich wurde still und öffnete mich, um die Intention ins Universum zu entlassen, während die Gruppe mich schweigend unterstützte, indem sie sich den Wunsch als bereits realisiert vorstellte. Es war ein ungeheuer kraftvolles Gefühl, das mir einen Schauer über den Rücken jagte, als die Intention hinausging. Ich hatte das Gefühl, als würde ich das Auto fahren, als würde es mir bereits gehören. Es schien, als hätte das Universum in genau diesem Moment seine Arbeit bereits erledigt. Ich musste nur noch herauszufinden, wo genau sich dieses Auto in der Welt befand.

Eine Woche später begann ich mit meiner Suche. Angesichts der Tatsache, dass mein Budget fast fünfundzwanzig Prozent unter dem Listenpreis des Wagens lag, war ich wegen der Reaktionen der Händler etwas nervös, und ich vergaß, wie kraftvoll sich die Vorstellung angefühlt hatte, dass genau dieses Auto bereits für mich manifestiert worden war. Ich vergaß, innerlich loszulassen und auf die Führung zu vertrauen. Also nahm ich die Gelben Seiten und begann, die Fiat-Händler in unserer

Umgebung nach dem Alphabet anzurufen. Die meisten hatten nicht genau das Modell, das mir vorschwebte. Und diejenigen, die es hatten, lachten mich aus oder machten abfällige Bemerkungen, wenn ich ihnen sagte, wie viel ich zahlen konnte. Sie versicherten mir, dass ich etwas Unmögliches verlangte – mein Preis lag weit unter dem, den sie selbst als Händler für ein solches Auto hätten hinblättern müssen. Ich ging die ganze Liste durch, und die Reaktionen waren jedes Mal ähnlich.

Hinterfragen Sie sich nicht selbst

Bald fühlte ich mich entmutigt und fing an, mich zu hinterfragen: »Sollte ich vielleicht einen Gebrauchtwagen kaufen? Oder wie wär's mit Blau oder Rot? Und überhaupt, was wäre, wenn ich ein ganz anderes Modell kaufen würde? Wäre das realistischer? Wäre ich in der Lage, das zu manifestieren?«

Zwei Wochen lang war ich hin- und hergerissen. Ich führte zahllose Telefonate und schleppte Brandon von einem Autosalon zum nächsten, wir begutachteten die unterschiedlichsten Automarken und Modelle in allen erdenklichen Farben. Und keines entsprach meinen Vorstellungen: Die Leistung stimmte nicht oder sie waren nicht wirtschaftlich genug, die Sitze waren unbequem, zu wenig Kopffreiheit, laut Statistiken zu unzuverlässig, das Aussehen gefiel mir nicht – die Nachteile jedes Wagens schienen wie Mauern der Unangemessenheit, die mich von allen Seiten blockierten. Ich ärgerte mich und kam mir vor, als hätte man mir einen Strich durch die Rechnung gemacht.

Schließlich fragte Brandon, erschöpft von diesem ganzen Hin und Her: »Hast du dir nicht bei dem Abundance Retreat vor ein paar Wochen einen ganz bestimmten gelben Fiat gewünscht?«

»Ja«, erwiderte ich, »ich war sehr präzise, und zu dem Zeitpunkt erschien mir die Intention auch sehr kraftvoll, doch jeder Händler, mit dem ich gesprochen habe, verschluckte sich beinahe, wenn ich erwähnte, wie viel Geld mir zur Verfügung steht. Ich muss wohl einen Fehler gemacht haben; das Leben hat wahrscheinlich etwas anderes für mich vorgesehen.«

Vertrauen Sie der Vision der Gnade

»Deine Anstrengungen und deine Zweifel sind die Fehler«, antwortete Brandon. »Dieses ganze Erzwingenwollen macht dich blind für den zwangsläufigen *Einfluss* der Gnade. Sobald du eine klare und detaillierte Intention geäußert hast, musst du zurücktreten, die Bahn freimachen, *loslassen*. Denk einfach daran, dass die Gnade *bereits* genau das manifestiert hat, wonach du suchst, selbst wenn dein Verstand diese Tatsache noch nicht begriffen hat. Du musst nichts anderes tun, als dich zu öffnen und zu entspannen und zu wissen, dass du geführt wirst. Vertraue einfach.«

Ich wusste, sie hatte recht. Ich erkannte, dass meine Verlegenheit wegen meines bescheidenen Budgets ungefähr so war, als hätte ich eine Vorliebe für Champagner, könnte mir aber nur Bier leisten. Ich hatte nicht losgelassen oder vertraut; ich war in ein altes Muster zurückgefallen und hatte versucht, etwas zu erzwingen. Und mir wurde klar, dass meine alten Strategien versagten.

Also beschloss ich, mich nicht länger selbst anzuzweifeln und stattdessen zu entspannen und den festen Griff, mit dem ich an meinem Wunsch festgehalten hatte, zu lockern. Ich erinnerte mich, dass es nicht meine Aufgabe war, irgendetwas zu manifestieren, sondern mich einfach zu öffnen und zu vertrauen. Binnen weniger Stunden merkte ich, dass etwas in mir sich anders anfühlte. Ich fühlte mich nicht länger genötigt oder angetrieben und war wirklich glücklich bei dem Gedanken, dass der gelbe Fiat entweder kommen würde oder nicht. Ich setzte mich an den Schreibtisch und wollte anfangen zu arbeiten, doch etwas zog mich zu den Gelben Seiten zurück. Ich nahm das Buch in die Hand, und es öffnete sich in dem Abschnitt, der von meiner vorherigen Suche inzwischen Eselsohren aufwies. Von allen dort aufgeführten Fiat-Händlern erregte nur einer meine Aufmerksamkeit. Wann immer mein Blick auf seinen Namen fiel, entspannte sich mein Körper und fühlte sich beschwingt an. Ich wählte die Nummer.

»Haben Sie ein neues sonnengelbes Fiat Coupé auf Lager, das mit dem Turbomotor und zwanzig Ventilen, mit Innenausstattung aus schwarzem Leder und Klimaanlage?«, fragte ich.

»Hmm … ja«, meinte der Verkäufer, »ich glaube, das haben wir.«

»Und wären Sie bereit, über den Preis dieses Wagens zu verhandeln?«, fragte ich weiter. »Ich habe leider keinen alten Wagen, den ich in Zahlung geben kann.«

»Ich denke, da könnten wir etwas machen«, antwortete er.

»Großartig! Dann werde ich heute Nachmittag vorbeikommen. Um wie viel Uhr schließen Sie?«

Loslassen und vertrauen

Am Nachmittag ging ich zu dem Autohaus, und da stand der Wagen, und er entsprach genau meinen Vorstellungen. Als ich am Steuer saß, wusste ich: Dies war *das* Auto – es war *exakt* das gleiche Gefühl, das ich hatte, als ich damals bei dem Seminar den ursprünglichen Wunsch ins Universum entlassen hatte. Und dieses Mal fühlte ich mich wohl und entspannt, beinahe zuversichtlich, als es darum ging, einen Preisnachlass auszuhandeln. Ich bat den Verkäufer einfach, mir sein bestes Angebot zu nennen, und ohne viel zu diskutieren, einigten wir uns auf einen Preis, der 600 Dollar *unter dem* lag, was ich bezahlen wollte. Nachdem ich losgelassen und vertraut hatte, war es der Gnade in nur wenigen Stunden gelungen, mich zu dem perfekten Auto zu einem Wahnsinnspreis zu führen. Als ich aufhörte, etwas stur erzwingen zu wollen, war mein Körper in der Lage, sich auf den Sog einzustimmen – und dieser Sog führte mich direkt zu dem, was die Gnade ein paar Wochen zuvor bereits manifestiert hatte.

Der Händler erklärte mir: Obgleich es noch nicht bekannt gegeben worden war, hatte die Fiat-Hauptverwaltung in Italien ihre Händler informiert, dass ab dem folgenden Monat eine kleine Spezifikationsänderung bei diesem Modell vorgenommen werden sollte. Die neuen Wagen würden beinahe zehn Prozent teurer werden, und mein Modell wäre nicht mehr das neueste (was mir nicht das Geringste ausmachte!). Aufgrund dieser internen Mitteilung waren die Geschäftsführer übereingekommen, die alten Modelle mit beträchtlichem Preisnachlass zu verkaufen – und diese Entscheidung war genau *zwei Wochen zuvor* getroffen worden, während des Abundance Retreats!

Wenn die Gnade aus Leere und Entstehung heraus einen Wunsch durch Sie schreibt, vergessen Sie Ihre alten logischen, linearen Herangehensweisen. Lassen Sie einfach los, entspannen und öffnen Sie sich und vertrauen Sie. Lassen Sie eine Kraft, die *viel* größer ist als Ihr Verstand, den Rest erledigen.

Vertrauen, Vertrauen, Vertrauen

Als Gandhi bezüglich eines zivilen Projekts gefragt wurde: »Woher werden wir das Geld bekommen?«, antwortete er: »Von da, wo es gerade ist.« Er wusste, dass die Fülle bereits vorhanden und verfügbar war und dass seine Aufgabe lediglich darin bestand, sie zu lokalisieren.

Wir sehen uns selbst gerne als Haie im Ozean des Vertrauens. Sobald eine Vision präzise definiert worden ist, hält ein Teil unseres Gewahrseins ständig Ausschau; es ist unentwegt und ohne Mühe wachsam, bleibt offen und wartet darauf, dorthin hingezogen, geführt zu werden, wo das Gesuchte ist.

Als Kevin und ich nach England zogen, setzten wir uns hin und schrieben genau auf, was für eine Wohnung wir westlich von London suchten. Dann riefen wir einen Freund an und fragten ihn, ob er für uns eine Wohnung mit zwei Schlafzimmern in einer halb ländlichen Gegend im Umkreis von zwanzig Meilen von London finden konnte. Wir wollten etwas haben, das absolut sauber war und einen professionellen Eindruck vermittelte. Es musste hell sein, offen und luftig, Küche, Esszimmer und Wohnbereich sollten großzügig gestaltet sein. Es sollte mit modernen, bequemen und einwandfreien Möbeln ausgestattet sein. Wir bevorzugten hohe Decken, und etwas frisch Renoviertes wäre perfekt. Es wäre fantastisch, wenn wir von der Wohnung aus die Themse überblicken könnten, und es sollte in der Nähe öffentlicher Verkehrsmittel liegen, damit Klienten aus London problemlos zu unserer privaten Praxis gelangen konnten. Wir nannten unserem Freund den Mietpreis, den wir zu zahlen bereit waren, und baten ihn, uns einen dreimonatigen Mietvertrag zu sichern, während wir darauf warteten, dass unsere Möbel aus den USA eintrafen; danach wollten wir uns etwas Dauerhafteres suchen. Der Freund fand eine Wohnung und unterschrieb in unserem Namen den Mietvertrag.

Nach unserer Ankunft in Heathrow fuhren wir direkt zu der Wohnung, wo uns der Makler bereits erwartete.

Die Lage schien perfekt, in der Nähe öffentlicher Verkehrsmittel, eine halbe Stunde von London entfernt, mit Blick auf die Themse. Doch die Ähnlichkeit mit unserer Vision hörte an der Haustür auf. Wir betraten eine winzige Wohnung auf zwei Etagen, kunterbunt wie eine Briefmarke, mit kleinen Flügelfenstern und Kochnische. Sie hatte niedrige Decken und war dunkel. Wir dachten, wir hätten uns klar ausgedrückt, doch die Wohnung war derart anders als das, was wir uns gewünscht hatten, dass es völlig undenkbar gewesen wäre, hier Klienten zu empfangen.

Entsetzt über die düstere Wohnung, waren wir sehr erleichtert, als wir hörten, dass wir aus dem Mietvertrag aussteigen konnten. Kevin und ich fuhren zu einem Flughafenhotel, um uns neu zu orientieren.

Gehen Sie keine Kompromisse bei der Vision der Gnade ein

Wir setzten uns also wieder hin und wurden dieses Mal noch präziser. Wir fügten unserer Vision den Wunsch hinzu, dass es eine ganz neue Wohnung sein sollte, ohne die Energie oder den Krimskrams früherer Mieter. Wir wollten eine Unterkunft, die einen eher professionellen, geschäftsmäßigen Eindruck vermittelte.

Am nächsten Tag fuhren wir nach Windsor, der nächstgelegenen attraktiven, nicht zu kleinen Stadt, wo es einen Makler gab. Wir wussten *ganz* genau, was wir wollten, doch jedes Mal, wenn wir eine Wohnung besichtigten, stimmte irgendetwas nicht – entweder war sie zu klein, zu weit entfernt von öffentlichen Verkehrsmitteln, nicht grün genug, der schale übrig gebliebene Geruch seiner früheren Bewohner oder ihres Hundes – wir gingen von Haus zu Haus, von Wohnung zu Wohnung, und bei jedem neuen Makler versuchten wir, unsere Bedürfnisse noch klarer zu formulieren. Wir wollten keine Zeit mit der Besichtigung von Wohnungen vergeuden, die nicht infrage kamen, die das, was die Gnade geschrieben hatte, bloßgestellt hätten.

Wir haben die Erfahrung gemacht, dass, wenn Sie Zugeständnisse machen bei der Vision, die die Gnade niedergeschrieben hat – wenn Sie nicht aufrichtig dem Universum vertrauen, *genau* das zu manifestieren, was Sie sich gewünscht haben –, es passieren kann, dass die Sache, die Sie finden sollten, an Ihnen vorbeizieht und Sie mit etwas zurücklässt, was sich nicht richtig anfühlt, was nicht stimmig ist.

Es war fast Abend, und obwohl wir immer klarer in unserer Beschreibung wurden, hatte sich die richtige Wohnung noch nicht gezeigt. Um fünf Uhr nachmittags erreichten wir Ascot und gingen in das erstbeste Maklerbüro, das wir sahen. Schnell leierte ich alle gewünschten Eigenschaften für eine Unterkunft herunter und erwähnte auch, was wir nicht wollten. Schließlich meinte der Makler: »Genug. Ich habe schon verstanden, was Sie wollen. Sie möchten ein luxuriöses Exekutive-Apartment irgendwo im Grünen und in der Nähe öffentlicher Verkehrsmittel. Aber bestimmt ist Ihnen schon aufgefallen, dass *keiner* der *üblichen* Makler in dieser Gegend hat, wonach Sie suchen? Der Grund ist, dass es nur *einen* Makler in ganz Berkshire gibt, der auf diese Art exklusiver Exekutive-Apartments spezialisiert ist.«

Verblüfft darüber, dass keiner der anderen Makler uns über diese Tatsache informiert hatte, fragte ich umgehend, wo wir diesen Makler finden könnten. Der Mann erwiderte: »Nun, zufällig sind Sie in die richtige Stadt gestolpert. Sehen Sie das Bürogebäude auf der anderen Straßenseite? Im dritten Stock finden Sie sie. Jackie hat kein Schild an der Tür, da sie fast alles telefonisch abwickelt mit Geschäftsleuten aus Übersee, die Exekutive-Unterkünfte in dieser Gegend benötigen. Sie inseriert hauptsächlich in ausländischen Märkten – vor allem Nord- und Südamerika. Sie schließt um halb sechs, Sie sollten also sofort hingehen, wenn Sie sie heute noch antreffen wollen.«

Wir liefen den ganzen Weg zu dem Gebäude, stürmten die drei Treppen hoch und standen schließlich keuchend in einem kleinen Loft-Büro. Sofort hielt ich meinen Sermon: »Wir suchen ein Exekutive-Apartment mit zwei Schlafzimmern; es soll hell, offen und luftig sein, elegant, absolut sauber, irgendwo im Grünen, in der Nähe öffentlicher Verkehrsmittel und von Autobahnen, am liebsten frisch renoviert.«

Als ich kurz Atem holte, meinte die Maklerin: »Nun, bei mir sind Sie genau richtig. Das ist mein Fachgebiet, und es ist die einzige Art von Unterkunft, die Ihr Amerikaner immer zu wünschen scheint. Lassen Sie mich einen Blick in meine Angebote werfen und sehen, was verfügbar ist.«

Seien Sie sich sicher, dass die Gnade genau das manifestieren *kann und will,* was Sie sich gewünscht haben

Sie blätterte ihre Unterlagen durch und schaute dann noch einmal genauer hin. Mit einem erstaunten Blick sah sie uns an und sagte: »Es tut mir leid. Ich war sicher, etwas für Sie zu haben, doch leider ist überhaupt nichts da, wo Sie sofort einziehen könnten. Wenn Sie ein paar Wochen warten können ...?«

»Nein, können wir nicht«, erwiderte ich. »In zwei Tagen beginnen wir unsere Seminartour und wir müssen vorher eine Unterkunft gefunden haben. Sobald wir arbeiten, müssen wir unsere ganze Aufmerksamkeit auf die Events konzentrieren.«

»Tut mir leid, dann kann ich Ihnen nicht helfen.«

»Würden Sie noch einmal nachschauen ... bitte? Vielleicht ist Ihnen etwas entgangen.«

Mittlerweile war es 17.22 Uhr. Sie gab vor, ihre Unterlagen noch einmal durchzugehen, und um 17.25 Uhr wandte sie sich uns zu und sagte mit einem Achselzucken: »Tut mir leid, es ist einfach *nichts* da.«

Sie fing nun langsam an, ihren Schreibtisch aufzuräumen – womit sie uns in ihrer höflichen englischen Art wissen ließ, dass jetzt an der Zeit für uns war zu gehen. Mein Blick fiel auf die Uhr an der Wand: 17.26 Uhr. In genau vier Minuten würde sie ihr Büro schließen. Ich zögerte.

Kevin stieß mich an und sagte leise: »Komm, lass uns gehen.«

Irgendetwas ließ mich wie angeleimt dastehen. Ich hatte absolutes Vertrauen und war der festen Überzeugung, dass die Gnade ihre Vision erfüllen würde – dass sie, wenn sie einen bestimmten Wunsch äußert, ihn zum passenden Zeitpunkt manifestiert. Diese Sicherheit ließ mich wie festgewurzelt dastehen, unfähig, auch nur einen Schritt zu tun... Ich zögerte... 17.27 Uhr... Das Telefon klingelte.

Die Maklerin blickte von ihrem Schreibtisch hoch und schien überrascht, dass wir immer noch da waren. Sie nahm den Hörer ab und führte ein kurzes, diskretes Gespräch. Um 17.29 Uhr legte sie den Hörer auf und wandte sich uns wieder zu. »Sie werden nicht glauben, was gerade passiert ist«, sagte sie. »Ein Klient von mir aus Argentinien, ein Polospieler, hat sich gerade ein Bein gebrochen und rief an, um mir mitzuteilen, dass er doch nicht nach England zur Polosaison kommt. Er kann das gebuchte Apartment erst in ungefähr drei Monaten beziehen, also ist es bis dahin frei. Es entspricht *genau* dem, was Sie sich vorgestellt haben: Tatsächlich ist es brandneu, es hat noch niemand darin gewohnt. Es handelt sich um georgianische Stallungen, die umgebaut wurden, das Wohnzimmer wurde mit großen Buntglasfenstern versehen – es sieht hinreißend aus; die Umgebung könnte nicht grüner sein, das Apartment befindet sich auf dem Grundstück eines Golfplatzes – und es liegt genau in Ihrer gewünschten Preisklasse.«

Am nächsten Tag zogen wir ein.

Wenn Sie sehr präzise werden, erlauben Sie der Gnade, Sie zu der perfekten Lösung zu führen, und Sie können den Zeichen dieser Führung nur dann folgen, wenn Sie sich absolut *sicher* sind, dass das Unendliche fähig ist, das zu manifestieren, was Sie sich gewünscht haben.

Wir hätten diese einzigartige kleine Makleragentur nie gefunden, wenn wir nicht jeden Kompromiss abgelehnt hätten, der sich uns an diesem Tag geboten hatte. Dank unserer Bereitschaft, der Wahrheit treu zu bleiben, der Vision, die die Gnade angelegt hatte, wurden wir perfekt und zum richtigen Zeitpunkt zum idealen Resultat geführt. Tatsächlich war die Wohnung noch besser, als wir es uns vorgestellt hatten. Nur die Gnade hätte uns synchronistisch führen können, sodass wir uns in diesem bestimmten Büro genau zum Zeitpunkt des Anrufes befanden. Das Unendliche ist magisch in seiner Fähigkeit, die Fülle zu manifestieren, die sie niederschreibt. Und es fühlt sich einfach wunderbar an, an der Magie des Ganzen teilzuhaben.

Den Brotkrumen folgen

Es ist nicht immer auf Anhieb klar, welchen Brotkrumen wir folgen, welche Optionen wir im Leben wählen sollen, vor allem wenn uns vielfache Möglichkeiten offenstehen. Und wir mögen uns zu der Frage aufgefordert fühlen: »Wie kann ich wissen, welche Vorschläge ich umsetzen und welcher Führung ich folgen soll, wenn so viele Möglichkeiten zur Verfügung stehen?«

Das ist der Moment, in dem Sie tiefer nach innen horchen müssen. Als Hai im Ozean des Vertrauens bin ich sicher, dass es nicht meine Aufgabe ist, *irgendetwas* zu kreieren. Meine Aufgabe ist vielmehr, offen zu sein für das, was das Leben präsentiert, zu wissen, dass irgendein Hinweis mich zu dem von mir gewünschten Resultat führen kann. Mir gefällt der Gedanke, dass das Universum durch jeden Menschen, jede Situation sprechen kann, und ich weiß nicht, durch wen oder was die Gnade zu mir sprechen wird oder wohin das Leben mich dirigiert. Jeder Augenblick könnte mir die Brotkrumen präsentieren, die mich schließlich zu meinem erwünschten Endresultat führen. Wenn sich also vielfältige Möglichkeiten bieten, vermeide ich es, meinen Verstand zu konsultieren – und zwar um jeden Preis. Ich weiß, dass meine Gedanken – wenn ich ihnen Glauben schenke – mich nur in ein Chaos der Verwirrung stürzen werden.

Ich weiß, dass die einzig wahre inspirierende Antwort immer auf einer tieferen Ebene als mein Verstand liegt, in der unendlichen Intelligenz meiner eigenen Essenz. Doch wie erlangen wir Zugang zu unserer Essenz; wie können wir unseren inneren Dialog abstellen und still genug werden, um uns göttlicher Anleitungen gewahr zu werden?

Vertrauen Sie Ihrem Körper: Er lügt nie

Stattdessen halte ich inne, nehme ein paar tiefe Atemzüge und richte meine Aufmerksamkeit nach innen. Ich erlaube mir, mich zu öffnen und still zu werden. Ich weiß, dass *mein Körper das Barometer meiner Seele* ist.

Außerdem weiß ich, dass der Körper nie lügt. Und wenn sich auch mein Verstand in unendliche Fragen, Rechtfertigungen und Optionen verstricken kann, ist mein Körper klarer, direkter, zuverlässiger. Er gibt mir auf einfache und instinktive Weise Signale und zeigt mir die richtige Vorgehensweise. Also fokussiere ich mein Gewahrsein auf die Vorderseite meines Körpers und stelle eine simple Frage, zum Beispiel: »Sollte ich mich für Möglichkeit eins oder zwei entscheiden?« Dann atme ich tief und ruhig weiter und richte meine ganze Aufmerksamkeit auf die nonverbale Antwort, die unweigerlich aus meinem Inneren auftaucht. Ich stelle mir Möglichkeit eins vor und atme dann tief in den Brustbereich oder Solarplexus oder Bauch ein. Wenn sich ein Gefühl einstellt, als würde ich fallen, etwas in mir sich zusammenzieht oder ich eine Art Würgen spüre, weiß ich, dass mein Körper intuitiv sagt: »Jetzt nicht«, oder vielleicht: »Nie.« Wenn ich jedoch die Frage stelle und sich ein Gefühl der Leichtigkeit, der Neutralität oder des Friedens einstellt, dann *weiß* ich, dass ich grünes Licht habe und aktiv werden kann, ohne zurückblicken zu müssen, und wähle Möglichkeit eins.

Dann widme ich mich der zweiten Möglichkeit und stelle dieselbe Frage. Wieder fokussiere ich mich auf die Vorderseite meines Körpers und prüfe, ob ich dort ein bedrückendes Gefühl, ein Zögern oder eine Art Warnung verspüre. Wenn dem so ist, weiß ich, dass es sich um ein Signal handelt: »Tue das nicht.« Fühlt es sich jedoch frei, leicht und natürlich an, dann ist klar, dies ist eine Tür, die ich ohne Weiteres nehmen kann.

Die Seele kann nicht verbal zu Ihnen sprechen, sondern nur durch die instinktiven Impulse Ihres Körpers. Wenn Worte in Ihrem Bewusstsein auftauchen, machen Sie sich bewusst, dass es sich dabei um ein Produkt Ihres Ego-Verstandes handelt, der dem Prozess zuvorkommen und sich über Ihren natürlichen Instinkt hinwegsetzen will, indem er die Frage von der ihm eigenen oberflächlichen Perspektive aus beantwortet. Doch wenn Sie in aller Offenheit den Fokus auf Ihren Körper richten, können Sie darauf vertrauen, dass Ihre physische Intuition Ihnen präzise signalisiert, welche Richtung Sie einschlagen sollen. Ihr Körper ist ein unfehlbares Instrument Ihrer Seele.

Und *jeder Moment* bietet Ihnen die Gelegenheit, sich diesbezüglich zu prüfen, offen zu sein, präsent und wach, um die eindeutigen Signale wahrzunehmen, die der Körper Ihnen gibt.

Ich hatte eine Erfahrung, bei der ich auf recht drastische Weise erkannte, wie unverfroren und aufdringlich der Körper sein kann, wenn er uns auf dem richtigen Weg halten will.

Als ich das Manuskript für mein erstes Buch, *The Journey*, fertig hatte, zeigten fünf britische Topverlage reges Interesse daran, es herauszubringen. Da keiner von uns Ahnung von verlegerischen Dingen hatte, baten wir ein paar Freunde um Rat. Sie alle stimmten überein, dass wir einen Agenten brauchten, der das Buch diesen fünf Verlagen im Rahmen einer Auktion anbieten sollte.

Während unserer Gespräche mit allen fünf Verlagen lernte ich eine Lektorin bei Harper Collins kennen, die mich wirklich beeindruckte. Carole strahlte wie die Sonne; sie hatte an einigen unserer Journey-Seminare teilgenommen und war von der Kraft der Arbeit zutiefst berührt. Sie sagte: »Brandon, ich werde mich für dieses Buch einsetzen. Es ist ein wichtiges Buch. Es muss unbedingt veröffentlicht werden.« Obwohl sie von all den Lektoren, die wir kennengelernt hatten, meine Favoritin war, wusste ich, dass die Auktion ziemlich unpersönlich ablaufen würde – wer immer den höchsten Preis bot, würde das Buch bekommen.

Ein Freund hatte mir den Namen eines sehr bekannten Agenten gegeben, der auf Sachbücher spezialisiert war. Er hatte kurz zuvor die höchste Vorauszahlung in Großbritannien für ein Buch in diesem Bereich ausgehandelt und galt als erfahrener, gerissener Unterhändler.

Kevin und ich dachten, warum nicht gleich ganz oben anfangen, und erhielten tatsächlich umgehend einen Termin bei ihm. Wir hatten uns nicht die Zeit für eine Visionssuche genommen, um den passenden Agenten zu finden, da wir dachten, wir bräuchten nur jemanden, der die Funktion als Auktionator wahrnahm, und dass ein Agent wahrscheinlich so gut war wie der andere.

Also suchten wir mit offenem Herzen und hohen Erwartungen diesen Agenten in seinem Büro in einer sehr teuren Londoner Gegend auf. Bereits beim Händeschütteln hatte ich ein sehr unangenehmes Gefühl in meinem Bauch. Davon ausgehend, dass wir Neulinge in diesem Bereich waren, bedachte er uns mit einer ausführlichen Abhandlung über den »langen Weg zur Veröffentlichung eines Buches«. Er sagte, dass wir ein Exposé bräuchten und das Manuskript dem britischen Sprachgebrauch angepasst werden musste. Je weiter er langatmig daherredete, umso nervöser wurde ich. Als ich endlich zu Wort kam, sagte ich: »Halt! Wir brauchen kein Exposé. Fünf der besten Londoner Verlage haben uns bereits Vertragsvorschläge gefaxt. Sie müssen nur noch eine Auktion durchführen.«

Als hätte er nicht gehört, was ich gesagt hatte, fuhr er fort, die für eine Veröffentlichung notwendigen Vorgänge herunterzuleiern, und meinte, er müsste zuerst das Manuskript lesen, um zu sehen, ob es eine Veröffentlichung wert sei. Noch einmal wiederholte ich, dass fünf angesehene Verlage es gelesen hatten, es sehr gut fanden und herausbringen wollten. Doch er fuhr wieder fort, endlos über Vorverträge im Verlagswesen zu reden.

Als Kevin und ich sein Büro verließen, wurde uns schlecht bei dem Gedanken, eine Zusammenarbeit mit einem derart eingebildeten, wichtigtuerischen Mann, der anscheinend nicht einmal zuhören konnte, auch nur in Erwägung zu ziehen. Unsere Körper hatten uns von dem Augenblick an, in dem wir uns zur Begrüßung die Hände geschüttelt hatten, eindeutige Signale gegeben, und hätten wir aufgrund unserer Instinkte sofort gehandelt, dann hätten wir uns wahrscheinlich bei ihm für den Termin bedankt und wären auf der Stelle umgekehrt.

Wir fuhren wieder nach Hause und beschlossen, uns über die *Art* von Agent kristallklar zu werden, den die Gnade für uns wollte – mit Sicherheit war es nicht einfach nur jemand, der uns den besten Deal verschaffen konnte. Sobald wir in das endlose Feld eingetaucht waren, bezog sich die Intention, die auf das Papier floss, auf einen Agenten, der das Werk vertreten würde, weil er daran glaubte, jemand, der aus all den richtigen Gründen wollte, dass das Buch veröffentlicht würde – auch wenn er dafür kein Spitzenhonorar bekäme. Die Gnade wollte jemanden, der die Arbeit verstand und sich dafür einsetzte.

Drei Tage später rief völlig unerwartet unser Freund Mark an. Er schien sehr aufgeregt zu sein: »Ihr werdet nie raten, was passiert ist! Ich war gerade auf der Buchmesse in London und habe den außergewöhnlichsten Literaturagenten kennengelernt. Er ist New Yorker und arbeitet ausschließlich mit starken weiblichen Autoren zusammen, die eine wichtige Botschaft für die Menschheit haben. Ich dachte, er könnte vielleicht genau der Richtige für dich sein.«

Ich erwiderte: »Du machst wohl Scherze! Gibt es wirklich Agenten, die derart spezialisiert sind?« Ich wählte die Nummer, die Mark mir gegeben hatte, und eine freundliche Männerstimme mit New Yorker Akzent meldete sich: »Hi, Brandon… Seit ich Ihr Bild überall in London gesehen habe, wusste ich, dass ich mit Ihnen arbeiten würde. Ich habe mich nur gefragt, wann ich wohl von Ihnen hören würde. Was kann ich für Sie tun?«

Ich nannte ihm die Namen aller Verlage und ihrer Lektoren, die an dem Buch interessiert waren, und sagte ihm, dass die Auktion in weniger als vierundzwanzig Stunden stattfinden würde. Dann geschah etwas Erstaunliches. Harper Collins mit meiner Lieblingslektorin gehörte zu den Bietern, doch ein anderer Verlag, Hodder and Stoughton, bekam den Zuschlag.

Im Laufe der folgenden Woche krampfte sich immer wieder spontan mein Bauch zusammen. Jedes Mal, wenn ich daran dachte, einen Vertrag mit Hodder zu unterzeichnen, sank mein Mut. Schließlich rief ich in New York an und sagte zu meinem Agenten: »Ich habe keine Ahnung, was mit Hodder los ist. Ich weiß, dass es ein fabelhafter Verlag ist, doch wann immer ich an die Vertragsunterzeichnung denke, wird mir ganz komisch zumute.« Es folgte eine lange Pause am anderen Ende der Leitung, gefolgt von einem tiefen Seufzer und den Worten: »Ihr Autorinnen mit eurer weiblichen Intuition ... Ich kann immer darauf zählen, dass ihr ein Haar in der Suppe findet.«

»Ich weiß nicht, was es ist ... Ich kann nicht sagen, warum ... ich habe einfach kein wirklich gutes Gefühl dabei. Können Sie nach London kommen, und wir treffen uns mit der Verlagsleitung von Hodder? Ich muss herausfinden, worauf dieses ungute Gefühl beruht.«

Er seufzte wieder und sagte, er müsse sowieso nach London kommen und würde innerhalb von achtundvierzig Stunden im Flugzeug sitzen.

Bei unserem Treffen bei Hodder wurde plötzlich alles klar. Die Cheflektorin, Leiterin der Abteilung, die für mein Buch zuständig war, hatte kurz zuvor ein Baby bekommen, das schwer krank war. Sie wusste nicht, wann sie in der Lage sein würde, mit mir an dem Manuskript zu arbeiten.

Ich wandte mich an den Senior-Direktor und sagte: »Ich bin im Bereich Körper-Geist-Heilung tätig. Dieses Buch hat mit Heilung und Aufwachen zu tun, und es ist völlig ausgeschlossen, dass ich eine Mutter von ihrem Kind weghole, damit sie sich auf mein Buch konzentriert. Sie braucht all ihre Kräfte, um das Leben ihres Kindes zu retten. Der Gedanke ist mir unerträglich, dass ihrem Baby etwas passieren könnte, während sie mit mir arbeitet. Es ist einfach nicht der richtige Zeitpunkt für sie, um an dem Buch eines neuen Autors zu arbeiten. Bitte, gibt es irgendeine Möglichkeit, aus dem Vertrag auszusteigen, ohne dass es Ihnen zu große Schwierigkeiten bereitet?«

Er war so liebenswürdig, uns diesen Gefallen zu erweisen. Das bedeutete, dass das Buch an den nächsten Bieter ging, Harper Collins und Carole; und sie stellte sich als meine Traumlektorin heraus. Sie war die perfekte Verfechterin für dieses Buch.

Auf jedem Schritt des Weges gab mein Körper mir laute und deutliche Signale – selbst wenn es keinen Sinn machte, selbst wenn ich den Grund nicht wusste –, und indem ich auf meine eigene Essenz hörte, wurde das beabsichtigte Ziel mühelos und elegant erreicht.

Wir können nicht immer das Geheimnis der Winkelzüge der Gnade verstehen. Was wir tun können, ist, auf die Zeichen zu hören, den Brotkrumen zu folgen und darauf zu vertrauen, dass der göttliche Plan offenbart wird zu einem Zeitpunkt, den die Gnade für richtig hält. Wir können aktiv werden und Schritte unternehmen, und noch mehr Schritte, und wenn wir offen und auf unseren Körper eingestimmt bleiben, wird das Leben uns deutlich wissen lassen, wann wir auf dem richtigen Weg sind und wann nicht.

Im Laufe der Jahre habe ich gelernt, wie wichtig es ist, absolut offen und flexibel zu sein, bereit, spontan und unverzüglich die Richtung zu ändern.

Wenn das Unendliche erst einmal zweifellos Ihre präzise formulierte positive Intention vorbereitet hat und während Sie jener Hai im Ozean des Vertrauens sind, müssen Sie offen bleiben für die Möglichkeit, dass sich das Ergebnis nicht auf die Weise einstellen wird, wie Sie es sich *gedacht* haben. Wenn jemand um eine Vision gebeten hat, kann es vorkommen, dass er auf einmal Scheuklappen vor den Augen hat und dann mit diesem Tunnelblick davon ausgeht, dass die Manifestation gemäß seinem präzisen Plan erfolgen wird. Aber die Winkelzüge der Gnade sind nicht so fest umrissen! Wenn wir versuchen, Ereignisse in unseren perfekt konstruierten Ablauf, wie alles zusammenkommen soll, hineinzupressen, kann es sein, dass wir die einfache Lösung übersehen, die sich direkt vor uns aufgetan hat – nur weil sie nicht in der *Form* erschien, wie wir es uns *vorgestellt* haben! Daher ist es wichtig, offen und flexibel zu bleiben und in diesem unergründlichen Geheimnis *unvoreingenommen* zu bleiben. Sie können nicht wissen, *wie* sich die Dinge ereignen werden, nur *dass* sie sich ereignen werden gemäß dem göttlichen unergründlichen Plan der Gnade. Alles, was Sie tun können, ist, sich hinzugeben und sich wie ein Hund an der Leine vom Leben führen zu lassen.

Einige Male habe ich erlebt, dass die Gnade es sich anders überlegt hat. Sie führte mich auf einen Weg, der eine ganze Menge Türen öffnete, nur um zu entscheiden, dass sie dieses Resultat nicht mehr wollte. Interessanterweise erkannte ich Jahre später im Rückblick auf das ganze Rätsel, dass alles vollkommen sinnvoll war. Ich hatte Lektionen zu lernen, die ich lernen musste, indem ich einem bestimmten Weg folgte, damit ich schließlich optimal vorbereitet war auf den neuen Handlungsablauf, zu dem die Gnade mich führte.

Wir müssen willens sein, uns in Sekundenschnelle zu ändern und ständig der Vision gegenüber aufs Neue offen zu sein, um herauszufinden, ob der gegenwärtige Handlungsablauf noch immer derjenige ist, den das Unendliche für uns vorgesehen hat. Kevin und ich hatten mehrere Lektionen zu lernen, die uns zeigten, wie wichtig es ist, jeden Moment nach innen zu horchen und gleichzeitig offen zu sein für die Magie der Gnade und sie in jeder Erscheinungsform willkommen zu heißen. Und selbst wenn die Gnade das beabsichtigte Resultat lieferte, mussten wir flexibel sein, da sie ihre Meinung darüber änderte, wann und wie dies geschehen sollte. Das Leben forderte uns wirklich auf, darauf zu vertrauen, dass sich ein anscheinend unerreichbares Ziel manifestieren würde.

Offen bleiben für die Magie der Gnade: Sie macht das Unmögliche möglich

Achtzehn Monate nach unserem Umzug nach England war unser Unternehmen immer größer geworden, und es war klar, dass wir mehrere Mitarbeiter einstellen mussten, um den steigenden Bedarf an Journey-Seminaren in Großbritannien zu decken. Da wir beide im Tagesgeschäft des Unternehmens stark involviert waren, mussten wir in wesentlich größere Räumlichkeiten umziehen, die sowohl ein Büro für die Mitarbeiter als auch eine Wohnmöglichkeit für uns boten. Mittlerweile hatte sich unser Kurs-Curriculum erweitert, und wir waren dabei, dem siebenwöchigen *Practitioner's Program* den letzten Schliff zu geben. Wo immer wir hinziehen würden, idealerweise würde es dort einen großen Saal geben, ein Wohnzimmer, groß genug, um als Seminarraum zu dienen, der leicht bis zu einhundert Personen Platz bieten konnte. Außerdem sollte zusätzlich Platz für die Teilnehmer unserer Fortgeschrittenenkurse zur Verfügung stehen.

Nachdem Kevin und ich alle Hindernisse mit einem persönlichen Abundance-Prozess geklärt hatten, setzten wir uns hin, um eine Vision zu finden. Und was sich auf die Seiten ergoss, war ein großzügiges Haus, wie eine Villa, mit ausgedehnten Rasenflächen – hell und luftig, mit hohen Decken und vielen Fenstern, nicht weit von London entfernt gelegen, gut erreichbar, aber nicht in den »Schlafstädten« – in einer ländlichen oder halb ländlichen Gegend. Das Wohnzimmer musste groß genug sein für Seminare und Grad Meetings, und eine große Küche mit Wintergarten war nötig, damit unsere Mitarbeiter dort ihr Mittagessen einnehmen konnten, ohne sich während der nassen, dunklen Wintermonate dort eingeschlossen zu fühlen. Das separate Büro sollte sonnig und hell sein, und für unsere Privatsitzungen wünschten wir uns ein freundliches, sauberes und behagliches Zimmer. Wir benötigten außerdem mindestens drei zusätzliche Schlafzimmer für unsere im Haus lebende Bürochefin und unsere Gäste. Zudem brauchte Kevin ein privates Arbeitszimmer. Was wir uns vorstellten, war ein Zentrum, ein richtiges Zuhause für The Journey. Die Beschreibung unserer Vision war ungefähr sieben Seiten lang und enthielt unter anderem einen weitläufigen Garten, um Seminarteilnehmern die Möglichkeit zu geben, sich in den Pausen auf den Rasen zu legen, spazieren zu gehen und bei schönem Wetter im Garten das Mittagessen einzunehmen. Die Vision war äußerst präzise und gründlich durchdacht. Die Liste schloss mit einer persönlichen Bitte: Wenn möglich, hätte ich gerne einige sakrale Kunstwerke in diesem gigantischen Haus, das wir zu mieten gedachten.

Als wir unsere Liste noch einmal durchlasen, konnten wir beide sehen, dass die Gnade für uns das gewünscht hatte, was man im Wesentlichen als Herrenhaus bezeichnen konnte, mit einigen Hektar Land, in der Nähe von London. Es war ein gewaltiges Anliegen, vor allem wegen unseres bescheidenen Budgets. Bei dem Vorschlag handelte es sich im Grunde um eine Villa für den Preis einer Hütte. Es schien, dass die Gnade dieses Mal wirklich das Unmögliche forderte.

Doch zum Glück hatten Kevin und ich gelernt, nicht infrage zu stellen, was wir aufgeschrieben haben, selbst wenn es oberflächlich betrachtet absolut unerreichbar zu sein scheint. Wir wissen, dass das Unendliche, wenn es einen Wunsch entstehen lassen kann, mit Sicherheit auch imstande ist, diesen zu verwirklichen.

Da wir ein Seminar nach dem anderen gaben, konnten wir nicht viel Zeit und Aufmerksamkeit darauf verwenden, an der Manifestation dieses großen Wunsches teilzunehmen; aber nichtsdestotrotz vertrauten wir darauf, dass das Leben uns zum richtigen Zeitpunkt irgendwie dorthin führen würde, und wir blieben für jegliche Brotkrumen offen, die uns unseren weiteren Weg zeigen konnten.

Es war April, und wir wussten, dass wir spätestens bis zum 1. August einziehen mussten, damit wir das Haus bis zum Beginn unserer Herbsttour herrichten konnten, die am 1. September begann. Obwohl wir unseren Freunden von unserem Wunsch erzählten und die Anzeigen in den Tageszeitungen studierten, fanden wir nicht das, was wir suchten. Entweder waren die Häuser viel zu klein oder für uns nicht bezahlbar. Tatsächlich war das billigste Haus, das alle Kriterien der Vision erfüllt hätte, zweieinhalb mal teurer, als wir es uns leisten konnten!

Gnade: der Lieferant, der alles auf Lager hat

Doch wir hatten vom Leben gelernt, dass die Gnade stets die erforderlichen Mittel bereitstellt für jedes Projekt, um welches es authentisch bittet. Und wir hatten gelernt, dass The Journey nur in dem Maße expandieren könnte und würde, wie es diese finanziellen Mittel erlaubten. Kevin und ich verstanden uns als Wächter der Gelder, die hereinkamen, und wir stimmten darin überein, nicht einen Cent auszugeben, der noch nicht abgegeben worden war. Wir würden keinen Kredit aufnehmen, um das Unternehmen zu vergrößern oder das Haus zu finanzieren. Doch als das Universum diese gigantische Vision formulierte, schien das Budget auf einschränkende Weise gering zu sein.

Die meisten Leute hätten wahrscheinlich gedacht, dass wir Träumer wären, die nur Luftschlösser im Kopf haben, uns vorzustellen, dass ein Haus von dieser Größe zu dem Preis zu haben ist, der unserem bescheidenen Budget entsprach. Doch wir hatten gelernt, in die Magie der Gnade, das Unmögliche möglich zu machen, zu vertrauen.

Auf das Leben hören, als würden Sie auf Gott hören

Dann gesellte sich unsere gute Freundin Gaby – inzwischen Vorstandskollegin – eines Tages in der Pause auf eine Tasse Tee zu mir. Gaby fragte, ob ich Lust hätte, mit ihr zusammen Sarah zu besuchen, ihre Freundin, die kurz zuvor das Journey-Buch gelesen hatte. Ihr Vorschlag überraschte mich: Gaby wusste, dass mir meine wenige Freizeit kostbar war und ich es mir kaum leisten konnte, irgendjemandem einen Besuch abzustatten. Ich wollte ihren Vorschlag gerade zurückweisen, als ich meine innere Stimme sagen hörte: »Höre auf das Leben, als würdest du auf Gott hören. Du weißt nie, wem du begegnen sollst oder warum.« Also bat ich Gaby, mir einen

Moment Zeit zu geben, während ich mich auf meinen Körper einstimmte und fragte, ob ich ihre Freundin besuchen sollte. Zu meiner Überraschung fühlte ich eine tiefe Entspannung bei diesem Gedanken und erkannte, dass mir grünes Licht gegeben worden war.

Als ich in Sarahs große Küche trat und auf den herrlichen Rasen ihres typisch englischen Gartens, komplett mit Apfelbäumen und Fischteich, hinausblickte, war ich total begeistert. Hier waren wir, weniger als dreißig Minuten von London entfernt, doch wir schienen Lichtjahre von der Hektik der Großstadt entfernt zu sein, und Äonen entfernt von der geisttötenden Gleichheit der Vorstädte.

Sie öffnete die Doppeltüren in ihre große Halle mit Kathedralendecken, und mir stockte der Atem, als ich durch Terrassentüren, die die ganze Wand einnahmen, auf ihren weiten Rasen blickte. Das erlesene Wohnzimmer war mit sakralen Kunstwerken aus aller Welt geschmückt: Ihr Mann hatte viele Jahre im Ausland verbracht und war ein Liebhaber und Sammler religiöser und sakraler Kunst.

Wir setzten uns zum unvermeidlichen Fünfuhrtee hin, und ich konnte mich nicht länger zurückhalten. Ich sagte: »Sarah, Sie werden es nicht glauben, aber Kevin und ich haben sieben Seiten lang das beschrieben, was im Grunde genommen Ihr Haus ist. Welch außergewöhnlicher Zufall!«

Ich erzählte ihr, dass The Journey nach einem neuen Zuhause suchte, einer echten Basis für die Arbeit, und ich erwähnte, dass ich das Gefühl hätte, sie nur deshalb zu besuchen, um mir bewusst zu machen, dass es solche Häuser in England gibt. Ihren Worten zufolge war das Haus wesentlich kleiner gewesen, bevor ihr Mann die riesige Garage in das großzügige Wohnzimmer verwandelt hatte, in dem wir gerade saßen. John hatte viel Zeit in Amerika verbracht und ihm gefielen die großen, offenen Räume dort. Ich rief aus: »Das ist also der Grund, warum es von vorne so anders aussieht! Von der Einfahrt aus gesehen scheint es ein gut proportioniertes Vier-Zimmer-Haus zu sein, doch sobald man nach hinten geht, dehnt es sich aus wie ein Fächer. Es ist einfach großartig!«

Nach dem Tee führte sie mich durch das Haus und zeigte mir die besonnten separaten Büros, die ihr Mann John benutzte, wenn er zu Hause war. Auf der zweiten Etage befanden sich die großzügigen Schlafzimmer für sie und dic Kinder. Wir beendeten die Tour mit einem Spaziergang durch den Garten mit den vielen Apfelbäumen und blieben am Teich stehen, um die Kois zu bewundern.

Nach dieser Führung dankte ich ihr noch einmal für die Einladung und sagte, dass es eine Inspiration für mich war, mein »Traumhaus« in physischer Form zu sehen. Ich fragte sie, ob sie vielleicht jemanden kennen würde, der einen ähnlichen Besitz ab dem 1. August langfristig vermieten wollte. Aber sie seufzte und antwortete, dass sie leider niemanden mit einem ähnlichen Haus kennen würde.

»Es ist schade, denn wir planen, im Sommer nächsten Jahres nach Amerika zu gehen. Es würde mir sehr viel bedeuten, wenn jemand von Ihrem Kaliber, der diesen

Ort wie einen Tempel behandelt, unser Haus mieten würde. Mir gefällt der Gedanke, dass das Haus bewusst benutzt werden würde, um der Menschheit zu dienen. Ich bewundere Ihre Arbeit, und es wäre ein absolut perfekter Platz für The Journey, um erfolgreich zu sein.«

Ich bedankte mich noch einmal bei ihr, seufzte und sagte dann: »Nun, ich nehme an, es sollte nicht sein, denn ich muss bereits am 1. August einziehen, und Sie ziehen erst *nächsten Sommer* um. Wir sind wie ein Paar verhinderter Liebender – unser Timing passt nicht. Doch zumindest weiß ich, dass es möglich ist.« Ich signierte ihr Exemplar des Journey-Buches und fuhr nach Hause, ziemlich verwirrt von der Enthüllung, erstaunt über die unheimliche Ähnlichkeit, die dieses Haus mit der detaillierten Vision hatte, die ihren Weg auf die Seiten unseres Tagebuches gefunden hatte.

Einige Wochen vergingen, und obwohl Kevin und ich uns ein paar Häuser angesehen hatten, so kam doch keines davon auch nur im Entferntesten an unser Traumhaus heran. Ich hatte mich in Sarahs Haus verliebt, es war einfach total perfekt! Schließlich sagte ich zu Gaby: »Ich weiß, dass du am Wochenende Sarah treffen wirst. Würdest du ihr bitte ausrichten, dass ich von ihrem Haus geträumt habe?«

»Du willst, dass ich ihr sage, du hättest von ihrem Haus geträumt? Das ist eine ziemlich eigenartige Bitte, die du da an mich richtest.«

»Nun, ich habe ... Wirst du es ihr sagen?«

»Okay. Ich werde die Botschaft weitergeben.« Am späten Nachmittag des gleichen Tages erschien Gaby mit einem erstaunten Gesichtsausdruck in meinem Büro und sagte: »Du wirst es nicht glauben, aber ich habe gerade mit Sarah telefoniert. Sie bat mich, dir zu sagen, dass sie seit unserem Besuch des Öfteren *von dir* geträumt hat. Sie sagt, du darfst sie gerne anrufen, da sie das Gefühl hat, das alles sei kein Zufall.«

Ich rief sie an, und Sarah erzählte mir, dass sie nach unserem Besuch immer wieder überlegt hatte, wie sie es einrichten konnte, dass unsere Terminpläne zusammenpassten. Sie wollte ihr Haus so gerne für etwas benutzt sehen, das dem Leben diente und Menschen half. Schließlich sagte sie: »Lassen Sie mich mit meinem Mann reden – vielleicht können wir einen neuen Plan schmieden, der für alle Beteiligten von Vorteil ist.«

Zwei Tage später rief sie mich zurück: »Ich habe mit John gesprochen, und er stimmt mit mir überein, dass es wunderbar wäre, bewusste Mieter zu haben, die unser Haus in Ehren halten, also hat er mir ein paar Vorschläge gemacht. Gegen Ende des Sommers, wenn die Kinder ins Internat zurückgehen, könnte ich mir für zwei Wochen ein Ferienhaus in Windsor mieten. Danach könnte ich in unsere Ferienvilla nach Spanien gehen, und die Kinder können mich in den Herbst- und Weihnachtsferien dort besuchen, und John auch, der Weihnachten aus den USA zu uns kommen will. Auf diese Weise könnten Sie nach den Sommerferien einziehen.«

Mein Herz begann wie wild zu klopfen angesichts dieser Möglichkeit, doch plötzlich fiel mir unser bescheidenes Budget ein. »Sarah, Ihr Angebot ist so großzügig, es verschlägt mir die Sprache. Doch ich muss ehrlich mit

Ihnen sein: Unser Budget für dieses Projekt ist sehr begrenzt, und ich möchte Sie nicht mit der geringen Summe beleidigen, die wir Ihnen anbieten könnten. Wenn Sie wirklich meinen, Sie würden uns gerne als Mieter haben, sollten Sie von einem Makler die Miete schätzen lassen. Ich fürchte jedoch, dass sie unsere Mittel übersteigen wird.«

Sie tat wie empfohlen, und ein paar Wochen später nannte sie mir den aktuellen Preis für das Haus. Mein Mut sank: »Oh Sarah, das ist fast zweieinhalb mal so viel, wie wir uns leisten können. Wir können nur ...« Ich nannte ihr den Betrag.

Lange Zeit war es still am anderen Ende der Leitung, während Sarah meine Worte verdaute. »Wow! Wir befinden uns ja auf völlig verschiedenen Ebenen. Ich hatte keine Ahnung, dass Ihr Budget so begrenzt ist.«

»Es tut mir so leid, Sarah, aber genau das habe ich befürchtet. Ich bin so dankbar, dass Sie The Journey Ihr Haus zur Verfügung stellen wollten, aber es soll wohl nicht so sein. Wenigstens habe ich jetzt die Hoffnung, dass es so etwas da draußen gibt, selbst wenn es nicht Ihr wunderbares Haus sein kann.«

Wieder blieb es lange still, dann sagte sie: »Überlassen Sie das mir. Ich muss mit John reden.«

Ein paar Tage später rief sie mich erneut an, atemlos vor Freude über die gute Nachricht. Sie hatte mit John gesprochen, und gemeinsam hatten sie beschlossen, uns das Haus zu unserem Preis zu überlassen. Sie betrachteten dies als eine Investition ins Leben, als einen Beitrag zur Heilung und Bewusstwerdung in England.

Ich war überwältigt, brachte vor Ergriffenheit kein Wort heraus. Schließlich sagte ich ihr, was das für ein Segen wäre und wie dankbar wir wären und dass wir ihr Haus wie einen Tempel oder ein Kloster behandeln und es extrem sauber halten würden. Wir würden den Segen zu würdigen wissen, den sie uns anbot.

Sarah erwiderte: »Okay, dann müssen wir uns jetzt über den Einzugstermin einigen. Meine Kinder sind hier aufgewachsen, und das werden die letzten Familienferien in diesem Haus sein, daher kann ich es Ihnen nicht vor dem 1. September überlassen, also einen Monat später, als Sie es wollten.«

Einen Augenblick lang sagte ich nichts, da ich nie eine Vision kompromittierte, die die Gnade aufgeschrieben hatte, und ihr Datum war präzise gewesen: 1. August. Das würde uns die Zeit geben, die wir benötigten, um einzuziehen und das Haus herzurichten, es neu zu streichen, alle Böden zu polieren und die unzähligen Fenster zu putzen. Das würde keine kleine Aufgabe sein, denn es war ein sehr großes Haus, und da Kevin und ich alles allein machen würden, wären wir *gerade noch* in der Lage, diese Arbeiten bis zum 1. September abzuschließen, bevor unsere nächste Tour begann. Wir brauchten jeden verfügbaren Moment. Ich zögerte, bevor ich schweren Herzens antwortete.

»Sarah, es tut mir so leid, doch ich fürchte, das klappt nicht. Es sieht so aus, als könnten wir Ihr fantastisches Angebot nun doch nicht annehmen. Wir werden jede verfügbare Minute brauchen, um das Haus vor unserer nächsten Tour zum Strahlen zu bringen und einzurichten. Sobald wir unterwegs sind, haben wir keinen Augenblick Zeit mehr, um umzuziehen, auszupacken und einzurichten. Ich verstehe absolut Ihr Bedürfnis, Ihren letzten Sommer in Ihrem Familienhaus verbringen zu wollen. Mir würde es genauso gehen, wenn ich an Ihrer Stelle wäre. Es ist einfach so, dass unsere Terminpläne nicht übereinstimmen, und leider kann ich hier keinen gesunden Kompromiss sehen.«

Eine Weile sagte Sarah nichts. Ich nahm an, dass sie mich für sehr undankbar hielt, ihr großzügiges Angebot abzulehnen. Doch dann fragte sie: »Was wäre, wenn ich Ihnen auf halbem Weg entgegenkommen würde? Wir werden am 15. August ausziehen, und ich gehe mit den Kindern für die letzten zwei Wochen nach Spanien.«

Wieder zögerte ich. Wie konnte ich ihr erklären, dass ich der Meinung war, nicht das Recht zu einem Kompromiss zu haben, wenn die Gnade eine Vision geäußert hat, dass sie immer einen Grund für das hatte, was sie schrieb?

Hören Sie auf Ihr Herz: Verraten Sie nie die Intention der Gnade

Ich schwieg und überlegte, wie ich mich nett und elegant aus dieser Situation herausziehen konnte. »Sarah ... Warten Sie bitte einen Moment ... Ich möchte etwas nachprüfen ... Ich bin gleich zurück.«

Ich legte den Hörer auf die Couch, schloss meine Augen und stimmte mich auf meinen Körper ein. Er würde wissen, ob Flexibilität angesagt war oder ob ich an der ursprünglichen glasklaren Intention der Gnade festhalten sollte.

Sobald ich innerlich still wurde, richtete ich meine Aufmerksamkeit nach innen, sah prüfend die Vorderseite meines Körpers an und fragte: »Ist es in Ordnung, am 15. August einzuziehen?« Es entstand eine Pause, und dann zog sich mein Bauch zusammen und gab mir die unmissverständliche Botschaft: »Nein.« Nun gut. Es hatte sich angefühlt wie ein herrlicher Segen, auch wenn es nur für kurze Zeit gewesen war. Ich wusste, dass ich meine eigene Seele nicht hintergehen konnte.

Jedes Mal, wenn ich in der Vergangenheit gegen mein Bauchgefühl gehandelt hatte, war es unweigerlich zu Problemen gekommen. Dann war es, als befände ich mich am Fuße eines Berges und konnte zum Gipfel hinaufsehen und den *genauen* Moment erkennen, in dem ich mein Herz verraten und mich über den Willen des Unendlichen hinweggesetzt hatte. Der schnellste Weg zum Misserfolg bestand darin, gegen mein Bauchgefühl zu handeln. Und das konnte ich auf keinen Fall The Journey antun.

Ich ging zur Couch zurück und bereitete mich darauf vor, eines der großzügigsten Geschenke abzulehnen, das mir jemals angeboten worden war, doch kaum hatte ich den Hörer in die Hand genommen, ließ mich etwas zögern.

Seien Sie offen für die geänderte Entscheidung der Gnade

Ich hielt inne, legte den Hörer wieder hin und fühlte mich dazu angeleitet, noch einmal nach innen zu horchen, mich irgendwie weiter zu öffnen. Also wiederholte ich meine Frage: »Können wir am 15. August einziehen?« Wieder überprüfte ich die Reaktion meines Körpers. Während ich mich tiefer auf ihn einstimmte, blitzte ein Bild vor meinem geistigen Auge auf – ich sah, wie alle Trainer und lieben Freunde von The Journey zusammenkamen und sangen, während sie die hohen Wände strichen, die Böden polierten und die Fenster putzten – es war ein echtes »Pfeifen beim Arbeiten«-Szenario, bei dem viele hilfreiche Hände in weniger als zwei Wochen das erreichten, was für Kevin und mich vier Wochen schwere körperliche Arbeit bedeutet hätte.

Es war, als würde sich die Vorderseite meines Körpers öffnen und mein Herz singen. Die Botschaft war klar und deutlich: Wenn wir unsere Trainer bitten würden, uns dabei zu helfen, das neue Haus für The Journey vorzubereiten, würden wir es schaffen, auch wenn der 15. August äußerst knapp war, wäre es machbar. Die Gnade hatte mich aufgefordert, mich weiter zu öffnen, tiefer hinzuhören, und ich war dem Ruf gefolgt und hatte eine neue, frische Vision erhalten. »Sarah, das ist so großzügig von Ihnen. Absolut! Wir werden einen Weg finden, alles rechtzeitig hinzubekommen. Wir würden uns wahnsinnig freuen, am 15. August einziehen zu können!«

Was für ein Geschenk! Wir zogen Mitte August ein, und es geschah genau so, wie ich es mir vorgestellt hatte: Freunde von The Journey hatten sich zusammengefunden und verbreiteten eine gute Atmosphäre von Spaß und Dienst; wir legten viele heitere Songs und Chants aus verschiedenen spirituellen Traditionen auf, beim Streichen gaben wir unsere Liebe und Segnungen in die Wände, polierten unsere guten Wünsche in die Böden und hoben die Atmosphäre des ganzen Hauses, brachten es zum »Singen« mit unseren guten Wünschen.

Was für eine Lehre des fortwährenden inneren Hinhörens! Zuerst hatte mir mein Körper ein entschiedenes *Nein* bezüglich des Einzugstermins am 15. August signalisiert, doch dann hatte ich ein kleines »Ziehen« bemerkt, bevor ich ans Telefon zurückging, ein Ziehen, das mich zu einer weiteren Öffnung aufforderte. Sobald ich mich wirklich öffnete, präsentierte sich ein neuer, eleganter und freudiger Weg wie von selbst. Das Leben forderte von mir, mich jeden Augenblick gegenüber der veränderten Entscheidung der Gnade zu öffnen.

Wenn wir am Tanz der Manifestation teilnehmen, müssen wir jeden Moment *aufs Neue* nach innen hören und bereit sein, bewusst und *flexibel* zu handeln als *unmittelbare* Reaktion auf den Ruf des Herzens. *Ihr Körper ist das Barometer, das Instrument Ihrer Seele*; und Ihre Aufgabe ist es, *nichts* zu manifestieren. Das Einzige, was Sie tun müssen, ist, auf Ihren Instinkt zu hören, der Ihnen jederzeit zur Verfügung steht, und dann durch geführtes, bewusstes Handeln zu *reagieren* und sich den Gegebenheiten *neu anzupassen*, wann immer es nötig ist.

Nach unserer Erfahrung ist alles Leben von Gnade erfüllt. Wenn uns also ein Hindernis in den Weg gelegt wird, müssen wir darauf vertrauen, dass die Gnade es aus einem bestimmten Grund vor uns aufgebaut hat, dass es sich um einen göttlichen Wegweiser handelt.

Mein früheres Training hatte mich gelehrt, dass, wenn mir jemand mit »Nein« geantwortet hat, ich eine bessere Frage stellen musste: *Frage, bis du ein »Ja« erhältst.* Und wenn das Leben mir eine Tür vor die Nase zuschlug, hatte ich gelernt, *so lange weiterzumachen*, bis ich das gewünschte Resultat bekam. Selbst wenn das bedeutete, die Tür einschlagen zu müssen, musste ich dem Leben beweisen, dass sich mir nichts in den Weg stellen konnte, dass mich nichts aufhalten konnte.

Doch mittlerweile bin ich zu der Erkenntnis gelangt, dass diese egobasierte Vorgehensweise, um etwas zu manifestieren, selten zu gesunden Ergebnissen führt. Wenn wir unsere ganze Zeit und Energie darauf verwenden, eine Tür einzuschlagen, die sich nicht öffnen will, übersehen wir schließlich die Tür zu ihrer Linken, durch die wir leichten Schrittes gehen können.

Wenn ich mich heute mit einem unverrückbaren Hindernis konfrontiert sehe, öffne ich mein ganzes Wesen und schaue mich nach anderen Möglichkeiten um, statt mir den Kopf an dieser unnachgiebigen Mauer einzuschlagen. Ich weiß, dass es wahrscheinlich einen Grund für dieses Hindernis gibt und dass ich vielleicht noch etwas lernen muss, bevor ich mühelos diese bestimmte Tür durchschreiten kann. Ich sehe mich um, und wie Wasser, das um einen Fels im Fluss herumfließt, fließe ich in die Richtung, *die mir offen steht*. Eine verschlossene Tür bedeutet nicht, dass Sie *nie* hindurchgehen werden; es bedeutet nur, dass der Zeitpunkt *noch nicht gekommen* ist.

Die Gnade ist leicht und spielerisch: Kampf bedeutet, dass das Ego am Werk ist

Wenn Sie sich *abmühen* und mit aller Kraft versuchen, etwas zu erzwingen, ist es an der Zeit, damit aufzuhören; nehmen Sie ein paar tiefe Atemzüge und treten Sie einen Schritt zurück. Schauen Sie sich um und seien Sie für jede Richtung offen, in die die Gnade Sie führen will, und entscheiden Sie sich für einen einfacheren Weg. Die Gnade ist von Natur aus leicht und spielerisch. Wenn Sie auf dem richtigen Weg sind, im Fluss, ergibt sich alles mit Leichtigkeit. Sobald Sie ungeduldig werden, sich festgefahren fühlen und anfangen, die Dinge vorantreiben zu wollen, ist das ein Signal, dass Sie irgendwie versuchen, die Sache auf *Ihre Art* zu tun, Ihrem Ego zu folgen. Jeder Kampf, jede Anstrengung ist ein Zeichen, dass Ihr *Ego* am Werk ist. Das kann sich anfühlen, als würden Sie einen Felsbrocken einen Berg hochschieben: Es ist schwierig und mühevoll. Und der schnellste Weg, Manifestation zu verlangsamen oder sie zum Erliegen zu bringen, besteht darin, Ihrem Ego die Kontrolle zu überlassen. Wenn wir gegen den Fluss der Dinge ankämpfen, ist das beinahe so, als würde die Gnade beschließen, in den Hintergrund zu treten. Sie sagt: »Oh, du denkst also, du hast die Kontrolle? Wollen wir mal sehen, wie leicht sich das jetzt manifestiert.« Und das Manifestieren wird zunehmend schwieriger, bis es zu einem ständigen und nicht zu gewinnenden Kampf wird.

Wenn Sie sich auf Ihrem Weg mit einem Hindernis konfrontiert sehen, fragen Sie, ob das Leben es dorthin gestellt hat, um Ihnen eine positivere Richtung zu zeigen. Was wäre, wenn alle Hindernisse nicht Ihre Feinde, sondern Ihre Freunde beim Manifestieren wären, Ihre Wegweiser, die Ihnen andere, passendere Richtungen anzeigen?

Im Fluss der Gnade zu bleiben bedeutet, bereit und fähig zu sein, die Richtung zu ändern, sobald ein Hindernis Ihren Weg blockiert.

Zeichen, die zu einem scheinbar zweifelhaften Resultat führen

Manchmal kommt es vor, dass Sie dem Rat einer anderen Person folgen; Sie überprüfen Ihren Körper und *wissen* mit absoluter Sicherheit, dass Sie eine bestimmte Tür durchschreiten müssen, nur um im Nachhinein festzustellen, dass diese nicht zu dem *erwarteten* Resultat geführt hat. Ich habe dies mehr als einmal erlebt. Doch wenn ich einige Monate später zurückschaue, kann ich jedes Mal genau erkennen, warum ich meine Zeit damit vergeudet habe, diese bestimmte Gelegenheit näher zu erforschen: Unweigerlich hat sie mich wichtige Lektionen gelehrt, die mich schließlich auf die Tür vorbereitet haben, durch die ich gerade gehe. Jedes noch so kleine Zeichen, dem Sie folgen, wird Ihnen etwas geben, was Sie auf Ihrem Weg zur Manifestation benötigen. Alles ist Teil des Lernens, das Sie brauchen, um das *beabsichtigte* Ziel zu erreichen. Wenn Sie alles, was Ihnen das Leben in den Weg legt, als Teil Ihrer Reise hin zur Fülle betrachten, wird jeder Moment des Lebens zu einer immer präziser werdenden Lehre, die Sie schließlich in die Richtung katapultieren wird, die für Sie vorgesehen ist.

Göttliche Hindernisse führen zu göttlichem Timing

Wenn eine Intention aus Offenheit und Hingabe heraus erwächst, kann nach unserer Erfahrung die Antwort auf diesen Wunsch gleichzeitig auftauchen. Es kann sich anfühlen, als wären der Wunsch und seine Erfüllung im Bewusstsein ein und dasselbe, als ob das *Resultat* bereits in der Bitte *enthalten* wäre.

Zu anderen Zeiten, vor allem wenn unsere Intentionen umfassender oder eher strategischer Natur sind, hat es den Anschein, dass unser Bewusstsein sich verändert und mit göttlichem Timing zu arbeiten beginnt, um die Veränderungen im Universum herbeizuführen, die zur Realisierung unserer genauen Vision notwendig sind. Es kann den Anschein haben, als bestünde die umgehende Reaktion auf die Formulierung unserer Vision darin, den ersten Dominostein in einer komplexen Ereigniskette anzustoßen. Dann ist es unsere Aufgabe, dabei offen und beteiligt zu bleiben, darauf vertrauend, dass die Vision sich zur rechten Zeit, in perfektem Timing, entfalten wird, und in dem Wissen, dass wir eventuell göttliche Hindernisse auf unserem Weg finden werden.

Göttliche Hindernisse annehmen

Nachdem wir einige Jahre in der Nähe von London gelebt hatten, verspürte ich den starken Wunsch, mehr Zeit mit meinem Sohn Mark zu verbringen, der damals neun Jahre alt war. Er lebte in South Wales, meiner ursprünglichen Heimat, ungefähr 150 Meilen von unserem herrlichen Journey-Center und Haus entfernt. Außerdem waren Brandon und ich es leid, inmitten der Geschäftigkeit unserer Unternehmensumgebung zu leben, und jeden Tag sehnten wir uns mehr danach, reinere, frischere Meeresluft zu atmen. Also beschlossen wir, uns ein Haus nur für uns in einem malerischen Teil der Küste von Wales zu kaufen, während das Journey-Team getrennte Unterkünfte in der Gegend finden würde.

Wir befolgten genau die Manifestationsanweisungen und brachten unsere gemeinsame Vision zum Ausdruck: Wir wollten in einem Haus mit drei Schlafzimmern in einer bestimmten Gegend an der Küste von Wales leben. Wir beschrieben das gewünschte Haus in allen Einzelheiten. Wir führten aus, wie wir uns fühlen wollten, wenn wir in unserem neuen Haus lebten, unsere höchste Priorität war eine erhöhte Lage mit atemberaubendem Blick aufs offene Meer. Dann übergaben wir dem Universum die Verantwortung für die Vision.

Wir wussten, dass wir auf ein kleines Küstendorf zugesteuert wurden, wo die Häuser mit dem besten, ungehinderten Meerblick selten zum Verkauf angeboten wurden – und wenn sie doch auf den Markt kamen, fanden sie in der Regel sofort einen Käufer. Damit wir unser perfektes Haus finden konnten, mussten wir zum richtigen Zeitpunkt am richtigen Ort sein, doch waren wir oft wochen- oder sogar monatelang beruflich außer Landes. Also erzählten wir Freunden und Familienmitgliedern, die in South Wales lebten, von unserem Plan und baten sie, ihre Augen und Ohren für uns offen zu halten; außerdem gaben wir bei den ansässigen Maklern unsere Daten an.

Unsere höchste Priorität war ein *Grundstück* mit fantastischem Meerblick, und wir waren bereit, Veränderungen an dem Haus vorzunehmen, zu renovieren oder sogar abzureißen und unsere Traumversion neu aufzubauen.

Während wir in Australien waren, erhielten wir den aufgeregten Anruf einer Freundin. Sie hatte ein Haus mit wunderbarem Blick aufs Meer gefunden und es für uns bis zu unserer Rückkehr reserviert. Obwohl das Haus nicht all unseren Wünschen entsprach, konnten wir erkennen, dass es möglich war. Aber wenn wir ganz ehrlich waren, so hatten wir uns eigentlich gewünscht, dass das Haus in eine andere Richtung zeigt, damit wir einen besonders malerischen Ausblick hatten, unter anderem auf die schroffen Klippen und die zerklüftete Küste, die diesen Teil von Wales so spektakulär machten.

Als wir mit den Kaufverhandlungen begannen, warf uns die Gnade ein göttliches Hindernis in den Weg. Wir fanden heraus, dass die Anfahrt zu dem Haus nicht zu dem Grundstück gehörte und unsere Nachbarn uns jederzeit den Weg versperren konnten. Also zogen wir uns elegant aus dem Projekt zurück und öffneten uns noch einmal, um dem Leben zu erlauben, uns zu dem gewünschten Ziel zu führen.

Völlig unerwartet erzählte uns ein Makler, der ein alter Freund war, von einem Grundstück, das noch nicht zum Verkauf angeboten wurde. Es lag nach der von uns gewünschten Richtung, und der Blick war ungehinderter als bei dem ersten Haus. Es gehörte einem Arzt, der sich gerade ein neues Haus in einem anderen Dorf baute, und er wollte ausziehen, sobald es fertig gestellt war, was wohl in ein paar Monaten der Fall sein würde. Wir durften es als Erste besichtigen. Das Haus schien ein regelrechter Glücksfall zu sein, da es zu einem Preis verkauft werden sollte, den wir *gerade noch* aufbringen konnten, und es schien, als ob die Gnade es direkt in unseren Schoß hatte fallen lassen. Geduldig warteten wir … und warteten … und warteten noch ein wenig länger.

Die Hinhaltetaktiken der Gnade

Das neue Haus des Arztes wollte und wollte nicht fertig werden, und Brandon und ich begannen uns zu fragen, was die Gnade vorhatte. Aus irgendeinem Grund schien sie die Erfüllung unserer Vision zu verzögern. Nach sechs

Monaten hatten wir immer noch kein Einzugsdatum bekommen, also traten wir von dem Kauf zurück. Wieder öffneten wir uns und baten das Leben, uns zu unserem Traumhaus zu führen.

Insgeheim hatten wir uns ein alleinstehendes Grundstück gewünscht, ohne andere Häuser, ohne das Land eines anderen, das unsere Sicht beeinträchtigen könnte. Wir wollten wie in einem Nest oben auf einer Klippe wohnen mit einer 180-Grad-Aussicht auf dieses hinreißend schöne Meerespanorama; und weder war im Laufe unserer monatelangen Suche ein derartiges Grundstück auf den Markt gekommen noch hatten wir irgendein Haus – sei es nun zu kaufen oder nicht – gefunden, das unserem Traum bis ins kleinste Detail entsprach.

Zwei Wochen später gingen Brandon und ich an der Küste spazieren. Dabei gelangten wir zu einem atemberaubenden Strand und sahen uns in alle Richtungen um, bis wir beide gleichzeitig ausriefen: »Oh mein Gott! Das ist unser Grundstück!« Wir hätten es nie gesehen, außer von diesem exakten Winkel aus, genau von dieser Stelle aus, wo wir standen. Versteckt am Ende eines kleinen Weges, erhob sich ein Haus auf einem Hügel, es stand dort ganz allein, abgesehen von unbewohnter Parklandschaft zwischen ihm, den Klippen und dem offenen Meer dahinter. Es bot von allen Seiten umwerfende Aussichten. Da wir alle Regionalzeitungen und Maklermagazine durchforstet hatten, wussten wir, dass es nicht zum Verkauf angeboten wurde, doch waren wir uns einig: »Wenn es irgendein Haus in ganz Wales, ja sogar in ganz Großbritannien geben würde, in dem wir leben wollten, dann wäre es dieses hier. Schade, dass es nicht frei ist. Wenn es je auf den Markt kommen sollte, würden wir es sofort kaufen.«

Am nächsten Morgen erhielten wir mit der Post die neuesten Maklerangebote, und siehe da – dieses kleine Haus war dabei. Wir riefen umgehend den Makler an, der gerade auf dem Weg war, um dort das Schild *»Zu verkaufen«* anzubringen, und innerhalb von drei Stunden hatten wir unser *perfektes* Haus gekauft.

Die Gnade: der perfekte Manipulator

Das Außergewöhnliche an dieser ganzen Sache war, dass die Gnade uns mit dem ersten Haus hinhalten musste, was uns dann zu dem zweiten führte, und während wir geduldig warteten, verbesserte sich unser Budget in dem Maße, dass wir uns schließlich das dritte Haus leisten konnten. Und die Gnade führte uns auf einem Spaziergang geradewegs zu diesem versteckten Juwel – am Abend bevor es auf den Markt kam, damit wir als die ersten Käufer zuschlagen konnten.

Unsere Chance, auf dem Land zu wohnen, an diesem Ort und zu dieser bestimmten Zeit, war eigentlich aussichtslos, und dennoch hat das Leben mit gigantischen Machenschaften dafür gesorgt, dass es uns in den Schoß fiel. Und statt gegen die Wege der Gnade anzukämpfen, blieben wir einfach im Fluss und ließen uns, ohne einzugreifen, spontan zu dem perfekten Resultat führen.

Seien Sie zufrieden, in dem Geheimnis zu leben

Zuweilen wird das Leben Sie auf äußerst rätselhafte Wege führen, deren Geheimnis Sie so lange nicht verstehen werden, bis alle Teile des Puzzles zusammenkommen und dann – voilà! – das vollständige Bild, das göttliche Timing, die Hindernisse, die Verzögerungstaktiken einen Sinn ergeben.

Die Lektion war laut und deutlich: Bleiben Sie offen und lassen Sie sich führen, auch wenn Sie die geheimnisvollen Wege der Gnade nicht verstehen.

Feiern Sie, was Sie erreicht haben: Notieren Sie sich die Geschenke, die sich manifestieren

Es ist sehr wichtig, dass Sie, sobald Sie etwas manifestiert haben, sich die Zeit nehmen, dieses Ereignis zu feiern und schriftlich festzuhalten. Oft kommt es vor, dass wir ein bestimmtes Ziel, wenn es erreicht wurde, oder eine Leistung, wenn sie vollbracht wurde, kaum wahrnehmen und nicht innehalten, um uns an diesem Segen zu erfreuen, sondern uns gleich etwas Neues vornehmen. Vergessen Sie nicht, dass die Gnade sich zu einem dankbaren Herzen hingezogen fühlt und dass dem mehr gegeben wird, der das Geschenk, mit dem er gesegnet wurde, schätzt und dafür dankbar ist. Wenn Sie, statt die reiche Fülle des Lebens anzuerkennen, diese Geschenke als selbstverständlich hinnehmen, kann das Leben unter Umständen sein Interesse daran verlieren, Sie mit Wohltaten zu überhäufen. Es ist, als würde es sagen: »Oh, ich vermute, ihr *liegt nicht wirklich* etwas an dieser Beziehung; diesen Job *wollte er wohl gar nicht* haben; er *begrüßt* dieses Auto, dieses Haus wohl doch *nicht*; sie weiß ihren gesunden Körper *nicht zu schätzen*. Sie haben bekommen, worum sie gebeten haben, doch eigentlich liegt ihnen nichts daran. Vielleicht sollten diese Dinge jemandem gegeben werden, der dankbarer ist; jemandem, der das Geschenk wirklich zu würdigen weiß.« Und es kann sein, dass Sie genau die Dinge, die zu erreichen Sie so hart gearbeitet haben, wieder verlieren.

Beinahe jeden Tag werden Kevin und ich in unseren Gesprächen automatisch zu der Erkenntnis geführt, wie gesegnet wir sind, was für ein Glück wir haben, wie dankbar wir sind. Es ist nicht so, dass wir eine Gewohnheit daraus machen; vielmehr sind wir uns bewusst, dass alle materiellen Dinge im Leben wahrhaftig ein Geschenk der Gnade sind, und wir empfinden automatisch Dankbarkeit für das Glück, das uns zuteil wird. *Es ist uns zur zweiten Natur geworden, das Leben zu feiern und die Wohltaten in unserem Leben zu notieren.* Und unsere Dankbarkeit scheint immer mehr Wohltaten nach sich zu ziehen.

Sobald Sie also ein erwünschtes Resultat erzielt haben, nehmen Sie sich die Zeit, es zu feiern, es zu würdigen, dem Leben dafür zu danken. Es ist wichtig, zu erkennen, wie glücklich Sie sich schätzen können, und Ihre Dankbarkeit darüber zum Ausdruck zu bringen, mit der Knetmasse des Lebens gesegnet worden zu sein.

Die Geschenke des Lebens ehren und wertschätzen

Unserer Meinung nach besteht ein Teil unserer Art und Weise, dem Leben für seine Fülle zu danken, darin, dass wir alles, was sich manifestiert, ehren und pflegen. Unsere Dankbarkeit drückt sich durch unser *Handeln* aus. Wenn wir mit einem neuen Auto gesegnet worden sind, ehren wir es, indem wir es regelmäßig in der Werkstatt überprüfen lassen, es waschen, einwachsen und alles in allem dafür sorgen, dass es im besten Zustand bleibt. Wenn wir mit Familie oder Freundschaften gesegnet worden sind, investieren wir Zeit, damit sie sich entfalten, erblühen können. Wenn das Leben uns ein Haus geschenkt hat, ehren wir es, indem wir dafür sorgen, dass es in einem makellosen Zustand bleibt und eventuelle Reparaturen sofort durchführen lassen. Selbst unsere Kleidung wird mit großem Respekt behandelt und nicht nur gewaschen, sondern auch gebügelt. Alles, was Sie tun, um für Ihre Beziehungen, Ihre materiellen Dinge, Ihren Job zu sorgen, sie zu ehren und wertzuschätzen, ist ein Signal, dass Sie nach wie vor dankbar sind, *nach wie vor* gesegnet durch das Geschenk, das Ihnen zuteil wurde. Das Leben erkennt, dass Sie das, was Ihnen geschenkt wurde, wirklich zu würdigen wissen, und es möchte automatisch denen mehr geben, die das Leben ehren.

Doch wenn Sie Ihrer Fülle mit geringem oder überhaupt keinem *Interesse* begegnen, Beziehungen im Sand verlaufen, Ihr Haus verkommen und Ihren Job schleifen lassen, wird das Leben sehr schnell die klare Botschaft vernehmen, dass Sie die Ihnen gewährten Geschenke nicht wirklich *wertschätzen*, und kann anfangen, Ihnen Dinge wegzunehmen. Um also an gesunder Fülle teilzuhaben, sollten Sie nicht vergessen, Ihr großes Glück zu feiern und auch die Geschenke, die Ihnen zuteil werden, schriftlich festzuhalten, und sie ehren, indem Sie sie wertschätzen und sie hegen.

Die Kraft der Nichtanhaftung

Im Hinblick auf die Manifestation von Fülle gibt es noch ein weiteres wichtiges Prinzip, das hier angesprochen werden muss: die Kraft der Nichtanhaftung. Vielleicht fragen Sie jetzt: »Aber wie soll das funktionieren? Wenn ich der Hai im Meer des Lebens bin, ständig wachsam, unentwegt Ausschau haltend und bewusst handelnd, wie kann ich dann frei von Anhaftung bleiben? Wie soll das gehen? Diese zwei Dinge scheinen im Gegensatz zueinander zu stehen.«

Für mich ist Nichtanhaftung vielleicht der wichtigste Aspekt aller Manifestationsprinzipien. Ich weiß, dass es nicht einmal »meine« Vision ist, wenn eine Intention hinausgeht; sie gehört dem Unendlichen. Ich bin nur ein williger Diener und lasse mich als ein Vehikel benutzen, das am Tanz der Manifestation teilnimmt. Die Intention resultierte *nicht* aus einem persönlichen Bedürfnis oder Gier. Sie entstand als eine nichtpersönliche Vision, erschaffen von meiner Essenz.

Doch wir sind alle Menschen, und zuweilen kann sich daher auch ein Begehren in unser Handeln einschleichen und es persönlich werden lassen. Wir werden derart in den Tanz hineingezogen, dass wir irrtümlich glauben, dass *wir* es sind, die all das manifestieren, dass alles Erreichte nur auf uns selbst zurückzuführen ist, und dann beginnen wir, uns angetrieben zu fühlen, besessen davon zu werden, unsere Ziele zu realisieren. Das *Ego* vereinnahmt dabei alle Resultate für sich in dem Glauben, sie aus eigener Kraft erreicht zu haben, und es wird unersättlich in seinen Bemühungen, immer noch mehr zu erreichen.

Falls Sie feststellen, dass diese Art ungesunder Anhaftung an Resultate Ihr tägliches Leben bestimmt, nehmen Sie sich einen Moment Zeit, halten Sie inne und atmen Sie einige Male tief durch. Erkennen Sie nun, dass Sie von einer persönlichen Anhaftung getrieben werden und dass dies ein Rezept für Enttäuschung und Unglück ist. Werden Sie innerlich still, öffnen Sie sich und lassen Sie folgende Lektion in Ihrem Gewahrsein aufsteigen.

Diese Lektion über die Macht der Nichtanhaftung zählt zu den einschneidendsten Lehren, die ich in all den Jahren auf meinem spirituellen Weg je erfahren habe. Sie hat für immer meine Beziehung zu materiellen Dingen wie auch zu Menschen in meinem Leben verändert und wirkt sich bis auf den heutigen Tag auf mein Leben aus.

Nichtanhaftung: ein entscheidender Schlüssel

Vor ungefähr achtzehn Jahren machte ich ein Meditationsretreat bei Gurumayi, einer erleuchteten Meisterin, die ihre Unterweisungen oft in der traditionellen Weise gibt, indem sie kraftvolle Geschichten erzählt. Diese besondere Geschichte hinterließ einen bleibenden Eindruck bei mir. Sie kroch mir unter die Haut und begann, mich ganz zu durchdringen wie eine lebendige Erfahrung. Beim Zuhören dieser Geschichte lockerten sich die Schnüre der Anhaftung auf mysteriöse und mühelose Weise und lösten sich im Laufe der Zeit wie selbstverständlich auf. Mir war nicht bewusst gewesen, dass dies geschehen war, bis ich zwei Jahre später mit der Erfahrung konfrontiert wurde, alles, was ich liebte, zu verlieren, und feststellte, dass ich mich trotzdem reich und unversehrt fühlte.

Vor langer, langer Zeit in Indien lebte einmal ein erleuchteter Meister, der außerdem ein sehr reicher Mann aus einer angesehenen Familie und Besitzer mehrerer Fabriken war. Eines Tages spazierten er und sein ergebener Schüler gemächlich durch ein abseits gelegenes, staubiges Dorf, als sie an einem Laden vorbeikamen, in dem es Antiquitäten, Trödel und allen möglichen Krimskrams zu kaufen gab. Im Schaufenster war etwas ausgestellt, was man dort niemals vermutet hätte, ein Gegenstand, der den erleuchteten Meister zur genaueren Betrachtung näher treten ließ. Es war eine einzelne Teetasse aus Porzellan, und als er sie in Augenschein nahm, erkannte er, dass es genau die seltene, geschätzte Teetasse war, die er schon seit mehr als dreißig Jahren gesucht hatte. Er besaß bereits die ersten elf Teetassen dieses unvergleichlichen Sets, des seltensten seiner Art, das auf die Radschas von einst zurückging, und mit dieser Tasse würde sein Service komplett sein.

Er freute sich wahnsinnig über sein großes Glück und fand, dass die Gnade ihn an diesem günstigen Tag angelächelt hatte, denn dreißig Jahre sind eine lange Zeit, um nach einer Teetasse zu suchen.

Mittlerweile hatte der Ladenbesitzer, der im Schatten außer Sichtweite stand, den erleuchteten Meister erspäht, der sein Schaufenster betrachtete, und sein Herz machte vor Freude einen Sprung: »Mein Gott! Endlich ist er gekommen! Heute ist mein Glückstag. Jeder weiß doch, dass dieser Meister ein sehr reicher Mann ist. Jetzt können meine Frau und ich uns endlich zur Ruhe setzen. Das ist genau die Teetasse, die er braucht, um das seltenste Teeservice der Welt vollständig zu machen. Wir haben es geschafft!«

Frohlockend sagte der Ladenbesitzer seiner Frau, sie solle sich in der Küche verstecken. Die Götter hatten sie angelächelt und sie könnten endlich ihr Geschäft schließen und ihre ersehnte Pilgerreise nach der heiligen Stadt Varanasi antreten. Sie würden wie Könige leben, und es würde ihnen nie mehr an irgendetwas mangeln.

Als der Meister näher trat, öffnete der Ladenbesitzer eilfertig die Tür und hieß ihn und seinen Begleiter mit einer tiefen Verbeugung willkommen. Er setzte sein einnehmendstes Lächeln auf und sagte mit schmeichelnder, öliger Stimme: »Namaste, Swamiji. Wie kann ich Ihnen an diesem schönen Tag helfen?«

Der Meister erklärte ihm freundlich, dass er an der Teetasse im Schaufenster interessiert sei. »Ah, ich verstehe«, erwiderte der Ladenbesitzer. »Das ist mein kostbarstes Stück. Ihr wisst vielleicht, dass es die seltenste Teetasse ihrer Art in der Welt ist. Sie gehört zu einem zwölfteiligen Service, und sie ist die letzte davon.«

»Ja«, sagte der Meister, »mir ist das Service wohl bekannt. Es gefällt mir ganz besonders gut und ich möchte diese Tasse kaufen. Welchen Preis verlangt Ihr?«

Der Ladenbesitzer spürte, wie sein Herz laut zu pochen begann und sein Mund trocken wurde. Er dachte: »Dieser Swami weiß um die einzigartige Seltenheit der Tasse. Er wird jeden Preis bezahlen, den ich ihm nenne.« Und in der Aufregung des Augenblicks nannte er einen astronomischen Preis. Als der Meister den Betrag hörte, antwortete er einfach: »Nein, werter Herr, ich werde nur diesen Preis bezahlen.« Er nannte einen großzügigen und angemessenen Betrag und meinte: »Dies ist ein fairer Preis.«

Der Ladenbesitzer war überrascht. Er hatte gedacht, der Verkauf würde leichter vonstatten gehen; schließlich ist ein erleuchteter Meister kein gemeiner Fischhändler, der auf dem Markt um jede Rupie feilscht. Aus der Fassung gebracht, aber nicht allzu entmutigt, reduzierte der Ladenbesitzer seine ursprüngliche Preisforderung um die Hälfte und wies den Meister darauf hin, welchen Verlust dies für ihn bedeuten würde, und wiederholte mehrmals, dass es sich bei der Tasse um die einzig erhaltene ihrer Art handelte.

Der Meister bestätigte, dass dies der Wahrheit entsprach. Die Tasse war unersetzlich – die seltenste, die es gab. Dann wiederholte er den ursprünglichen Betrag, den er geboten hatte, und meinte wieder: »Das ist ein fairer Preis.«

Völlig verwirrt, dachte der Ladenbesitzer beunruhigt: »Okay, okay. Dieser Meister will also feilschen. Ich werde noch mal fünfzig Prozent runtergehen, aber mehr auf keinen Fall. Ich werde dann immer noch ein reicher Mann sein.«

Mit einem nicht überzeugenden Lächeln und ohne dass ihm eine Entschuldigung einfiel, sagte er: »Swamiji, Ihr seid wirklich ein ausgefuchster Feilscher. Okay, ich will Euch sagen, was ich tun werde. Ich werde den Preis noch einmal um die Hälfte senken, aber das war es auch – das ist mein letztes Angebot.«

Der Meister machte ein leicht trauriges Gesicht und erwiderte leise: »Es tut mir leid, mein Herr. Ich nehme an, Sie haben mich nicht verstanden. Ich werde nur diesen Preis bezahlen. Es ist ein fairer Preis.«

Mit einem Zeichen gab er seinem Schüler zu verstehen, dass es Zeit war, den Laden zu verlassen. Er dankte dem Besitzer und ging ruhig hinaus.

Sie hatten gerade mal fünfzig Schritte die Straße entlang gemacht, als sie jemanden rufen hörten. Sie drehten sich um und sahen, dass es der Ladenbesitzer war. Er lief ihnen hinterher, fuchtelte wild mit seinen Armen und bat atemlos: »Swamiji, Swamiji, kommt zurück, bitte kommt zurück ... Ihr könnt die Tasse zu Eurem Preis haben.«

Sie kehrten also zum Laden zurück und schlossen den Kauf einvernehmlich ab. Natürlich wusste der Ladenbesitzer, dass selbst bei dem Preis, den der Meister bezahlt hatte, er und seine Frau sich den Rest ihres Lebens keine Sorgen mehr machen mussten. Der Meister wusste das auch, und beide waren sehr zufrieden.

Während der Kauf abgeschlossen und die Teetasse eingepackt wurde, fiel dem Schüler ein prachtvoller Säbel auf, der an der Wand direkt über dem Kopf des Ladenbesitzers hing. Er konnte seinen Blick davon einfach nicht abwenden – noch nie zuvor hatte er ein solches kunstvolles und zugleich beeindruckendes Schwert gesehen. Wann immer er wegsah, wanderte sein Blick wie unter Zwang zurück. Er fühlte sich von dem Schwert wie hypnotisiert.

Er dachte: »Ich muss es unbedingt haben. Ich werde es mein ›Schwert der Wahrheit‹ nennen. Es wird den höchsten Ehrenplatz in meinem Haus bekommen, genau über dem Altar. Noch nie habe ich ein solch wunderschönes Schwert gesehen. Ich muss es einfach haben.

Ich bin ein Mann mit bescheidenen Mitteln«, dachte er weiter, »doch wenn ich es genau so mache wie mein Meister, kann ich es vielleicht zu einem drastisch reduzierten Preis bekommen.«

Also zeigte der Schüler in dem Versuch, sehr bescheiden und ein wenig desinteressiert zu klingen, leichthin auf das Schwert an der Wand und sagte zu dem Ladenbesitzer: »Das ist ein reizvoller Säbel, den Ihr da an der Wand hängen haben. Ich habe zwar keine Verwendung für ihn, aber ich wüsste doch gerne, was Ihr dafür haben wollt.«

Der Ladenbesitzer blickte dem Schüler direkt in die Augen. Er war ein gescheiter Mann, und wenn er auch ein bescheidenes Dasein führte, so mochte er es nicht, wenn man ihm etwas vormachte. Vortäuschung hinterließ einen unangenehmen Geschmack in seinem Mund. Nichtsdestotrotz war er wegen des erfolgreichen Handels mit dem Meister in einer freundlichen Stimmung und beschloss, großzügig zu sein, indem er einen nur leicht erhöhten Preis nannte.

Der Schüler tat so, als müsste er nach Luft schnappen, und sagte: »Nein, werter Herr. Ich werde nur diesen Preis zahlen. Es ist ein fairer Preis.« Er imitierte den Meister haargenau und nannte dem Ladenbesitzer einen wesentlich geringeren Betrag.

Der Ladenbesitzer, immer glücklich über eine Gelegenheit zum Feilschen, denn so lief das Spiel, reduzierte den Preis um die Hälfte.

Der Schüler zuckte zusammen und sagte: »Nein, mein Herr. Ich werde nur diesen Preis zahlen. Es ist ein fairer Preis.« Und der Ladenbesitzer senkte den Preis daraufhin erneut.

Schließlich zuckte der Schüler mit den Schultern und erwiderte: »Ich nehme an, Sie haben mich nicht verstanden, Herr. Ich werde das Schwert nur zu diesem Preis kaufen. Es ist ein fairer Preis.« Und da der Meister sein Geschäft bereits abgeschlossen hatte, verließen die beiden ruhigen Schrittes den Laden.

Als sie fünfzig Schritte die Straße hinuntergegangen waren, drehte der Schüler sich um, um zu sehen, ob der Ladenbesitzer ihnen folgen würde, doch die Tür des Ladens blieb geschlossen. Schweigend setzten er und der Meister ihren Weg fort. Immer wieder warf der Schüler einen schnellen Blick über die Schulter, ganz verblüfft darüber, dass der Ladenbesitzer ihm nicht nachlief. Er hatte alles genau so gemacht wie der Meister. Warum hatte es nicht funktioniert?

Nach einer Meile hielten sie an, um etwas zu trinken, und endlich platzte es dem Schüler heraus: »Meister, warum ist der Ladenbesitzer mir nicht hinterhergerannt, so wie er es bei Euch getan hat?« Der Meister, ein Mann weniger Worte, erwiderte nichts.

»Aber warum ist er uns nicht gefolgt?«, pochte der Schüler auf eine Antwort.

Schließlich sprach der Meister. »Begehrst du denn das Schwert noch immer?«

»Ja, Meister«, antwortete der Schüler. »Natürlich begehre ich es.«

»Dieser Ladenbesitzer kann dein Verlangen spüren. Er weiß um dein Begehr nach diesem Säbel, und er weiß auch, dass du morgen früh, wenn er seinen Laden aufmacht, sein erster Kunde sein und das Schwert zu seinem Preis kaufen wirst.«

Der Schüler war einen Moment lang still, während er die Worte des Meisters zu verdauen versuchte. Dann fragte er gereizt: »Aber, Meister, hattet Ihr kein Begehr nach der Teetasse? Ihr habt mehr als dreißig Jahre nach ihr gesucht. Habt ihr nicht den Wunsch verspürt, Euer Service zu vervollständigen?«

Der Meister schwieg, und in der Stille erkannte der Schüler, dass der Meister natürlich nicht nach einer einfachen Tasse gegiert hatte. Ein wenig beschämt, dass er so dreist gewesen war, anzunehmen, dass ein Meister irgendetwas begehren würde, fragte er demütig: »Aber was ist Euer Geheimnis, Meister?«

Der Meister antwortete ruhig: »Er ist mir nachgelaufen, weil er wusste, dass ich es ehrlich meinte, als ich ihm sagte, ich würde die Tasse nur zu einem fairen Preis kaufen – ich war frei von Anhaftung. Was dich betrifft, so konnte er dein Begehren riechen, und er weiß, dass du zurückkommen wirst.«

»Doch wie könnt Ihr kein Verlangen nach einer Tasse haben, die Eure so seltene Sammlung vollständig macht?«

»Ich will dir mein Geheimnis verraten«, erwiderte der Meister. »Jeden Abend, bevor ich zu Bett gehe, knie ich mich nieder und danke Gott von ganzem Herzen für all die Segnungen des Tages. Und dann biete ich Gott mit meinem ganzen Wesen alles an, was mir lieb und teuer ist. Ich biete ihm meine Fabriken, meinen Aschram, meine Häuser an. Ich biete ihm meine Schüler, meine Familie, meine Freunde und sogar meine geliebte Frau und kostbaren Kinder an – vor meinem geistigen Auge sehe ich die Fabriken und Aschrams, wie sie niederbrennen. Ich sehe meine Familie und meine Liebsten, wie sie von mir genommen werden und in Gottes Armen ruhen. Und nach meinem Gebet gehe ich als armer Mann schlafen.

Wenn ich am nächsten Morgen aufwache, schaue ich mich um und begrüße den frischen, neuen Tag, und ich sehe Gottes Gnade, die mich noch immer umgibt. Und mit einem Herzen, das vor Dankbarkeit überfließt, knie ich wieder nieder und danke Gott aus tiefster Seele, dass

Er mich noch einen Tag länger mit diesen unbezahlbaren Geschenken segnet. Ich erkenne, dass ich nur Sein Verwalter bin. Diese Geschenke haben mir von Anfang an nie gehört. Sie sind stets nur eine Leihgabe gewesen. Alles ist eine Leihgabe.«

Alles ist eine Leihgabe

Diese Worte beeindruckten mich zutiefst. Sie drangen tief in mich ein. Als ich nach dem Meditationsretreat zu Hause ankam, schwor ich mir, diese Lehre zu einem Teil meines Lebens zu machen. Wie der Meister in der Geschichte nahm ich mir ab sofort jeden Abend ein paar Minuten Zeit, um dem Leben aufrichtig für all die Wohltaten des Tages zu danken, und ich bot der Gnade alles an, was mir lieb und teuer war – mein Zuhause, meine Familie, meinen Lebensstil, meine Ehe, meine Habseligkeiten, meinen ganzen materiellen Reichtum. Und jeden Morgen stellte ich fest, dass ich mit einem von Dankbarkeit erfüllten Herzen aufwachte, glücklich darüber, mit einem weiteren Tag gesegnet worden zu sein.

Pflegen Sie eine unbeschwerte Beziehung zu materiellen Dingen

Mein Verhältnis zu den materiellen Dingen in meinem Leben nahm immer mehr eine Qualität der Leichtigkeit an. Ich war mir vollkommen bewusst, dass diese Dinge mir nicht gehörten. Sie waren ein Geschenk der Gnade, und meine Verantwortung, mein Dharma, lag darin, sie zu schätzen, zu ehren und den Segen zu genießen, sie um mich zu haben.

Ich begann auch, meine Beziehungen mit anderen Augen zu sehen. Sie nahmen eine umfassendere, großzügigere Qualität an; es gab kein Besitzdenken mehr, und irgendwie sorgte dieses Loslassen sogar dafür, dass sie noch tiefer wurden.

Die Geschenke lieben, mit denen das Leben Sie segnet

Alles um mich herum begann sich anzufühlen, als sei es etwas Besonderes, etwas, das mich mit Freude erfüllte. Alles schien von einem Licht, einer neuen Weiträumigkeit durchdrungen zu sein. Ich wurde mir der vergänglichen Natur aller Dinge bewusst – wie kurz unsere Zeit auf diesem Planeten ist, was für ein Glück wir haben, von üppigen Segnungen umgeben zu sein.

In dieser einfachen, harmlosen Übung hallten die immer tiefer gehenden Lehren über die flüchtige Natur der Existenz nach und dass es unser Geschenk ist, sie zu lieben und zu würdigen, solange wir die Möglichkeit dazu haben.

Ich habe festgestellt, dass ein wichtiger Teil der Gabe, das, was uns auf so gütige Weise gegeben wird, zu lieben und zu schätzen, darin besteht, diese Segnungen an andere weiterzugeben. In zunehmendem Maße fiel mir auf, dass die Vollkommenheit und Dankbarkeit, in denen ich ruhte, unberührt blieben, während die materiellen Dinge in meinem Leben kamen und gingen. Nach einer Weile wurde mir klar, dass Eigentum nicht existiert – nur das Leben, das in einem größeren Kontext der Gnade tanzt.

In meinem Leben begann sich ein Paradox zu entfalten. Einerseits gab es die tiefe Erkenntnis, dass alles ein Segen ist, der zu ehren ist, und zugleich ging mit der Erkenntnis, dass alles eine Leihgabe ist, eine völlig nichtpersönliche Akzeptanz einher, die geliebten Dinge aus meinem Leben in andere Hände übergehen zu lassen, sollte die Gnade dies wünschen. Ich liebte jedes Geschenk von ganzem Herzen, fühlte mich jedoch völlig neutral und frei von Anhaftung, wenn es darum ging, davon Abschied zu nehmen. Die Folge war, dass ich eine intensivere und zugleich unbeschwertere Beziehung zu den äußeren Dingen in meinem Leben entwickelte.

Drei Jahre nach meinem Meditationsretreat bei Gurumaji wurde dieses neue Bewusstsein von der Gnade getestet. Wie ich bereits an früherer Stelle in diesem Buch erwähnt habe, brannte unser Haus in Malibu nieder – und mit dem Haus alles, was mir materiell etwas bedeutet hatte: Fotos, Briefe, Andenken an Familie und gemeinsam verbrachte Ferien, Geburtstagsgeschenke, geerbtes Porzellan, geliebte Bücher, Tagebücher und Hochzeitsfotos. Achtzehn Jahre angesammelter Erinnerungen waren weg, zu Asche verbrannt; wir hatten all unsere Habseligkeiten verloren und waren finanziell am Ende.

Ich weiß noch genau, wie ich damals die Nachricht hörte und darauf wartete, einen gewaltigen Schlag in die Magengrube zu spüren ... denn es war natürlich klar, dass wir niemals in der Lage sein würden, diese unbezahlbaren Dinge zu ersetzen. Ich wartete weiterhin darauf, Angst oder Verzweiflung angesichts der Tatsache, alles verloren zu haben, zu empfinden, aber dies stellte sich nicht ein.

Stattdessen fühlte ich mich auf eigenartige Weise befreit, so als wäre ein altes Karma von meinen Schultern genommen worden – als wäre eine schwere Last von mir gefallen. Es stimmte: All diese Dinge waren schon immer nur eine Leihgabe gewesen, und die Dankbarkeit und die Ganzheit, die ich empfand, waren völlig unberührt geblieben.

Seit jenem Tag hat mich die Gnade im Laufe der Jahre mit einem so beglückenden Lebensstil gesegnet, den ich mir in meinen wildesten Träumen nie hätte vorstellen können. Und dennoch bin ich mir nach wie vor bewusst, dass alles in meinem Leben eine Leihgabe *ist und immer war*. Mein Verhältnis zu den äußeren Dingen in meinem Leben ist noch unbeschwerter geworden. Meine Dankbarkeit ist größer geworden, zusammen mit einer noch klareren Erkenntnis, dass das Leben wirklich kurz ist und jeder Augenblick, kostbar, wie er ist, genossen werden muss. Die außergewöhnliche Segnung des Lebens an sich ist immer deutlicher geworden. Nichtanhaftung ist wahrhaftig Ihre Einladung, in die Freiheit gesunder Fülle aufzusteigen.

Die allumfassende Natur gesunder Fülle

Nichtanhaftung hat mein Leben für eine nicht enden wollende Fülle geöffnet. Und mit dieser Öffnung kam der natürliche Wunsch, andere in diese Fülle einzuschließen, sie an der Gnade teilhaben zu lassen, mit der das Leben mich gesegnet hatte, selbst wenn es »nur eine Leihgabe« war. Die Dankbarkeit für die Großartigkeit der Schöpfung und die unbeschwerte Großzügigkeit, mit der das Leben mich umgeben hatte, veranlassten mich, über meine persönlichen Bedürfnisse und Wünsche hinauszusehen. In der wachsamen Präsenz unendlicher Fülle besteht ein wortloser Sog, eine Aufforderung, so viele Menschen wie möglich in meinen Einflussbereich einzubeziehen. Sie wollte meine Familie, Freunde, Geschäftspartner, Mitarbeiter und letztlich die ganze Menschheit umfassen. Dieses Geöffnetsein in einem Feld, wo alles möglich und bereits vollkommen ist, wo bereits Fülle existiert, veranlasste mich automatisch dazu, mein Herz für *das ganze Leben*, für die gesamte Existenz, zu öffnen.

Schließlich erscheint alles, das ganze Leben, in diesem Feld, das meine eigene Essenz ist, und es ist nur natürlich, dass ich mich angeleitet fühle, für alle Bestandteile meines Selbst zu sorgen.

Offen für die größeren allumfassenden Zusammenhänge

Mein Handeln begann ganz automatisch diesen größeren Kontext des Seins widerzuspiegeln, und die Sorge für das ganze Leben wurde so selbstverständlich für mich wie das Atmen. Bevor ich irgendeinen Schritt unternehme, ziehe ich das größere Ganze in Erwägung; die Erkenntnis, wie die Intention dem Leben nutzen könnte, ist das Kriterium, auf dem alle meine Entscheidungen und Handlungen beruhen. Vom Bau eines umweltfreundlichen Hauses über die Bereitstellung umweltfreundlicher Autos für unsere Mitarbeiter und Emissionsausgleichsprogramme für alle Flüge unseres Teams bis hin zum Recycling von allem daheim und in unseren Büros. Von der Wahl der Seminarorte, die *umweltfreundlich* und emissionsbewusst sind, über die Unterstützung aller Mitarbeiter in ihrer persönlichen Entwicklung und die Investition in ihr Wachstum bis hin zum Wohlergehen unserer Seminarteilnehmer, der Würdigung unserer Trainer, der Unterstützung unserer Praktitioners und der Sorge für unsere erweiterte Familie. Wir stellen sicher, dass unsere Büros umweltfreundlich sind, hell und angenehm für unsere Mitarbeiter, sorgen für die Mitglieder unserer Familie und lassen sie in Fülle aufblühen, entwickeln unentwegt befreiende und heilsame Arbeitsmethoden, die für Menschen auf der ganzen Welt zur Verfügung steht. Von der Übersetzung der Arbeit in Dutzende Sprachen bis zur Mitgründung von Journey Outreach und der Unterstützung von Menschen, Ganzheit und Frieden zu finden ... und so weiter und so weiter. Alle Entscheidungen basieren auf einem ganzheitlichen Paradigma und von diesem ganzheitlichen Paradigma profitiert jeder Aspekt des Lebens.

Und nichts von alledem ist das Resultat einer gelernten Formel oder eines religiösen Dogmas, sondern vielmehr ein natürlicher, automatischer Ausdruck eines gesunden Fülle-Bewusstseins. Es fühlt sich unvermeidlich, unausweichlich an, wenn Sie in der unbeeinträchtigten erleuchteten Präsenz Ihrer eigenen Seele voll und ganz wach sind.

In diesem größeren Kontext nimmt der mitschöpferische Tanz der Manifestation eine magische Qualität an, wobei jede Handlung ein Privileg ist, jedes materielle Resultat ein Geschenk. Tatsächlich fühlt sich jeder Augenblick wie ein Wunder an, voller Gnade, egal, in welcher Form sie sich zeigt. Und das Ganze ist Teil von *Ihnen*, findet *in Ihnen* statt.

Wenn Sie weit geöffnet in Ihrer eigenen Essenz ruhen, ist bewusstes Handeln einfach die natürliche Folge. Es tritt nicht ein, weil Ihnen jemand ein Rezept gegeben hat, wie Sie ein Leben in bewusster Integrität führen können, es basiert auch nicht auf den selbstgerechten Regeln eines anderen. Es ist etwas viel Einfacheres, Grundlegenderes, Natürlicheres: Die Sorge für das ganze Leben als Teil seines Selbst fühlt sich organisch an, unvermeidbar, so natürlich wie Lachen, so richtig wie Liebe. Es ist einfach die natürliche Ausdehnung Ihrer eigenen Essenz.

Sie sind Liebe

Liebe ist von Natur aus großzügig, allumfassend, alles akzeptierend, und zu Ihrer eigenen Essenz zu erwachen bedeutet, zu erkennen, dass die Liebe, die Sie sind, das ganze Leben durchdringt. Sie ist *Leben*, und genau das sind Sie.

Liebe ist es, die zu bewusstem Handeln antreibt, und sie führt Sie hin zu gesunder Fülle. Tatsächlich *ist* Liebe Fülle. Und Teil des Tanzes der Manifestation zu sein wird zu einem nicht endenden Segen für alle Menschen in Ihrem Umfeld, für das Leben selbst. Ihr Handeln ist der natürliche Ausdruck der Liebe, und Ihre Arbeit ist sichtbar gemachte Liebe.

Der Ruf

Diese Liebe *ruft* uns *alle*. Sie fordert uns auf, zu *beschließen*, dass es an der Zeit ist, aufzuwachen, unsere Rolle zu spielen, Teil des allumfassenden mitschöpferischen Tanzes der Manifestation zu sein. Die Liebe möchte Sie *benutzen*: Sie möchte alles, was Sie in Ihrer Essenz sind, benutzen, um zum Leben beizutragen, um das Leben anzunehmen, um Teil des Bewusstseinswandels zu sein, den unser Planet so dringend benötigt.

Wir befinden uns in einer Zeit in der Geschichte, in der wir diesen Ruf nicht länger ignorieren können. Wir können nicht so tun, als würden wir ihn nicht wahrnehmen. Wir befinden uns in einer Zeit, in der wir aufgefordert werden, die Werkzeuge zu benutzen, die das Leben uns bietet, uns zu befreien und uns für die bewusste Fülle auf allen Ebenen des Seins zu öffnen.

Die Liebe ruft Sie jetzt. Die Liebe hat dieses Buch geschrieben, um Ihnen die Werkzeuge zu geben, damit Sie die Fesseln Ihrer stillen Saboteure abschütteln, die Lügen Ihrer Überzeugungen durchschauen und sich von Angst befreien können. Diese Liebe ruft Sie in das ungehinderte unendliche Feld wachsamer Präsenz und sehnt sich danach, Sie zu bewusstem, gesundem Handeln zu bewegen. Sie möchte, dass Sie sich das ganze Leben als Ihr eigenes Selbst zu eigen machen, und sie gibt Ihnen die erforderlichen Instrumente – die hier beschriebenen Manifestationsprinzipien –, sodass Sie an diesem wunderbaren Spiel der Schöpfung teilnehmen können.

»Wenn Sie die Liebe Ihr Herz regieren lassen,
dann gibt es kein Hindernis,
keine Barriere, kein Problem,
das Sie nicht überwinden können.
Das ist Gottes Versprechen an jeden Menschen,
und es ist der Schlüssel zu unser aller Befreiung.
Liebe ist die größte Macht im Universum
und gleichzeitig die am leichtesten erhältliche Kraft,
denn jeder kann sie sich zunutze machen.«

– Martin Luther King. Jr.

Dieses Buch ist eine Einladung der Gnade an Sie, Teil der Woge des Erwachens zu sein, die unsere Welt braucht. Sie sind aufgefordert, eine größere Rolle zu spielen als bisher, eine ganzheitlichere Rolle bei der Manifestation, und das Leben besteht darauf, dass Sie alles, was Sie sind, uneingeschränkt zum Ausdruck bringen und sich ganz und gar von der Gnade benutzen lassen. Kreative Lösungen, bewusste Antworten, inspirierte Ideen und strahlende Fülle sind allesamt das Resultat des ungehinderten Bewusstseins, das Ihr eigenes Selbst ist, und eben dieses grenzenlose Selbst bittet Sie, Ihren »Lampenschirm« abzunehmen. Das Leben fordert Sie auf, damit aufzuhören, im kleinen Rahmen zu spielen; es winkt Sie in Höheres herein.

Es ist ein lauter Ruf. Es ist eine wichtige Zeit in der Geschichte. Und dies ist Ihre Einladung, sich für das erleuchtete Bewusstsein zu öffnen, das unsere Erde braucht. Die Entscheidungen, die wir heute treffen, werden sich nicht nur auf unser eigenes Leben oder das unserer Kinder und Enkel auswirken; sie werden für immer die Natur des Planeten verändern, auf dem die Menschheit lebt.

Bewusstsein *ist* die neue Währung. Tatsächlich ist Bewusstsein die *einzige* Währung, die unsere Welt heilen wird. Die Zeit ist gekommen, aufzuwachen und damit anzufangen, in bewusster Fülle zu leben.

Ihr Schicksal erwartet Sie.

5. Kapitel

Die Prozessarbeit

In diesem Kapitel werden die beiden sehr kraftvollen Prozesse beschrieben, mit denen wir uns in Kapitel 1 und 3 beschäftigt haben. Da die Prozesse so intensiv sind, ist es am besten, sie erst nach dem Lesen des ganzen Buches durchzuführen.

»Das Schlimmste / das Beste«-Angstprozess – Übersicht

Für den ersten Prozess – Das Schlimmste/das Beste – empfehlen wir Ihnen dringend, sich ausreichend Zeit zu nehmen, in der Sie nicht gestört werden, um diese geführte Introspektion in einer friedlichen, angenehmen Umgebung durchführen zu können. Wir empfehlen Ihnen, Kapitel 1 noch einmal zu lesen, um sich mit dem Prozess wirklich vertraut zu machen. Kapitel 1 wird Ihnen den Kontext und den Rahmen geben und den Prozess erklären, damit Sie seinen Sinn verstehen und sich daran erinnern, wie effektiv er sein kann.

Als Erstes empfehlen wir Ihnen, eine Weile still dazusitzen, ein paar Mal langsam und tief zu atmen und in einen Zustand innerer Ruhe zu gelangen. Nehmen Sie sich vor, offen und zutiefst ehrlich mit sich selbst zu sein.

In diesem Prozess werden Sie Ihre schlimmsten Ängste bezüglich eines bestimmten Aspekts Ihres Lebens willkommen heißen. Sobald Angst aufsteigt, fragen Sie sich einfach: »Was ist das Schlimmste, das passieren könnte?« Erlauben Sie Ihren schlimmsten Ängsten und allen damit zusammenhängenden Bildern aufzutauchen und fragen Sie: »Welche Gefühle löst das bei mir aus?« Dann nehmen Sie ein Blatt Papier, das Sie bereitgelegt haben (das Arbeitsblatt »Schlimmste Ängste«), und schreiben die Antwort auf. Als Nächstes fragen Sie: »Falls das eintritt, was würde dann passieren? Was ist das Schlimmste, das passieren könnte?« Vielleicht taucht wieder ein Bild in Ihrem Bewusstsein auf, und Sie können sich fragen: »Welches Gefühl löst das bei mir aus?« Dann erlauben Sie dem Gefühl, sich auszubreiten. Sie werden immer weiter fragen und sich öffnen – sich Ihren Weg durch die verschiedenen emotionalen Schichten hindurchtasten.

Irgendwann werden Sie vielleicht ein endloses Nichts, eine Leere, vielleicht sogar ein todesähnliches Vakuum erleben. Falls dies eintritt, machen Sie sich bewusst, dass es völlig in Ordnung ist – es ist einfach nur eine andere emotionale Schicht auf Ihrem Weg zu Ihrer wahren Essenz. Es ist ein ganz natürlicher Teil des Prozesses. Bewegen Sie sich immer tiefer zu dem innersten Kern Ihres Wesens, indem Sie fragen: »Was befindet sich im Kern davon?« Spüren Sie derweil, wie Sie sich immer weiter öffnen und ausdehnen. Schließlich werden Sie eine unendliche, offene Weite reinen Bewusstseins und grenzenloser Präsenz erreichen – dies nennen wir »die Quelle«.

Dann werden Sie durch die Frage »Wer bin ich?« tiefer und tiefer in diese weiträumige Präsenz Ihrer eigenen Essenz getragen.

Wenn Sie dann in einem Meer des Bewusstseins ruhen, nehmen Sie das zweite Blatt und beginnen Sie, die Antworten auf die Frage »Was ist das Beste, das passieren könnte?« aufzuschreiben. Öffnen Sie sich immer weiter und lassen Sie das Beste, das passieren könnte, in Ihr Bewusstsein aufsteigen, sich immer weiter ausdehnend, während Sie fragen: »Wenn das eintritt, was ist das Beste, das passieren könnte?« Lassen Sie diese Liste immer länger und zunehmend inspirierter werden. Lassen Sie die Vision sich zu etwas entwickeln, was Sie erregt, Sie inspiriert, etwas, was Ihnen den nötigen Halt gibt, um sich Ihrer schlimmsten (eingekreisten) Angst zu stellen und diese mit einem *Abundance Process* aufzulösen.

Später können Sie dann mit einem Partner den vollständigen, umfassenden *Abundance Process* durchführen, und dann werden Sie Ihrer schlimmsten Angst erlauben, Teil davon zu sein.

Dieser »Das Schlimmste/das Beste«-Angstprozess allein wird Ihnen die nötige Klarheit und Entschlossenheit verleihen, um den Prozess der Manifestation Ihrer höchsten Vision für sich selbst vornehmen zu wollen. Indem Sie sich Ihren schlimmsten Ängsten stellen, öffnen Sie sich für die Möglichkeit, das Beste in Ihr Leben eintreten zu lassen.

»Das Schlimmste/das Beste«-Angstprozess

In diesen unsicheren und schwierigen Zeiten . . .

- **Was sind Ihre schlimmsten Ängste?**

  (Entspannen Sie sich einfach, öffnen Sie sich und lassen Sie all Ihre Ängste von allein aufsteigen. Geben Sie *jeder* Emotion die Erlaubnis, aufzutauchen. Erstellen Sie eine Liste Ihrer schlimmsten Ängste und der Gefühle, die sie bei Ihnen auslösen.)

  (Fragen Sie sich:)

- **Was ist das Schlimmste, das passieren könnte?**

  (Stellen Sie sich das Schlimmste vor, das eintreten könnte, und erleben Sie, wie es sich anfühlt. Schreiben Sie Ihre schlimmsten Ängste auf ein Blatt Papier.)

- **Und welches Gefühl löst das wirklich bei mir aus?**

  (Erlauben Sie dem Gefühl, Sie zu überfluten . . . Heißen Sie es wirklich willkommen . . . Während Sie die Gefühle immer intensiver werden lassen, stellen Sie sich weiterhin die unten stehenden Fragen. Fahren Sie so lange damit fort, bis Sie unendliche Offenheit, ein unermessliches Nichts, reines Bewusstsein oder etwas Ähnliches erleben.)

- Wenn das eintritt,
  was ist dann das Schlimmste,
  das passieren könnte? . . .
  (Schreiben Sie es auf.)

- Und wie fühle ich mich wirklich
  dabei? . . .
  (Schreiben Sie es auf.)

(Öffnen Sie sich immer weiter in reines Gewahrsein, unermessliches Bewusstsein, indem Sie fragen:)

- Was ist in dem Kern davon? . . .
  (Schreiben Sie es auf.)

- Was ist die Essenz davon? . . .
  (Schreiben Sie es auf.)

- Was gibt sich zu erkennen? . . .
  (Schreiben Sie es auf.)

(Stellen Sie diese Fragen immer wieder, bis Sie tief in einem Ozean reiner Präsenz ruhen:)

- Wer bin ich? . . . Wer bin ich? . . .
  Wer bin ich? . . .
  (Schreiben Sie es auf.)

(Wenn Sie in reinem Bewusstsein ruhen, beginnen Sie zu fragen:)

- Was ist das Beste, das passieren könnte?

- **Und wenn das eintritt, was ist das Beste, das passieren könnte?**
  (Bleiben Sie offen und halten Sie diese Vision auf dem Arbeitsblatt »Das Beste« fest, bis die Liste immer länger und eindrucksvoller wird. Lassen Sie es inspirierend sein!)

In diesen unsicheren und schwierigen Zeiten . . .

■ Was sind Ihre schlimmsten Ängste?

Was ist das Schlimmste, das passieren könnte? *(Wenn das eintritt, was ist das Schlimmste, das passieren könnte?)*	Wie fühlen Sie sich dabei?

Wer bin ich?

Schreiben Sie Ihre Qualitäten auf.

■ Was ist das Beste, das passieren könnte?

Was ist das Beste, das passieren könnte? . . .

Wenn das eintreten würde, was würde dann passieren? (Machen Sie die Liste länger/eindringlicher als die Liste »Das Schlimmste«.)

Der *Abundance Process* ist ein tiefer, umfassender und gründlicher Vorgang, der Ihnen hilft, diverse schwächende Überzeugungen zu klären und zu der grundlegenden Ursache vorzudringen, den Zellerinnerungen, die in verschiedenen Bereichen Ihres Lebens Fülle unmöglich gemacht haben. Bei dem Prozess wird gründlich mit diversen verborgenen Komfortzonen, stillen Saboteuren, negativen Überzeugungen und ungesunden Lebensweisen aufgeräumt. Er umfasst vier Stufen. Um sich auf den Prozess vorzubereiten, sollten Sie zuerst das ganze Buch lesen. Darüber hinaus empfehlen wir, Kapitel 3 ein zweites Mal zu lesen, um sich mit Kontext, Inhalt und Zweck des Prozesses gut vertraut zu machen.

Dieser Prozess kann nur mit einem Partner durchgeführt werden. Einschließlich der Zeit, die Sie benötigen, um die aufdeckenden Fragen zu beantworten, kann er bis zu drei oder vier Stunden dauern, manchmal sogar noch länger! Es ist also erforderlich, dass Sie sich genügend Zeit nehmen und für eine angemessene Umgebung sorgen, in der Sie nicht gestört werden, damit der Prozess sich auf seine eigene, natürliche Weise voll entfalten kann.

Dieser Prozess verlangt tiefe Ehrlichkeit, Offenheit und Demut von Ihnen, und Sie müssen bereit sein, sich emotional dafür zu öffnen, welche Gefühle die verschiedenen Überzeugungen und Zellerinnerungen bei Ihnen auslösen. Es ist kein Vorgang, der nur halbherzig vorgenommen werden kann. Damit er wirklich effektiv ist, müssen Sie die Entscheidung treffen, real, authentisch und emotional zugänglich zu sein.

Sorgen Sie als Erstes dafür, dass Ihr Partner das Buch gelesen hat und Sie beide Kapitel 3 noch einmal durchgelesen und sich ein paar Mal den gesamten *Abundance Process* angesehen haben, um sich mit den verschiedenen Stufen vertraut zu machen.

Auf der ersten Stufe werden Sie sich aufdeckenden Fragen stellen, wobei Ihr Partner Sie ermutigt, sich selbst in verschiedenen Szenarios vorzustellen, die eine echte Herausforderung für Sie darstellen und Sie an die Grenzen Ihrer Komfortzonen und darüber hinaus bringen. Sobald Sie sich voll und ganz in diesen Szenen vorstellen, die wie per Knopfdruck ausgelöst werden, sobald Sie sich wirklich fühlen, als würden Sie sie tatsächlich erleben, als wären sie real, wird Ihr Partner beginnen, Ihnen eine Reihe von Fragen zu stellen (Stufe 2), die schwächende Überzeugungen und stille Saboteure, die mit diesen Szenen verbunden sind, aufdecken. Die Fragen werden Zustände des unbewussten emotionalen Dichtmachens, Einschränkungen und negative Überzeugungen an die Oberfläche bringen. Wenn Sie die Antworten auf diese Fragen aufschreiben, werden Sie wahrscheinlich überrascht sein, wie viel ungesunde Konditionierungen im Inneren gespeichert sind.

Es ist wichtig, dass Sie absolut ehrliche Antworten geben. Seien Sie bereit, tief zu graben und die einschränkenden Muster und Überzeugungen zum Vorschein kommen zu lassen. Der Prozess ist häufig unangenehm, da sich niemand von uns den Lügen gegenübertreten will, die wir geglaubt haben. Der Prozess lädt Sie ein, offen und authentisch zu sein. Wenn Sie die vielfältigen schwächenden Überzeugungen, Einschränkungen und Muster aufgedeckt und notiert haben, sind Sie bereit für Stufe 3, den wichtigsten Teil des Prozesses.

Nehmen Sie die stärkste Emotion, die in Ihnen emporgestiegen ist, und benutzen Sie sie als Ihren Ausgangspunkt. Fangen Sie auch dieses Mal an, sich durch die emotionalen Schichten immer tiefer nach unten zu arbeiten (wie Sie es im Angstprozess getan haben) und die Emotionen auf jeder Ebene voll zu fühlen. Während Sie in den Kern eines jeden Gefühls sinken, ist es von größter Bedeutung, **sich aus der Geschichte herauszuhalten** – nicht analytisch zu denken –, sondern Ihre ganze Aufmerksamkeit und Ihr Gewahrsein darauf zu richten, die **reine ungehinderte Emotion *in Ihrem Körper* zu fühlen**.

Spüren Sie einfach das Gefühl voll und ganz, benennen Sie es und tauchen Sie in das nächste Gefühl hinein. Spüren Sie auch dieses intensiv und lassen Sie sich in das nächste Gefühl sinken. So gelangen Sie in den Kern von einem Gefühl zum anderen, bis Sie schließlich zur Quelle gelangen. In diesem Prozess geht es *nicht* darum, auf Ihren inneren Dialog zu hören und zu analysieren, warum Sie fühlen, was Sie fühlen. Es ist einfach ein Prozess, bei dem Sie immer tiefer die emotionalen Schichten durchdringen, vergleichbar dem Schälen einer Zwiebel, bis Sie zum Kern Ihres Wesens gelangen, zur Quelle.

Auf den Arbeitsblättern wird Ihnen in den Instruktionen empfohlen, eine Pause einzulegen, wann immer Sie die Pünktchen im Text (» . . .«) sehen, und Ihrem Partner »genügend« Zeit zu lassen, die Antwort auf Ihre Frage zu erfahren. Genügend Zeit kann zwischen zehn bis fünfzehn Sekunden bedeuten, manchmal sogar eine halbe Minute.

Es ist wichtig zu verstehen, dass der Sinn des Prozesses darin besteht, die Emotionen uneingeschränkt zu fühlen und, nachdem jede voll ausgekostet wurde, sich in die nächste Schicht sinken zu lassen. Es ist weder nötig noch eine gute Idee, sich in dem Gefühl auf der jeweiligen Ebene zu suhlen. Es ist auch nicht ratsam, es detailliert zu beschreiben und eine Geschichte dazu zu erzählen.

Um Gefühle zugänglich zu machen, tasten Sie innerlich Ihren Körper ab und finden Sie heraus, wo das Gefühl am stärksten ist, anstatt Ihren Kopf zu gebrauchen. Zu Beginn mag es sich als eine subtile Empfindung bemerkbar machen. Indem Sie Ihre Aufmerksamkeit darauf richten, lassen Sie sie einfach immer stärker werden. Seien Sie bereit, sie in ihrer ganzen Intensität zu erfahren. Lassen Sie Ihre Aufmerksamkeit auf das Gefühl in Ihrem Körper gerichtet.

Dann fühlen Sie es einfach und lassen Sie sich darin hineinsinken. Irgendwann werden Sie vielleicht ein Nichts, eine Leere, unter Umständen sogar eine todesähnliche Schicht passieren. Das ist völlig normal. Ich nenne diese Schicht die *unbekannte Zone*.

Manchmal fürchten wir uns vor dem Unbekannten. Denken Sie in diesem Fall einfach daran, sich zu entspannen, sich hinzugeben und in die nächste Schicht, welche das auch immer sein mag, zu sinken.

Nachdem Sie die unbekannte Zone hinter sich gelassen haben, werden Sie sich in der Regel leichter und unbeschwerter fühlen, und ein wunderbares Gefühl der Erleichterung wird sich allmählich in Ihnen ausbreiten.

Es ist wichtig, sich durch die restlichen Schichten hindurchzubewegen, bis Sie die Quelle erreichen. Sie werden wissen, dass Sie die Quelle erreicht haben, wenn Sie sich als *sehr weit* empfinden – als eine Präsenz, die sich sowohl im Körper als auch außerhalb davon befindet – einfach *überall*. Es ist von großer Bedeutung, dass Sie diesen Punkt verstehen, denn nachdem Sie durch die unbekannte Zone gesunken sind, werden Sie oft anfangen, mit der Quelle assoziierte Begriffe zu verwenden, wie zum Beispiel Liebe, Frieden, Lachen, Freude, Licht, Zufriedenheit, Freiheit, wobei es sich *aber* immer noch so anfühlen kann, als wäre dies irgendwo *im* Körper lokalisiert.

Wenn das Gefühl sehr expansiv, weiträumig wird – so als wären Sie eins mit allem oder ein Teil von allem –, handelt es sich um eine wirkliche Erfahrung der Quelle. Wenn das Gefühl weit wird, verwandelt es sich von einer einfachen Emotion in reines Bewusstsein. Sinken Sie also immer tiefer in jede Emotion hinab, bis Sie in Ihrer eigenen Essenz ruhen, einem weiten, weiträumigen Feld reinen Bewusstseins, des Einsseins, der Liebe. Sinken Sie immer *tiefer* in die Quelle, indem Sie in den Kern jeder Emotion eindringen und *sich ausdehnen*, bis Sie in ein Feld aller Möglichkeiten gelangen, in dem das ganze Leben in Ihnen stattfindet, mit Ihnen als Teil allen Lebens. Ruhen Sie einfach in diesem Feld der ganzen Liebe, des reinen Potenzials.

Dann wird Ihr Partner Sie gemäß dem Text anweisen, die Quelle durch die Schichten hindurch nach oben zu bringen, währenddessen Sie Ihre Essenz zu jeder Schicht sprechen lassen, bis Sie zu der Schicht des Lagerfeuers gelangen, wo das *-Zeichen erschienen ist (die Ebene, wo eine Person, ein Bild oder eine Erinnerung aufgetaucht ist, während Sie sich durch die Schichten nach unten bewegten. Falls weder ein Bild noch eine Erinnerung zum Vorschein gekommen ist, kann Ihr Partner die am stärksten empfundene Schicht wählen, die dann zur Stufe des Lagerfeuer-Prozesses wird). Bewegen Sie sich durch diese Schicht nach oben und begeben Sie sich direkt zum Lagerfeuer.

Das Lagerfeuer ist ein Ort bedingungsloser Liebe, an dem Ihr jüngeres Ich sitzt und einen Dialog mit anderen Personen führt, die dazu beigetragen haben, dass Sie Ihr Potenzial der Fülle eingeschränkt haben, und alles ausspricht, was bisher nicht gesagt worden ist. An dem Lagerfeuer wird also sowohl Ihr jüngeres Ich als auch Ihr gegenwärtiges Ich sitzen, dazu ein Mentor, dessen göttlicher Weisheit Sie vertrauen, und verschiedene Personen, die mitverantwortlich dafür sind, dass Sie Ihr Licht unter den Scheffel gestellt haben – Personen, die dazu beigetragen haben, dass Sie sich kleingemacht, sich minderwertig gefühlt und schließlich dichtgemacht haben. Es können sehr viele Leute sein, oder nur ganz wenige. Manchmal ist es nur eine Person. Es gibt keine richtige oder falsche Anzahl der Leute, die am Lagerfeuer erscheinen.

Der Sinn dieses verbalisierten Lagerfeuers besteht darin, Ihrem jüngeren Ich die Möglichkeit zu eröffnen, all den bisher aufgestauten Schmerz, all die Verletzungen, die Scham sowie Schuldzuweisungen, Wut und Selbstbeschuldigung etc. zum Ausdruck zu bringen – die ganzen vergrabenen Emotionen, all die negativen Überzeugungen und unausgesprochenen Worte herauszulassen. Sie erhalten so die Möglichkeit, sich alles von der Seele zu reden und Ihre Zellen dadurch davon zu befreien. Dieser Dialog muss laut ausgesprochen werden, aus dem Bewusstsein Ihres jüngeren Ichs, aus dem Schmerz heraus, der damals empfunden wurde.

Dann wird auch der anderen Person am Lagerfeuer die Erlaubnis erteilt, zu antworten und ihrerseits alles herauszulassen, was ihr auf der Seele liegt (auch das wird wiederum laut ausgesprochen). Lassen Sie den Dialog nun so lange weitergehen, bis wirklich alles, was damals nicht gesagt wurde, und auch jeglicher Schmerz, der damals nicht ausgedrückt wurde, zum Ausdruck gebracht und losgelassen worden ist. Wenn dann beide Seiten völlig leer sind, tun Sie das Gleiche mit Ihrem gegenwärtigen Ich; sagen Sie alles, was gesagt werden muss, und lassen Sie die andere Person antworten, bis alles bereinigt wurde und alles leer ist.

Wenn Sie völlig leer sind, werden Sie hören, wie Ihr Partner Sie durch den Prozess der Erinnerungsänderung führt. Dieser Vorgang ist im Text umfassend beschrieben, Sie brauchen also nur den Anweisungen zu folgen. Sie werden in diesem Prozess verschiedene Erinnerungen an Situationen aufdecken, in denen Sie auf irgendeine Weise geschwächt wurden oder sich Ihrem Fülle-Potenzial verschlossen haben, und Sie werden sich vorstellen, diese Erinnerungen auf eine Kinoleinwand zu projizieren, und sie so abspielen lassen, wie es damals der Fall war. Dann werden Ihnen Ballons gegeben, die emotionale Ressourcen enthalten, die Ihnen damals hätten helfen können, mit der alten Situation auf eine gesündere, großzügigere Weise umzugehen.

Sie machen sich das Bewusstsein der Ballons zu eigen, bevor Sie erneut die Szene auf der Leinwand betreten, doch dieses Mal wird sie sich so gestalten, wie es der Fall gewesen wäre, *hätten* Sie Zugang zu diesen emotionalen Ressourcen gehabt. Auf diese Weise wird Ihr Gehirn programmiert, in Zukunft gesünder zu reagieren. Sie werden den Prozess der Erinnerungsänderung für jede einzelne Erinnerung durchführen.

Sobald Sie damit fertig sind, kehren Sie zum Lagerfeuer zurück, und nun sprechen Sie jegliche übrig gebliebenen schwächenden Überzeugungen aus. Dann wird der Mentor bei Ihnen den Kehraus machen: alle Ihre alten Überzeugungen durch neue, gesündere ersetzen, die Sie mithilfe Ihres Partners eruieren. Diese neuen Wahrheiten sind ein Gegenmittel gegen die ungesunden Lügen, an die Sie vorher geglaubt haben.

Sobald dieser Vorgang abgeschlossen ist, werden Sie schließlich allen Personen am Lagerfeuer vergeben: Sie lassen sowohl Ihr jüngeres als auch Ihr gegenwärtiges Ich den anderen vergeben und Sie lassen die anderen Ihnen vergeben für alles, was vergeben werden muss. Zum Schluss vergeben Sie sich selbst.

Daraufhin wird das Lagerfeuer verschwinden und Sie bewegen sich weiter durch die übrig gebliebenen emotionalen Schichten, bevor Sie dann durch die Zukunftsintegration gehen.

Dazu folgen Sie einfach der Seite »Zukunftsintegration«. Dort wird alles ausführlich und leicht verständlich beschrieben. Es ist nicht nötig, irgendetwas aufzuschreiben – es reicht, die Worte einfach nur zu hören. Auf diese Weise können Sie Ihren Körper und Ihren Geist überprüfen und sehen, ob die Heilung im Laufe der Zeit ganz natürlich weiter fortschreiten wird. Innerhalb von sechs Monaten bis zu einem Jahr sollten Sie sich leichter, freier, unbeschwerter fühlen und sich über die Tatsache freuen, eine gesunde Fülle in allen Bereichen Ihres Lebens zu erschaffen.

Fahren Sie fort, bis Sie zehn Jahre in die Zukunft gegangen sind. An diesem Punkt wird Ihr Partner Sie bitten, weit geöffnet im Bewusstsein Ihres zukünftigen Ichs zu bleiben, und während Sie in diesem Fülle-Bewusstsein ruhen, wird Ihr Partner Sie auffordern, die Szenarios noch einmal durchzuspielen, in denen Sie sich ursprünglich gefangen gefühlt haben, aber sie dieses Mal mit dem *neuen* Fülle-Bewusstsein Ihres zukünftigen Ichs zu erleben.

Ihr Partner wird Sie durch ein oder zwei frühere Szenarios führen und Sie dann, nachdem Sie die Augen wieder geöffnet haben, bitten, alle Szenarios und Fragen zu vervollständigen, dieses Mal mit dem gesunden Fülle-Bewusstsein Ihres zukünftigen Ichs.

Jetzt werden Sie zu Stufe 4 übergehen und jede Szene neu durchspielen und alle Fragen neu beantworten.

Der ganze Prozess setzt sich also wie folgt zusammen:

Stufe 1

– Szenen erleben, die Ihre Komfortzonen gefährden, die bei Ihnen die emotionalen Knöpfe drücken, Sie veranlassen, sich über Ihren gegenwärtigen Modus Operandi hinaus auszudehnen.

Stufe 2

– Fragen stellen, die ungesunde, negative Überzeugungen und Erinnerungen in Verbindung mit diesen Szenen aufdecken.

Stufe 3

– Den vollständigen *Abundance Process* durchführen.
  a) Durch die Schichten hindurch zur Quelle gehen
  b) Sich durch die Schichten wieder nach oben bewegen
  c) Ans Lagerfeuer gehen
    – Jeder spricht sich aus und wird leer
    – Prozess der Erinnerungsveränderung
    – Kehraus
    – Vergebung
    – Das Lagerfeuer verschwindet
  d) Sich durch restliche Schichten nach oben bewegen
  e) Zukunftsintegration einschließlich einiger Szenarios und Fragen

Stufe 4

- Augen öffnen und alle alten Szenarios mit dem neuen Fülle-Bewusstsein erleben, indem jede Szene einzeln neu durchgespielt wird und die Fragen beantwortet werden, bevor die nächste Szene in Angriff genommen wird.

Voilà – Sie haben es geschafft!

Herzlichen Glückwunsch. Wie Sie sehen, handelt es sich hier um eine *sehr umfassende* Reinigung, die sich voll und ganz lohnt! Anschließend sollten Sie sich inspiriert fühlen, bereit, gesunde, bewusste, ethisch vertretbare Fülle in Ihrem Leben zu manifestieren.

Stufe 1:

Aufdeckungsszenarios - einige Beispiele, die Sie verwenden können

Hier sind einige Beispiele von Szenarios für Sie, die unterdrückte Emotionen und Überzeugungen aufdecken können. Bitten Sie Ihren Partner, Ihnen diese laut vorzulesen. Einige Fragen werden intensive emotionale Reaktionen hervorrufen, andere weniger, und das ist in Ordnung. Seien Sie bereit, mitzugehen und den Fragen voll nachzugehen, die die stärksten Reaktionen auslösen, während Sie Fragen ignorieren können, die Sie nicht berühren (doch achten Sie darauf, so ehrlich und real wie möglich zu sein). Sie können die Szenarios verändern oder anpassen, um sie persönlicher zu gestalten - doch vergessen Sie nicht: Das Ziel ist es, eine wirklich starke emotionale Reaktion hervorzurufen.

Erweitern Sie das Szenario, indem Sie sich öffnen und sich ehrlich fragen, welche Arten von (echten oder vorgestellten) persönlichen beziehungsweise Arbeitssituationen oder Bereichen es sind, die bei Ihnen die emotionalen Knöpfe drücken. Es gibt Unmengen von Situationen im Leben, die emotionale Reaktionen in uns auslösen, seien Sie also bereit, sich ehrlich diesem Thema zu widmen. (Ganz wichtig: Denken Sie daran,

Schuldzuweisungen zu vermeiden. Ihre emotionale Reaktion unterliegt Ihrer eigenen Verantwortung, also erlauben Sie sich, die reinen Emotionen zu fühlen, und verlieren Sie sich nicht in irgendwelchen assoziierten Geschichten.)

Wenn die Frage ein schrittweises Mehr an Zeit oder Geld betrifft, achten Sie darauf, sich genügend Zeit zu nehmen, sich zu öffnen und diesen Aspekt Stück für Stück zu erforschen, damit Sie den Punkt identifizieren können, an dem Sie beginnen, sich unwohl oder aufgewühlt zu fühlen.

Öffnen Sie sich für jedes Szenario emotional und identifizieren Sie das Gefühl, das bei Ihnen aufsteigt. Ihr Partner wird eine Szene nach der anderen laut vorlesen (entweder entsprechend dem hier vorgegebenen Arbeitsbogen oder Ihrem eigenen Szenario) und Ihnen Fragen stellen von dem Arbeitsbogen »Aufdeckende Fragen und Antworten«. Sie werden die Antworten schriftlich festhalten, beginnend mit Kasten 1A, indem Sie sie in die dafür vorgesehenen Rubriken notieren. Für das zweite Szenario gehen Sie zu Kasten 2A und so weiter (Sie können diesen Arbeitsbogen fotokopieren oder schreiben Sie ihn ab, damit Sie Ihre Antworten notieren können).

1. Ein Freund, ein Bekannter oder eine Organisation (Sie entscheiden, was davon) ist bereit, eine große Summe mit geringer oder ohne Zinsbelastung in Ihre Organisation, Ihr Unternehmen oder Ihre per-

sönliche Karriere zu investieren (Sie entscheiden, worum es sich handelt). Die Investoren sind zu flexiblen Verhandlungsmodalitäten und Rückzahlungsterminen bereit. An welchem Punkt wird Ihnen der Wert der angebotenen Investition unangenehm? Und damit Sie wirklich Ihre Komfortzone erfahren können, stellen Sie sich vor, diesen Betrag zu **verdoppeln**.

2. Sie haben die Möglichkeit zu einem Quantensprung bezüglich Ihrer Karriere und Ihres Einkommens; oder Sie haben die Möglichkeit, eine neue Karriere oder einen neuen Job anzufangen (Sie entscheiden, worum es sich handelt). An welchem Punkt beginnt sich der Wert Ihres neuen Einkommens unangenehm oder überzogen anzufühlen? Und damit Sie wirklich Ihre Komfortzone erleben können, stellen Sie sich vor, diesen Betrag zu **verdoppeln**.

3. Sie sind gebeten worden, einen Artikel für ein Magazin zu schreiben, einen Vortrag vor einer professionellen Organisation zu halten oder als Künstler vor einer Gruppe Interessierter aufzutreten (Sie entscheiden, worum es sich handelt). Wie viel Zeit brauchen Sie mindestens, um sich so vorzubereiten, dass Sie sich dazu bereit fühlen? Jetzt stellen Sie sich vor, wie es sich anfühlen würde, die Vorbereitungszeit um 50 % . . . oder 75 % . . . oder 90 % . . . oder mehr . . . zu kürzen. Wie würde es

sich wirklich anfühlen, nicht ausreichend Zeit zu haben, um sich richtig vorzubereiten?

4. Sie sehnen sich danach, an Seminaren für persönliches Wachstum teilzunehmen, sich für Weiterbildungskurse einzuschreiben oder etwas zu tun, was Ihre Gesundheit und Ihr Wohlbefinden verbessert. Ausgehend von Ihrem gegenwärtigen Einkommen, wie groß ist die Summe, die Sie bereit sind, in sich selbst zu investieren? An welchem Punkt wird der Betrag für Sie unangenehm? Und um wirklich Ihre Komfortzone zu erleben, stellen Sie sich vor, diesen Betrag zu **verdoppeln**.

5. Sie haben sich verpflichtet, regelmäßig jeden Morgen ins Fitnesscenter zu gehen. Es ist die dritte Woche, und Ihr Wecker klingelt wie üblich um halb sechs oder sechs Uhr morgens (Sie bestimmen den Zeitpunkt). Sie wissen, dass Fitnesstraining genau das Richtige für Sie ist, doch Sie sind müde und wissen, dass Sie an diesem Tag besonders viel Arbeit zu erledigen haben. Wie fühlt es sich wirklich an, daran zu denken, aufzustehen und ins Fitnesscenter zu gehen? Wie würde es sich anfühlen, dies in absehbarer Zukunft **jeden** Tag zu tun?

6. Ein enger Freund oder Familienmitglied bittet Sie um ein zinsfreies Darlehen, rückzahlbar irgendwann in den nächsten ein bis fünf Jahren (Sie bestimmen den Zeitraum). Es geht um eine gute Sa-

che, die dem Betreffenden sehr am Herzen liegt. An welchem Punkt beginnt sich die Summe des Darlehens unangenehm anzufühlen? Und um wirklich Ihre Komfortzone zu erleben, stellen Sie sich vor, diese Summe zu **verdoppeln**.

7. Ihnen kommen Gerüchte zu Ohren, dass Arbeitskollegen entlassen werden sollen. Sie wissen, dass Sie in letzter Zeit nicht Ihr Bestes gegeben haben, stattdessen haben Sie den Kopf eingezogen und gehofft, Ihren Vorgesetzten nicht aufzufallen. Eine Sekretärin ruft Sie an und sagt Ihnen, dass Ihr Manager Sie in fünfzehn Minuten zu einem wichtigen Gespräch erwartet. Wie fühlt sich das **wirklich** an?

Stufe 2

Manifesting Abundance – Arbeitsbogen

Arbeitsbogen für:
(Name)

Fragen Sie auf jeder Stufe: »Gibt es irgendwelche bestimmten Personen, die mit diesem Gefühl zu tun haben?« Sobald jemand erscheint, machen Sie ein Zeichen (*) an dieser Stelle und STELLEN SIE DIESE FRAGE NICHT MEHR!
Sie haben jetzt die Lagerfeuer-Stufe eingerichtet.

EMOTION	*WO IM KÖRPER*	*WAS DIE QUELLE AUF DEM WEG NACH OBEN ZU JEDER STUFE SAGT*

Stufe 3

Der Abundance-Journey-Prozess

Beginnen Sie mit irgendeiner ausgeprägten Komfortzone/emotionalen Reaktion/Angst

Lesen Sie langsam und genau. Wann immer Sie die drei Pünktchen (». . .«) sehen, halten Sie inne und geben Ihrem Partner ausreichend Zeit, die reine, offene Emotion voll zu fühlen. Sobald Ihr Partner die Emotion intensiv erlebt hat, fahren Sie fort. (Halten Sie die Antworten auf dem Arbeitsbogen »Abundance Journey« fest.) Wiederholen Sie diese Worte, während Sie die Schichten durchgehen, bis Ihr Partner die Quelle erreicht hat.

(Sagen Sie folgenden Text:)

Bring dein ganzes Bewusstsein zu dem Gefühl.

Wo in deinem Körper ist es am stärksten?

Erlaube einfach dem ganzen Gefühl, hochzukommen . . . Heiße es wirklich willkommen . . . Indem du das Gefühl stärker werden lässt . . . frage dich selbst . . . Was liegt darunter? . . . Was befindet sich in seinem Kern? . . . Und fühle, wie du dich entspannst und direkt darin hineinsinkst . . .

Öffne dich einfach und falle hindurch zu dem, was darunter liegt . . . (Unter Umständen ist es nicht das, was du erwartest, also bleib bitte offen) . . .

Also, was fühlst du? . . .
(Achten Sie darauf, dass Ihr Partner das Gefühl benennt.)

Fragen Sie auf jeder Stufe, bis jemand erscheint:

»Gibt es irgendwelche bestimmten Personen, die mit diesem Gefühl in Verbindung stehen?«
*Machen Sie ein *-Zeichen, sobald die Person erscheint, und schreiben Sie auf, um wen es sich handelt.*
Sobald Ihr Partner einen Namen genannt hat, stellen Sie diese Frage nicht mehr.
– Sie haben jetzt die Stufe des Lagerfeuers festgelegt. Gehen Sie weiter hinunter zur Quelle.

Sobald die Quelle erreicht ist:

> *Die* **Quelle** *kann unterschiedliche Namen haben – in jedem Fall wird sie grenzenlos sein und eine weite, unendliche Qualität haben wie zum Beispiel: Freiheit, Stille, unendlicher Frieden, ewig/Ewigkeit, Gott, reine/bedingungslose Liebe, Grenzenlosigkeit, alles, was ist, Bewusstsein, reines Sein, Wachheit, Leere, Kosmos, Universum/universal, Weite etc. Ruhen Sie sich hier einfach ein paar Minuten aus . . . und dann beginnen Sie, sich mithilfe der nachstehenden Worte nach oben zu bewegen, indem Sie sie wiederholen und die Quelle durch jede Schicht hindurch nach oben bis zur Stufe des Lagerfeuers bringen.*

(Jetzt sagen Sie:)

Jetzt, wo du weißt, dass du diese weite Grenzenlosigkeit bist, diese Stille, diese reine Liebe, diese . . . . (Bezeichnung der Quelle): Wenn . . . . (die Quelle) . . . . (letzte Stufe) etwas zu sagen hätte, was wäre es?

(Lassen Sie Ihrem Partner genügend Zeit für die Antwort.)

(Dann sagen Sie:)

Erlaube . . . . (Quelle), durch . . . . (letzte Stufe) aufzusteigen.

> *Bewegen Sie sich nach oben bis zur Ebene des Lagerfeuers und gehen Sie dann zum Lagerfeuer (die Stufe, wo Sie das *-Zeichen gemacht haben.)*

Lagerfeuer

(Sagen Sie jetzt:)

Stell dir ein Lagerfeuer vor ... dessen Natur unermessliche Grenzenlosigkeit, bedingungslose Liebe und absolute Fülle ist. Stell dir vor, eine **jüngere Version** deines Ichs sitzt an diesem Feuer ... jetzt stell dir dein **gegenwärtiges Ich** vor, wie es am Feuer sitzt ... Außerdem ist ein **Mentor** anwesend, dessen Weisheit du vertraust – es kann jemand sein, den du kennst oder gerne kennen würdest, ein Heiliger, ein Weiser, oder jemand, der deiner Imagination entspringt – jemand, in dessen göttlicher Präsenz du dich sicher fühlst und dessen Sicht der Fülle uneingeschränkt und weise ist ... Und jetzt bring die bestimmten Personen zu dem Feuer, die mit deinen Problemen zu tun haben ... Bezüglich jeglicher einschränkenden Erinnerungen oder Überzeugungen über Fülle, wer sonst sollte noch an diesem Lagerfeuer zugegen sein? ...
(Lassen Sie Ihrem Partner ausreichend Zeit für die Antwort.)

Kannst du das Lagerfeuer sehen? ... Kannst du dein jüngeres Ich sehen? ... Dein gegenwärtiges Ich? ... Den Mentor? ... Wer ist sonst noch da? ...
(Lassen Sie Ihrem Partner Zeit zum Antworten. Schreiben Sie Namen auf, damit Sie später präzise darauf zurückkommen können, zum Beispiel Mutter, Vater, Partner etc.)

Von den Personen, die mit deinem Problem zu tun haben, mit welchen **ein oder zwei** von ihnen würdest du gerne sprechen? ... Mit wem würdest du gerne zuerst sprechen? ...

(Gehen Sie für jede **einzelne** Person, mit der Ihr Partner sprechen möchte, **alle** Punkte durch, von 1 bis 13.)

1. Jeder sitzt jetzt in der beschützenden Präsenz dieses Feuers bedingungsloser Liebe, Akzeptanz und Fülle. Dein **jüngeres Ich** hat vielleicht in der Vergangenheit großen Schmerz in Bezug auf das Thema Reichtum und Fülle erfahren. Lass dein **jüngeres Ich** jetzt aus dem Bewusstsein dieses früheren Schmerzes sprechen und sagen, was **wirklich** gesagt werden muss, und lass .... (die andere Peson) hören, was **wirklich** gehört werden muss.
   (Geben Sie Ihrem Partner genügend Zeit für die Antwort.)

2. In dem Wissen, dass .... wahrscheinlich das Beste getan hat, das er/sie mit den ihm/ihr zur Verfügung stehenden Mitteln tun konnte, lass ihn/sie antworten.
   (Geben Sie Ihrem Partner Zeit für die Antwort.)

3. Hat dein **jüngeres Ich** darauf irgendetwas zu erwidern?
   (Lassen Sie genügend Zeit für eine ausführliche Antwort.)

4. Wenn .... (die andere Person) antworten würde, nicht von der Ebene der Persönlich-

keit, sondern von einem tieferen Ort, was würde er/sie vielleicht sagen? . . .
(Geben Sie genügend Zeit für eine ausführliche Antwort.)

5. Hat dein **jüngeres Ich** irgendetwas darauf zu erwidern?
(Lassen Sie genügend Zeit für eine ausführliche Antwort, bis alles an die Oberfläche gekommen ist. Wenn alles gesagt ist, fahren Sie fort.)

6. Hat der Mentor dem irgendetwas hinzuzufügen?
(Lassen Sie ausreichend Zeit für die Antwort.)

7. Was hat dein **gegenwärtiges Ich** . . . .
(die Person) darauf zu erwidern?
(Lassen Sie Ihren Partner ausführlich antworten.)

8. Was würde . . . . von einer tieferen Ebene antworten?
(Lassen Sie genügend Zeit für eine ausführliche Antwort.)

9. Hat irgendjemand dem noch etwas hinzuzufügen?
(Lassen Sie Ihrem Partner genügend Zeit für die Antwort. Wenn alles gesagt und abgeschlossen ist, gehen Sie zum Prozess der Erinnerungsänderung über.)

10. Jetzt erlaube Erinnerungen, in dein Bewusstsein zu steigen – Ereignisse und bestimmte Zeiten, wo du dich in irgendeiner Weise Fülle und Reichtum jeder Art gegenüber verschlossen gefühlt hast. Was steigt bei dir auf? Heiße jene Zeiten willkommen, in denen du dich minderwertig gefühlt hast und keine Fülle in deinem Leben zulassen konntest. Vielleicht gab es Momente, wo du dich verschlossen gefühlt hast oder unfähig warst, Fülle anzunehmen. Was genau ist da passiert?

> *Achten Sie darauf, positiv und ermutigend zu sein. Bitten Sie Ihren Partner, jede Erinnerung ausführlich zu beschreiben. Notieren Sie eine* kurze *Beschreibung von jeder spezifischen Erinnerung und ermutigen Sie Ihr Gegenüber, die Szene auf einer imaginären Filmleinwand zu sehen. Dann fahren Sie fort.*

Jetzt, wo du friedlich an diesem Lagerfeuer sitzt, frage dich selbst oder deinen Mentor, welche internen emotionalen Ressourcen du zu dem Zeitpunkt hättest benutzen KÖNNEN, wenn sie dir zur Verfügung gestanden hätten . . .

> *Geben Sie Ihrem Partner Zeit, darüber nachzudenken und sich hilfreiche Mittel einfallen zu lassen. Ermutigen Sie ihn und schlagen Sie stärkende Eigenschaften vor.*

Und jetzt geh hin und stecke diese Eigenschaften in Ballons; überreiche deinem jüngeren Ich die Ballons und bitte es, diese Eigenschaften einzuatmen, bis der ganze Körper von ihnen erfüllt ist. Jetzt lass dein jüngeres Ich zur Leinwand zurückgehen, mitten hinein in die Erinnerungen, damit es diese Szenen so sieht und erlebt, wie sie passiert WÄREN, wenn du Zugang zu diesen Hilfsmitteln gehabt hättest . . .

(Lange Pause)

Was ist also dieses Mal passiert . . . inwiefern war es anders?

(Lassen Sie Ihrem Partner Zeit für die Antwort.)

Nehmen Sie bei jeder Erinnerung dieselben Ballons und spielen Sie die Szenen mit diesem gestärkten Bewusstsein einzeln neu durch.

Jetzt lass dein jüngeres Ich aus der Leinwand heraustreten und sich zur dir ans Lagerfeuer setzen.

11. Jetzt frage dich selbst, wenn es irgendwelche ungesunden Überzeugungen über die Fülle gibt, die du dir irgendwann zu eigen gemacht hast. Welche könnten das sein? Manchmal übernehmen wir schwächende Überzeugungen, Ideen und Konzepte aufgrund der Handlungen und Worte anderer Personen, gesellschaftlicher Konditionierung oder durch unsere eigene Erfahrung. Falls es irgendwelche überkommenen ungesunden Sichtweisen über Fülle gibt, welche könnten es sein?

Schreiben Sie jede schwächende Überzeugung separat auf. Fragen Sie immer wieder: »Was noch?«, bis alle Überzeugungen aufgedeckt sind.

Und jetzt bitte den Mentor, den Körper deines jüngeren Ichs vollkommen zu reinigen und von diesen alten, einschränkenden Überzeugungen und Lügen und allen anderen ungesunden Überzeugungen über Fülle, die eventuell vorhanden sind, zu befreien. Der Mentor kann sie ausfegen, auswaschen oder absaugen . . . was immer sich am besten anfühlt . . . Erlebe einfach nur, wie es sich anfühlt, als würde ein kompletter Frühjahrsputz all diese alten Probleme beseitigen . . . Und achte darauf, dass der Mentor in sämtlichen dunklen Ecken und verborgenen oder geheimen Stellen nachsieht ... und alles auf der Zellebene reinigt ... und noch tiefer, auf der Ebene des Bewusstseins ... Wenn du das Gefühl hast, die Reinigung ist abgeschlossen, kannst du es mich wissen lassen ...

(Geben Sie Ihrem Partner genügend Zeit.)

Wunderbar!

Wenn der Mentor jetzt aus dem Bewusstsein universaler Fülle das Wort an dich richten würde, auf welche unterstützenden, stärkenden und einheitlichen Wahrheiten würde er/sie hinweisen? ...

Lesen Sie die alten Überzeugungen vor und decken Sie dann neue und stärkende Wahrheiten als Gegenmittel auf. Geben Sie Ihrem Partner genügend Zeit zum Antworten. Bitten Sie den Mentor gegebenenfalls um Hilfe.

Wunderbar! ... Und jetzt erlaube dem Mentor, diese neuen, gesunden Wahrheiten in jeder Zelle deines Körpers einzurichten ... Erlebe einfach, wie es sich anfühlt, während der Mentor jede Faser deines Wesens mit diesen brandneuen, gesunden Wahrheiten durchdringen lässt ... dein ganzes Bewusstsein mit Positivem und Gesundheit durchtränkt, erfüllt, erneuert ... Und wenn er damit fertig ist, kannst du mir Bescheid geben ...

(Lassen Sie Ihrem Partner ausreichend Zeit) ...

Fantastisch! Danke.

12. Nachdem du jetzt eine so tiefe Reinigung auf allen Ebenen deines Wesens erlebt und gelernt hast, was du gelernt hast, frage dein **jüngeres Ich** am Lagerfeuer:
»Auch wenn die andere Person am Lagerfeuer Überzeugungen hatte, die sehr schwächend waren, wenn ihr früheres Verhalten vielleicht unter keinen Umständen akzeptabel war, selbst wenn du ihr Verhalten oder ihre Überzeugungen auf keinen Fall gutheißen kannst, bist du dennoch bereit, ihr vollkommen und rückhaltlos zu vergeben? . . . Dann vergib ihr jetzt von ganzem Herzen . . .
(Fordern Sie Ihren Partner auf, die Worte der Vergebung laut auszusprechen.)

13. Wenn dein gegenwärtiges Ich bereit ist, frage es:
»Auch wenn ihr damaliges Verhalten unter keinen Umständen akzeptabel gewesen sein mag, selbst wenn du ihr Verhalten oder ihre Überzeugungen auf keinen Fall gutheißen kannst, bist du bereit, ihr von ganzem Herzen vollkommen und rückhaltlos zu vergeben?« . . . Und jetzt vergib ihr . . .
(Fordern Sie Ihren Partner auf, die Worte der Vergebung laut auszusprechen.)

Du kannst auch darum beten, dass die andere Person einen Weg findet, sich selbst zu vergeben.

(Dann sagen Sie:)

Und jetzt geh hin und vergib allen Personen am Lagerfeuer und schicke ihnen deinen Segen. Erlaube ihnen, mit dem Licht zu verschmelzen, der unendlichen Quelle allen Lebens. Dann wende dich an dein jüngeres Ich und sage:

»Ich verspreche dir, dass du nie wieder so etwas erleben musst. Ich vergebe dir für jeglichen Schmerz, der verursacht wurde, und dafür, dass du zum damaligen Zeitpunkt keinen Zugang zu diesen Wahrheiten über ein Leben in Fülle hattest, doch von jetzt an hast du jederzeit Zugang dazu. Ich liebe dich und werde dich immer beschützen« . . .

Dann umarmst du dein **jüngeres Ich**, verschmilzt mit ihm und erlaubst ihm, mit dieser Vergebung und all diesen inneren Ressourcen heranzuwachsen . . .

Dann wende dich an den Mentor und danke ihm/ihr . . . Lass das Lagerfeuer verschwinden, komm zurück in die Gegenwart, und wir werden damit fortfahren, durch die restlichen Schichten nach oben zu gehen. Erlaube deinem Bewusstsein, sich auszudehnen, weitläufig nach vorne, gewaltig nach hinten und offen nach allen Seiten, alles durchdringend als ein Ozean der Präsenz.

(Sage auf **jeder** verbleibenden Schicht:)

Während du dich als diese unermessliche Grenzenlosigkeit verstehst, diese Stille, diese reine Liebe, diese . . . . (Quelle) – wenn . . . .

. . . . (Quelle) . . . . (letzte Schicht) etwas zu sagen hätte, was würde sie sagen? . . .

(Lassen Sie Ihrem Partner dabei genügend Zeit zum Antworten.)

Erlaube einfach . . . . (Quelle), ... (letzte Schicht) nach oben zu gehen.

Wenn alle Schichten abgeschlossen worden sind, einschließlich der obersten, lesen Sie langsam den Text »Zukunftsintegration«. Es ist nicht nötig, während der Zukunftsintegration irgendetwas aufzuschreiben.

Zukunftsintegration

(Sagen Sie:)

Nachdem du gelernt hast, was du gelernt hast, erlebt hast, was du erlebt hast - sieh dich einen Tag später und fühle, wie du dich dann fühlst, atme, wie du dann atmest ... Wie fühlst du dich? ... In dem Wissen, dass du .... (Quelle) bist, stell dir eine Situation vor, die dein altes Fülle-Problem zum Vorschein gebracht hätte. Was sagt .... (Quelle) dazu? ... Sieh, auf welch gesunde Weise du das Thema jetzt angehst ... Was tust du? ... Was sagst du? ... Was fühlst du? ... Wie fühlst du dich im Hinblick auf dich selbst?

Und jetzt sieh dich eine Woche später, sinke in das erweiterte Bewusstsein, fühle, was du dann fühlst, atme, wie du dann atmest. Wie fühlst du dich? Stell dir vor, ein altes Fülle-Problem taucht wieder auf ... Was sagt .... (Quelle) dazu? ... Wie gehst du damit um? Wie siehst du aus? ... Was sagst du dir? ... Welche gesunden Schritte unternimmst du? ... Was fühlst du? ...

Jetzt gehe einen Monat in deine Zukunft, sinke in das Bewusstsein dieser Zeit und fühle, was du dann fühlst, atme, wie du dann atmest. Wie fühlst du dich? Was wäre, wenn die alte Situation wieder eintreten würde? ... Wie gehst du damit um? Was sagt ....(Quelle) dazu? ... Fühlt du dich frei, zuversichtlich und leicht? ... Was sagst du dir? ... Was tust du? . . . Wie fühlt sich dein Körper an? . . . Wie fühlst du dich in Bezug auf Fülle im Allgemeinen, in Bezug auf ein Leben in Fülle auf *allen* Ebenen? . . .

Jetzt sinke in dein Bewusstsein sechs Monate in der Zukunft. Wie fühlst du dich, in Bezug auf dich selbst, in Bezug auf Fülle im Allgemeinen? . . .

Jetzt gehe ein Jahr in die Zukunft, atme, wie du dann atmest, und fühle, was du dann fühlst . . . Wie fühlst du dich? . . . Tauchen irgendwelche alten Probleme auf, oder fühlst du dich hinsichtlich Fülle frei und positiv? Wenn das alte Problem wieder auftauchen würde, könntest du heute leicht damit fertig werden? . . .

Und jetzt gehe fünf Jahre in deine Zukunft . . . öffne dich deinem Bewusstsein zu diesem Zeitpunkt, fühle, wie du dich fühlst. Wie fühlt sich dein Körper an? . . . Wie fühlst du dich hinsichtlich Fülle? . . . Wie fühlst du dich bei dem Gedanken, dein volles Potenzial der Fülle zu leben? . . .

Jetzt öffne dich deinem Bewusstsein zehn Jahre in der Zukunft . . . Wie fühlst du dich? . . . Wie atmest du? . . . Fühlst du dich so frei von diesen alten Mustern, dass sie gar nicht mehr auftauchen? Wie gehst du mit den Dingen um? . . . Wie fühlst du dich in Bezug auf dich selbst und auf dein Leben? . . . Wie fühlst du dich dabei, Fülle zu manifestieren? . . . Hältst du an ihr fest und lässt sie wachsen? . . . Und lässt du sie dankbar durch dich hindurchfließen?

Und jetzt bleib weiterhin mit dem Fülle-Bewusstsein deines **zukünftigen Ichs** verbunden, mit deiner Quelle zehn Jahre in der Zukunft – atme, wie du dann atmest ... fühle, wie du dann fühlst ... deine Zellen vibrieren auf dieser erhöhten Stufe .... bitte einfach dein **zukünftiges Ich**, deinem **gegenwärtigen Ich** ein paar Ratschläge zu geben und die Fülle-Fragen aus deiner neuen freieren, weiseren, gesünderen Perspektive zu beantworten ...

Jetzt wiederholen Sie zwei der Szenarios, aber dieses Mal lassen Sie Ihren Partner sie aus dem neuen Fülle-Bewusstsein mit erweiterten Komfortzonen erleben. Dann stellen Sie die Fragen aus dem neuen Arbeitsbogen »Manifest Abundance«. Finden Sie anschließend die neuen Wahrheiten heraus und notieren Sie sie in die entsprechenden Kästen auf dem neuen Antwortbogen.

(Dann sagen Sie:)

Gleich kannst du langsam deine Augen öffnen, während du weiterhin mit deinem zukünftigen Ich verbunden bleibst. Und du wirst feststellen, dass du erst dann die Augen öffnen kannst, wenn alle Teile deines Wesens voll integriert und einverstanden sind, diese Heilung und Expansion ganz natürlich, perfekt und mühelos in ihrem eigenen Tempo fortzuführen, ohne dass du darüber nachdenken oder irgendetwas tun musst.

Und jetzt, indem du weit geöffnet bleibst in dem Bewusstsein deines zukünftigen Ichs, kannst du deine Augen öffnen, wenn du bereit bist und die verbleibenden Fragen aus dieser neuen Wahrheit heraus, aus dem Bewusstsein der Fülle deines zukünftigen Ichs, beantworten kannst. Lass dich jetzt von dem freien, weisen zukünftigen Ich führen! . . .

Herzlichen Glückwunsch! Gut gemacht!

Lassen Sie den Partner die übrig gebliebenen Fragen aus der Sicht von Fülle und Freiheit beantworten, indem er seine Antworten auf seinem neuen Antwortbogen schriftlich festhält.

Stufe 4

Müheloses Manifestieren von Fülle

A	*B*	*C*	*D*	*E*
Wie hast du dich gefühlt, als du deine Komfortzone verlassen hast?	*Was müsstest du glauben, um dich so zu fühlen?*	*Welche Art von Mensch fühlt sich so? Und was sagt das über dich?*	*Was werden andere von dir denken?*	*Was sagt dies über das Leben? Und wer ist es, der so etwas glaubt?*

Fülle wachsen und gedeihen lassen

A	*B*	*C*	*D*	*E*
Wie hast du dich gefühlt, als du deine Komfortzone verlassen hast?	*Was müsstest du glauben, um dich so zu fühlen?*	*Welche Art von Mensch fühlt sich so? Und was sagt das über dich?*	*Was werden andere von dir denken?*	*Was sagt dies über das Leben? Und wer ist es, der so etwas glaubt?*

Fülle dankbar fließen lassen

A	*B*	*C*	*D*	*E*
Wie hast du dich gefühlt, als du deine Komfortzone verlassen hast?	*Was müsstest du glauben, um dich so zu fühlen?*	*Welche Art von Mensch fühlt sich so? Und was sagt das über dich?*	*Was werden andere von dir denken?*	*Was sagt dies über das Leben? Und wer ist es, der so etwas glaubt?*

Danksagung

So viele außerordentliche Menschen überall auf der Welt haben zur Journeywork und Visionary Leadership Work beigetragen, dass wir sie unmöglich alle hier aufführen können. Doch danken wir aus tiefstem Herzen den Tausenden wunderbarer Seelen, deren leidenschaftliche Liebe zu Wahrheit und Heilung sie zu den Journey-Seminaren und Visionary-Leadership-Programmen führte, um in diese intensive Arbeit einzutauchen und sie in ihrer Gänze zu erfahren. All jenen, die heute diese Werkzeuge zur Transformation und Freiheit der Menschheit anbieten: Ihr seid die wahren Aufwecker, die Fackelträger, und wir alle schulden euch die allergrößte Dankbarkeit.

Auch danken wir unserem Journey-Team in all unseren Niederlassungen überall auf der Welt. Ihr seid allesamt Vorbilder von Gnade in Aktion. Eure Hingabe an die Wahrheit und euer selbstloser Dienst an der Menschheit verschlagen uns den Atem.

Wir verneigen uns aus ganzem Herzen vor euch. Eine der größten Segnungen in unserem Leben besteht darin, von solch seltenen hervorragenden Menschen umgeben zu sein. Jeder, der zu den Journey-Seminaren kommt, wird mit eurer Hingabe, Liebe und Integrität beehrt.

Wir werden daher nie aufhören, euch für eure großzügigen Herzen zu danken.

Von ganzem Herzen danken wir allen Mitarbeitern in den europäischen Büros: Gaby, Cliff, Claire, Joanne, Arnold, Jane, Tricia, Kaye, Paul, Fiona, Sarah, Gil, Michaela, Annabel und Stephanie, unserem zusätzlichen Team: Katrien, Aaron, Ruth und Helena, sowie unseren herrlichen Presenters Debs, Bettina, Arnold, Yvonne, Maarten und Joel.

Unser spezieller Dank geht an dich, Gaby, für deine kontinuierliche tägliche Unterstützung, deine Vision und dein proaktives und leidenschaftliches Engagement, dieses Buch herauszubringen; und an dich, Paul, für all deine sorgfältigen Recherchen und deine Unterstützung bei der Gründung von Journey Publications.

Tiefe Dankbarkeit empfinden wir gegenüber Joanne für ihre Hilfe, das ganze Manuskript in Bali abzutippen, kontinuierlich die feineren Änderungen vorzunehmen und den Inhalt des Buches in die passende Form zu bringen; und vielen Dank an Gil für die ansprechende Gestaltung und die kreativen Ideen.

Ebenfalls danken möchten wir Wanda Whitely in Großbritannien für ihr akkurates und professionelles Lektorat sowie die Anglisierung des Manuskripts. Wir fühlten uns reich beschenkt, dass dieses Buch mit einer solch hohen Fachkompetenz bearbeitet wurde.

In den Vereinigten Staaten und Kanada gilt unsere Liebe und Dankbarkeit Skip, Kristine und ihren Mitarbeitern sowie unseren wunderbaren Presenters Bob und Millie und den vielen Journey-Botschaftern, die so fantastisch zusammenarbeiten, um die Nachricht zu verbreiten. Vielen Dank für eure Leidenschaft, Hingabe und Liebe.

Auch dem australasischen Team gilt unsere Liebe und unser Dank: Phill, Megan, Anné und Mollie, sowie unseren herrlichen Presenters Bill, Faizel, Laurie, Tamsyn, Satya, Katrina, Sharon, Tracey-Kim und den vielen anderen, die das Team unterstützen.

In Südafrika geht unsere tiefe Dankbarkeit an Lydia, John, Junior und die erweiterte Journey-Familie, die alles möglich macht. Und großen Dank all jenen, die bei Journey Outreach mitwirken – vor allem jenen, einschließlich der Outreach-Botschafter, die unentgeltlich ihre Zeit, Energie und Liebe in unterprivilegierten Bevölkerungskreisen weltweit zur Verfügung stellen und allen, mit denen sie in Berührung kommen, Transformation und Heilung bringen. Ein besonderer Dank an die Journey-Outreach-Vorstandsmitglieder, die sich selbstlos und bedingungslos engagieren: Ihr seid strahlende Leitsterne und Vorbilder für uns alle.

Diese Auflistung wäre unvollständig ohne die Erwähnung der bewundernswürdigen akkreditierten Journey Practitioners, die mit Hingabe, Offenheit und Liebe ihre Arbeit verrichten. Ihr seid ein Segen für die ganze Welt. Danke für eure Unterstützung bei der Verbreitung der tief greifenden Arbeit, und danke, dass ihr euch weiterhin dem Feuer der Befreiung zur Verfügung stellt.

Vielen Dank an euch alle!

Unser besonderer Dank gilt all jenen, die zur Bildung der Conscious Company und den Visionary-Leadership-Programmen beigetragen haben: Campbell, Bill, Skip, Kristine, Claire, Arnold, Bob, Lars, Maarten B., Sree und Lela. Und tausend Dank all jenen, die an der Arbeit teilnehmen und sich ihr verschreiben und deren Prinzipien von Bewusstsein, Wahrheit und selbstlosem Dienst am Nächsten so authentisch verkörpern.

Wir danken dir, Catherine Ingram, aus tiefstem Herzen für die gekonnte Bearbeitung der ersten Fassung dieses Buches, die du mit deiner einzigartigen und scharfsinnigen Art bereichert hast. Und wir sind dir sehr dankbar für deine weise und enthusiastische Unterstützung bei der Gründung unseres eigenen, unabhängigen Verlags.

Und, am allerwichtigsten, müssen wir den Lehrern und Meistern danken, die uns den Weg zu größerer Freiheit gezeigt haben, indem sie Lügen, Illusionen und Konzepte beseitigten und uns der ewigen Präsenz öffneten. Wir verneigen uns vor diesen Lehrern, den bekannten wie auch den unbekannten, deren Präsenz die riesige Woge des Erwachens lenkt, die den Planeten überschwemmt. Sie haben eine enorm wichtige Rolle in unserem Leben gespielt, und einige von ihnen sollen hier erwähnt werden.

Unsere tiefe Dankbarkeit gilt Gurumayi, einer lebenden Erfahrung der Erleuchtung. Von ganzem Herzen danken wir Gangaji, für deine leidenschaftliche Liebe und wahren Worte und für das Feuer der Freiheit, von dem deine Präsenz erfüllt ist. Danke, Papaji (Poonjaji) –

es gibt keine Worte dafür, unsere Dankbarkeit voll zum Ausdruck zu bringen. Das Herz fließt in jedem Moment über vor Dankbarkeit für deinen Segen. Danke, dass du ein solch unerbittliches Feuer bist, in dem unaufhörlich alle Vorstellungen davon, wer wir zu sein glaubten, zu Asche wurden, dass du uns keinen Ort gelassen hast, an dem wir sicher landen konnten, und dass du uns auf immer für diesen Ozean der Liebe geöffnet hast und darin tiefer eintauchen ließest. Möge jeder Atemzug ein nie endendes Gebet der Dankbarkeit für deinen Segen sein. Unsere ewige Liebe und Dankbarkeit gilt Ramana Maharshi, der in unseren Herzen weiterlebt. Möge dein Segen weiterhin Tausende von Seelen befreien.

Und schließlich gilt unsere tiefste Dankbarkeit der unsichtbaren Präsenz der Gnade, die alles Leben durchdringt – einer Gnade, so wohlwollend, dass sie uns zu diesen Lehrern geführt hat und unablässig alles verbrennt und befreit, was noch nicht frei ist.

Wir beten von ganzem Herzen, dass die Gnade weiterhin alle Hindernisse in ihrem heiligen Feuer zu Asche werden lässt, bis nichts und niemand übrig ist – nur die Gnade selbst. Mögen wir alle in der Umarmung von Freiheit und Gnade leben.

Weitere Informationen und Kontakte

Dieses Buch ist eine Einladung, Teil einer Welle des Erwachens zu sein, die unsere Welt braucht. Die Entscheidungen, die wir heute treffen, wirken sich nicht nur auf unser eigenes Leben aus, sondern auch auf das unserer Kinder, Enkel und aller zukünftigen Generationen. Wir alle müssen bewusste, tragbare Entscheidungen treffen, und wir alle verdienen wahre Freiheit und bewusste Fülle in unserem Leben. Wenn dieses Buch Sie inspiriert, geben Sie es bitte an Ihre Freunde, Familienmitglieder, Kollegen und jeden anderen weiter, der vielleicht davon profitieren kann.

Wenn Sie gerne mehr über *The Journey, Consciousness Abundance*-Arbeit und das *Visionay Leadership Programm* wissen wollen, wenn Sie außerdem bereit sind, die Ärmel hochzukrempeln, in Ihr innerstes Wesen hineinzutauchen und Ihre Limitierungen zu klären, empfehlen wir Ihnen, unsere Websites anzuschauen und unsere örtlichen Niederlassungen zu kontaktieren, um mehr Information über unsere Seminare zu erhalten. Diese Seminare, die überall auf der Welt stattfinden, bieten Ihnen Gelegenheit, mit Hilfe geschulter Jurney-Therapeuten direkt alle Aspekte dieser transformativen Arbeit zu erleben.

Zudem empfehlen wir Ihnen, Brandons erstes Buch zu lesen, *The Journey – Der Highway zur Seele*, und sich Brandons und Kevins andere Produkte und Bücher anzuschauen. Außerdem stehen Ihnen sowohl *Accredited Journey Practioners* (ausgebildete Journey-Practioner) zur Verfügung als auch *Certified Conscious Coaches*, die sowohl Beratung in bewusster Führung als auch auf Ihre Person abgestimmte Programme für Ihre Unternehmen oder Organisationen anbieten.

Beide, Brandon und Kevin, leiten Seminare in verschiedenen Ländern überall auf der Welt. Wenn Sie die beiden kennenlernen und an ihren Seminaren teilnehmen wollen, nehmen Sie bitte Kontakt mit ihren Mitarbeitern in der europäischen Niederlassung auf:

The Journey Seminars Ltd.
UK und Europa
PO Box 2, Cowbridge
CF71 7WN, UK

www.thejourney.com
www.consciouscompanyworldwide.com

Auf der Homepage finden Sie auch einen Zugang zu der deutschsprachigen Version.

Tel. 0044 – (0) – 1656 890 400

Unter dieser Nummer erreichen Sie auch deutschsprachige Mitarbeiter von Brandon Bays und Kevin Billett.

Anfragen per e-mail können Sie auch in deutscher Sprache richten an

infoeurope@thejourney.com

Darüber hinaus widmen Brandon und Kevin einen beträchtlichen Teil ihrer Zeit und Energie unserer international lizensierten Wohltätigkeitsorganisation, Journey Outreach, die diese transformative Arbeit in Schulen, Gefängnisse, Suchtzentren, Frauenhäuser, Stammesgebiete, Ghettos und Aboriginal-Reservate sowie an viele andere Orte trägt, wo der Bedarf groß ist und die Menschen ansonsten nicht in der Lage wären, sich diese Seminare zu leisten. Falls Sie dazu beitragen möchten oder mehr über diese Arbeit wissen wollen, nehmen Sie bitte Kontakt auf mit:

www.journeyoutreach.com